1. 2010年第六批高等学校特色专业建设点
2. 2013年"本科教学工程"地方高校第一批本科专业综合改革试点
3. 2013年地方所属高校"本科教学工程"大学生校外实践教学基地建设项目
4. 2011年重庆市高校人才培养模式创新实验区
5. 2013年重庆市本科高校"三特行动计划"特色专业建设项目
6. 2015年重庆市特色学科专业群建设项目

卓越教师人才培养研究与实践丛书

丛书主编　李文平　周文强

中学语文教学微型课题研究

ZHONGXUE YUWEN JIAOXUE WEIXING KETI YANJIU 第一卷

主编　刘中黎

图书在版编目（CIP）数据

中学语文教学微型课题研究 / 刘中黎主编 . — 重庆：西南师范大学出版社，2016.8
ISBN 978-7-5621-8186-6

Ⅰ.①中… Ⅱ.①刘… Ⅲ.①中学语文课—教学研究 Ⅳ.①G633.302

中国版本图书馆CIP数据核字（2016）第198501号

中学语文教学微型课题研究
刘中黎　主编

责任编辑：钟小族
书籍设计：岚品CASTALY　周　娟　廖明媛
出版发行：西南师范大学出版社
　　　　　地址：重庆市北碚区天生路1号
　　　　　邮编：400715　市场营销部电话：023-68868624
　　　　　http://www.xscbs.com
经　　销：新华书店
印　　刷：重庆华林天美印务有限公司
开　　本：720mm×1030mm　1/16
印　　张：22.5
字　　数：310千字
版　　次：2016年10月　第1版
印　　次：2019年11月　第2次印刷
书　　号：ISBN 978-7-5621-8186-6
定　　价：58.00元

若有印装质量问题，请联系出版社调换
版权所有　翻印必究

编委会
BIANWEIHUI

主　任：温儒敏

副主任：潘新和　王荣生　张全之
　　　　周晓风　李文平

编　委：王于飞　王有亮　王　君　王荣生　邓　宏
　　　　申仁洪　刘少鸾　刘中黎　李卫东　李文平
　　　　李永红　张　立　张全之　张昌福　张泽勇
　　　　陈良中　周文强　周晓风　周　鹏　唐　旭
　　　　曹　旋　温儒敏　潘新和　（按姓氏笔画排序）

前言

重庆师大文学院中学语文卓越教师人才培养项目的展开，尽管正式开始于2011年获批的市（省）级质量工程项目"中学语文卓越教师人才培养模式创新实验区"，但早在这之前的2010年文学院汉语言文学（师范）专业成为国家级特色专业建设点，在思考怎样建设的时候就开始进行如何培养中学语文卓越教师的思考与调研。其实，文学院汉语言文学（师范）专业的建设，为适应我国基础教育一线的需求和社会经济的发展，先后经历了由培养合格的中学语文教师到培养优秀的中学语文教师的两次转型。2010年以后，随着《国家中长期教育改革和发展规划纲要（2010—2020年）》和《国家中长期人才发展规划纲要（2010—2020年）》的颁发以及基础教育改革的迅猛发展，服务于基础教育的卓越教师培养的要求迫在眉睫。文学院汉语言文学（师范）专业积极响应国家号召，及时地提出了培养适应基础教育一线发展要求的卓越教师人才培养目标。

那么，什么样的教师才是中学语文卓越教师呢？通过对重庆市内外一批重点中学的调研，我们初步提出了中学语文卓越教师的质量标准。所谓中学语文卓越教师，就是应该具备"2+3"特质的教师。"2"即两大核心特征：一是能创新地解决中学语文教学一线所存在的问题与困难，二是语文教学成效卓著出色；"3"即三种基本素养：首先应该是研究型教师，其次是学者与专家型教师，其三是语文特质鲜明突出的魅力型教师。总之，中学语文卓越教师是能够创新而卓著地开展中学语文教学的新型优秀教师,在深层背景上具备了研究型教师、学者与专家型教师、语文特质鲜明突出的魅力型教师等基本素养。

有了比较明确的中学语文卓越教师的培养目标,我们依托"国家级特色专业建设点""教育部专业综合改革试点项目"以及重庆市本科人才培养质量工程项目"中学语文卓越教师人才培养模式创新实验区"的开展,从2009级汉语言文学(师范)专业开始组建了"中学语文卓越教师人才培养模式创新实验班",从该年级(大三)300多学生中遴选出30名专业思想特别坚定、师范素质特别优秀的师范生组成"实验班",并实施了创新型的"5+2+1"的中学语文卓越教师人才培养模式。这里的"5",指实验班学生进入大学的前5个学期。在这5个学期中,实验班学生与全体师范生均需完成三项任务:一是完成主要专业课程的学习;二是参与"读书百部、夯实内功"计划的实施;三是语文教师特质涵养和师范生语文教学技能模拟训练。这里的"2",指选拔出来的实验班学生于大三下、大四上两个学期与其他师范生分流,进入创新试验区的协作基地中学开展为时一年的嵌入式教育见习和教学实践。在这里,实验班学生需要完成三个任务:一是在基地中学语文骨干教师的指导下,开展各种文体的课堂教学,熟悉并掌握中学语文教学的常规技能;在重庆市语文教学特色校的语文名师指导下,获取名师的教学经验;二是在国内著名的语文课程专家的系列讲座与指导下,实验班学生尝试对语文教育教学理论、语文课程改革理念以及中学语文教学现状进行分析,并以"微型课题"研究为主要形式,开展为期2个学期的实证研究、教学探索和试验;三是由文学院优秀专业教师送课上门,帮助学生完成专业课及语文教学理论和技能类课程的融合。这里的"1",指实验班学生在大学的最后一个学期(大四下期),从基地学校回到重庆师范大学,梳理总结自己的教学心得和研究成果,在此基础上撰写语文教育教学方面的本科毕业学位论文,同时参加各层次的招考选聘。这个"1"是实验班学生进行教学科研总结、提升学术涵养的重要阶段。

为配合"5+2+1"的卓越教师人才培养模式的实施，重庆师范大学还协同重庆沙坪市坝区教委和重庆市五所重点中学（重庆南开中学、重庆八中、重庆七中、重庆青木关中学、重庆市巴川中学）组建联合培养中学卓越教师人才的教师教育联盟，为实验班的学生完成为期一年的嵌入式教育见习与教学实习建立了稳固的实践基地。中学语文卓越教师必须具备先进的教育理念、宽厚的专业素养、扎实的教学技能和突出的教研能力，为此我们还整合国内优质的教学资源为在基地学校进行教育教学实践的实验班学生打造了"三路合一"的教师队伍（国内高校知名的学科教学专家、学者，中学一线的特级教师、基地中学教师，重庆师大优秀教师），北师大郑国民教授，华东师大倪文锦教授，上海师大王荣生教授，福建师大孙绍振教授、潘新和教授，澳门大学朱寿桐教授，西南大学王本朝教授，重庆师大周晓风教授、张全之教授、王于飞教授、李文平教授、刘中黎教授，著名作家范稳，北京教科院李卫东研究员，清华大学附属实验学校特级教师王君，湖北省中学语文特级教师余映潮，重庆市中学语文特级教师张泽勇、周鹏、李永红，教学名师刘少鸾、周文强、曹旋等先后为实验班学生开设系列专题讲座与授课，给实验班师范生搭建了一个"四个一边"（一边教、一边学、一边研究、一边熟悉中学语文教学实际）的实训和培养平台。可以说，这种做法力求突破国内师范大学以往教师教育的原有模式，在大学本科创新性地培养教育教学理念先进、教师技能优秀、熟知我国语文教学现状、功底扎实，能创造性地开展中学语文教学的卓越教师人才，为传承优秀民族文化基因、培养有创新意识与素质的基础教育人才服务，体现了主动对接《国家中长期教育改革和发展规划纲要（2010—2020）》和新的语文课程标准的期望，对接我国当代中学语文教学一线的实际，对接当今人才市场对卓越教师的需求，努力实现在基础教育卓越教师人才的培养中高校与基础教育、东部优质教育资源与中西部教育资源、同一专业实验班与非实验班学生之间多层次的协同创新。

中学语文卓越人才培养模式的创新探索与实践，显然不仅仅局限于少数优秀师范生的培养，而是着眼于整个专业人才培养质量的全面提升。实验班的学生在该专业大三年级时由高校专家与中学一线特级教师组成的专家组进行遴选，引入竞争机制，使每一个本专业的学生都有机会争取进入实验班，从而发奋学习，争当卓越；同时，实验班优质的教学资源也通过现代信息技术与未进入实验班的学生共同分享，实验班培养卓越教师行之有效的措施和方法也同样移殖到同专业甚至其他专业学生的培养之中，从而促进专业人才培养质量的整体提升。自2011年文学院汉语言文学（师范）专业"中学语文卓越教师人才培养创新模式实验班"开办以来，已与重庆市巴川中学、重庆青木关中学、重庆七中联合培养五届实验班学生，已经毕业四届（120人），就业率100%，其中优质就业率（签约重庆市内外重点中小学）分别为63%、67%、70%、70%，并涌现出一批具有示范和引领效应的中学语文教师人才，如：第三届学生孙玉娟获得第二届全国师范生教学技能大赛二等奖；第四届学生韩建获得第二届重庆市师范生教学技能大赛一等奖；首届学生李晓莉2014年代表所在学校获得全国中小学作文教学说课大赛一等奖，不少学生迅速成长为其就业的重点中学的教学骨干。实验班建设还进一步带动本专业"博雅人才计划"的启动，有效促进"教师教育"板块和"语言文学专业"板块的联系与互动，并带动本专业人才培养质量的大幅提升。本专业年终就业率2014年达到98%，2015年达到97.85%。2015年研究生考取率为报考人数的30.4%，且考取的学校层次明显提升，考取南京大学、武汉大学、四川大学、西南大学等211重点大学的学生比例占考取人数的66.7%。

如今，中学语文卓越教师人才培养，已成为我校本科人才培养的重要品牌。

中学语文卓越教师人才培养项目的开展过程中，项目组的成员不仅注重实践效果，也特别注重实践基础上的项目拓展与理论研究。随着中学语文卓越教师人才培养模式创新探索与实践的深入开展，文学院汉语言文学（师范）专业获得了国家级专业综合改革试点、国家级大学生校外实践基地、重庆市"三特"专业及重庆市特色学科专业群等多个国家与市（省）级质量工程项目和重点教改项目。同时，在《光明日报》"教育思想"专栏（理论版）、《中国教育报》（高等教育版、教育科学版）、《课程·教材·教法》、《教育评论》、《语文建设》、《重庆高教》等国内有影响的专业报刊上发表学术论文10余篇。同时，也有了由西南师范大学出版社出版的这套体现项目开展五年以来理论研究与实践成果结晶的"卓越教师人才培养研究与实践丛书"。

这套丛书，是由丛书主编李文平教授与中学高级教师周文强总体策划，项目组成员充分讨论并编订结构框架，并认真征求编委会成员和出版社意见的基础上完成的。实行的是丛书主编与各书主编双重负责制。第一期推出《教师教育与中学语文卓越教师培养研究》（第一卷）（李文平主编）、《中学语文教学微型课题研究》（第一卷）（刘中黎主编）、《中学语文基础篇目同课异构与名师评析》（第一卷）（唐旭主编）三本书，前一本是近五年来伴随中学语文卓越教师项目的展开，文学院和实践基地中学的教师对教师教育与中学语文卓越教师培养理论思考与实践的总结，其中有部分论文已在国内学术期刊或报刊上刊出。后两本书主要是实验班第一、二届学生实践成果的结晶。这些针对中学一线教育教学微型课题研究的小论文和中学语文基础篇目同课异构的教案设计都是在项目组的教师与中学教学名师精心指导下完成的，凝聚着师生共同心血，虽然还流露出稚气，存在着这样那样的问题，却也显现出追求卓越的执着与勇气。随着我们"卓越教师培养"项目的开展，我们还将以丛书之名推出更多的类似书籍，以就教于同行专家，共同推进我国的教师教育与中学卓越教师人才培养的研究与实践探索。

总之，以"卓越教师人才培养研究与实践丛书"为主要成果载体的卓越教师培养项目是充满艰辛而又极具魅力的高校教师教育人才培养的尝试与探索，5年来我们的工作得到了国内著名的学科教学专家、学者，中学一线的教学名师，基地中学的广大师生以及重庆沙坪坝区教委、重庆师大校领导和相关职能部门负责人及工作人员、文学院众多教师、西南师范大学出版社的总编与编辑们的大力支持与无私帮助，借此机会代表项目组一并表示衷心的感谢。

李文平

二〇一六年八月三十日

序言一

重庆师大文学院推出一套"中学语文卓越教师培养研究与实践丛书",我看了部分书稿,很有兴趣,还颇有些感动。为什么?他们那么认真,在踏踏实实做事,而且已有了初步的成果。现在周遭的空气比较浮躁,能坚守理想,有定力,以工匠般的精神去踏实做事,不容易。

重庆师大文学院从2011年开始就探索师范教育中的语文学科如何变革以适应一线教学需要,他们的探索是有现实针对性、有价值的。目前很多师范大学都不怎么安心师范,一门心思还是在和综合大学争排名,往往就失去本属自己的优势与特色,师范学科也很沉闷僵化,难以发展。很多老师并不乐于做师范教育研究,甚至不屑于此道,课程论教学论等专业也留不住人才。这里当然有政策导向等实际问题,但从另一方面考虑,师范教育关系国家未来,若讲学问,这里边有很多大学问,大有作为,综合大学对此也应当有所关心,何况本该唱主角的师范大学?如今重庆师大文学院不为浮华的利益左右,在语文教育领域专心耕耘,这本身就是走学术的正道,值得赞佩。

重庆师大文学院提出一个概念,叫"卓越教师",以此区别于一般优秀教师和合格教师。这想法有理想,有气度,让人耳目一新。所谓取法乎上,目标定得高一点,才有气势,有劲头。重庆师大文学院是有措施、有计划的。他们从众多师范生中选拔小部分特优者组建中学语文卓越教师人才培养模式创新实验班。想想,很多师范大学文学院都在搞这样那样的尖子班、试验班,而重庆师大文学院却把卓越教师的培养置于学院的顶端,这不也是一种扭转风气的"高扬"与"创新"?

重庆师大文学院对教师培养采取了"分层进行"的原则:文学院大部分师范生的培养定位在优秀教师或者合格教师;但对教师职业兴趣坚定、语文特质鲜明、专业原创能力很强的部分师范生,则力求将其培养成中学语文卓越教师。这种分类培养是切合实际的,可行的,在师范生中竖起了"卓越"的标杆,有利于推动整个师范中文学科教育。

重庆师大文学院培养"卓越教师",指的是中学语文教学的研究型教师、学者型和专家型教师、语文特质鲜明的魅力型教师,他们希望这样一批人才来引领语文教育研究,解决中学语文教学中的各种问题和困难。这当然是很高的目标,重庆师大文学院知道实现这个目标的难度,所以他们提出要让卓越班的学生"内功修养醇厚、外功历练扎实"。关键措施之一,就是抓好读书,提倡"读书百部,夯实内功"。我对这一条格外赞赏。

现在的大学生读书太少。学语文教育的,只是上过几门课程论教学论等课程,翻过几本教材,顶多还读过一些选本摘要之类,阅读面太窄,写作也不过关,怎么可能教好语文?我最近给中小学老师上课,讲过这样一些话,不妨转录如下:

语文教学要抓住培养读书兴趣这个"牛鼻子",真正实现"读书为要",还得有条件,那就是——语文教师要以身作则。很多老师也读书,但读的主要是与职业需要相关的实用的书,可称之为"职业性阅读"。明后天要上课了,今天赶紧找有关材料来读。或者要评职称了,立竿见影读一些"救急"的书。此外,就很少自由地读书、个性化地读书了。很多老师一年到头除了读几本备课用的书，其他很少读，顶多读一些畅销杂志，大部分时间都是网上的"碎片化阅读"。这怎能提高教学水平？又如何能面对"吕叔湘之问"？语文老师自己先要养成读书的良性生活方式，成为"读书种子"。这样，你的学生自然也会喜欢读书。（《培养读书兴趣是语文教学的牛鼻子》，载《课程•教材•教法》2016年6期）

看来我和重庆师大文学院的老师们"所见略同"，他们实施"卓越教师"培养计划，就是把读书放在首位，而且有一系列的措施。这也是抓住了语文教师培养的"牛鼻子"吧。

在这套丛书中，我还看到了其他一些可贵的经验总结。比如增设一批特色课程，包括"微型课题研究"、"即兴讲演"、"读书百部"选修课（专业必选课）、"中外母语文教育研究前沿"系列讲座、"怎么教语文：语文名师经验谈"系列讲座，等等。同时又加强"语文课程与教学论""中学语文教材研究"等核心课程的改进，强化理论与实际的联系。这些经验对于多数师范类中文系来说，都可能具有借鉴的意义。

重庆师大文学院这套丛书，让我联想到即将出台的高中语文课程标准，其中提出了一个新的概念，叫"语文核心素养"，包括语言建构与运用、思维发展与提升、审美鉴赏与创造、文化传承与理解等几个基本的方面，还试图据此来改革现有的课程。关注核心素养，或者从核心素养角度来改革教育，是世界性的潮流，目标是培养新一代全人，能应对21世纪的有能力的国民。虽然核心素养这种新提法有些"高大上"，但能刺激我们的思维，更新我们的观念，提醒我们树立大教育观：除了考虑面对考试，还要多想到我们的教学到底还能为学生的素养提升提供什么营养，怎样才能让学生的学习过程更加成为能力培养的载体。就是说，除了应对高考和中考，还要多从本源性角度去理解教学的意义。

  我赞赏重庆师大的"卓越教师"培养计划，我以为其"卓越"之处，也应当体现在对于语文教育的本源性理解之上。我期待重庆师大文学院的改革能在教育的本源性理解方面多下功夫，那就站得更高，势如破竹，所获甚巨，而绝不只是做成几个项目而已。

温儒敏

2016年7月4日京西褐石园

（序文作者系当代著名文学史专家，主持了2011版全日制义务教育语文课程标准的修订和人教版高中语文教科书主编等重要工作。曾任北京大学中文系主任，教授，博士生导师，北大语文教育研究所所长。）

序言二

在中学语文卓越教师人才培养上，重庆师范大学文学院堪称楷模。他们从该实验的理论与实践上摸索起步，不断革故鼎新，蹚出一条令同行瞩目的新路。从2011年起，我多次应邀为师生讲学，在重庆巴川中学、重庆青木关中学、重庆七中，亲见该院住校实习的多届学生。其强烈的求知欲、成才心，生气勃勃的精神风貌，使我油然而生"得天下英才而教育之"的激情与欢欣。转眼几年过去了，不少实验班学生在工作岗位上已崭露头角，成为教学骨干；他们的研究成果"中学语文卓越教师培养研究与实践丛书"——《教师教育与中学语文卓越教师培养研究》《中学语文教学微型课题研究》《中学语文基础篇目同课异构与名师评析》也即将面世，骄人业绩，令人振奋。

该研究成果表明：重庆师范大学文学院在"卓越教师"培养上，已形成一套行之有效的教育理念、范式与实施方法。如"5+2+1"创新型中学语文卓越教师人才培养模式，两大核心特征、三种基本素养的目标定位，"三路合一"的优质教师队伍结构，"四个一边"的人才培养平台，注重人格养成的科研育人的理念，"学习通过科研"的新学习方法，来自教学实践的微型课题、同课异构研究，学生与实习校教师结对子互动形式，高就业率与可持续发展后劲二者兼顾等，具有开创性与启迪意义。这一课改实验、探索，收获的理论、实践效益与社会评价，堪称优异；在高师中文教育专业独树一帜，有较高的语文教育学价值。

该院对"卓越教师"认知与取得的丰硕成果，是在原有的长期思考、探索中累积形成的，得益于培养目的、思路的清晰、准确，顶层设计的高起点、高品位、高立意。他们的指导思想是："给有心从事中学语文教学的特优师范生搭建了一个'一边教、一边学、一边研究、一边熟悉中学语文教学实际'的平台，创造条件、将他们培养成为熟知我国语文教学现状、教师技能纯熟、专业和教育理论功底扎实，能创新开展中学语文教学的卓越教师人才，为传承民族文化基因、培养有创新意识与素质的我国未来人才服务。"在"为传承民族文化基因、培养有创新意识与素质的我国未来人才服务"的高度上定位"卓越教师"，将其置于教育科研与实践技能相统一的目标下，为他们搭建"四个一边"优质教育平台，以培育科研、创新意识与素质，带动教学实践能力的提高、发展，以"学者、专家型"教师为终极指向：在培养宗旨上立意高远、宏阔，是他们取得成功的关键。

长期以来，语文教师队伍素养状况不尽如人意，语文基础教育实践萎靡不振，学生与社会批评之声不断，这自然与高师教育直接相关。我在高师院校从教30多年，对其积弊洞若观火。在诸多问题中，最让我忧心的是人生观、价值观培育与师范教育特质的缺失。以往高师院校专业课程结构与规范只有相关的知识、技能要求，没有学习动机、价值观教育、评价的目标、内容，即便是专业知识、技能的传授，大多也不考虑与中小学教育实践对接。在培养目标与教学实践上，高师教育都存在严重偏颇。

中文教育专业中普遍存在言语理想、信念、信仰教育，存在性言语动机——"言语德性"教育淡漠的状况，致使高师中文教育，等同于语文教师职业知识、技能培训，就业、职前指导。实用主义的功利教育，却美其名曰与市场接轨。教师教育沦为谋生手段——教学技术的学习、应用，以为让学生成功"入职"便功德圆满。在普通高等学校，适当的"就业引导教育"是必要的，但是，将其作为高等师范教育的唯一导向，肯定是错误的。

　　高师中文教育专业与综合性大学中文专业，在绝大多数课程与教学内容中没有区别。高师中文教育专业，只是在中文专业课程中外搭几门教育类课程。由于"言语德性"教育、母语价值观教育、专业课与语文教育实践对接等，不是课程目标与要求，只是一些有道义感、责任感的教师的个人行为，因而培养出的学生往往既没有高远的教育理想，良好的教育实践素养、能力，也不会有作为语文教师的自豪感、崇高感。他们普遍存在得过且过的现象与患得患失的求职焦虑。从他们身上看到的不是利益驱动下的精明、勤奋，就是没心没肺的放纵、懒散，罕见以天下为己任的义无反顾的执着追求。

　　有鉴于此，该院"语文卓越教师人才培养"的高定位，深得我心。教育应给人以理想、信念、信仰，高师教育尤其要给学生以师德、师道。先要给高师学生以灵魂，他们才能给他们的学生以灵魂。要给予这些未来的语文教师终身追求的目标，使他们从一开始就知道该往什么方向去努力、进取。该院赋予"卓越教师"以两大核心特征与三种基本素养，便是给学生精神奠基、指示奋斗路径的。核心特征：一是能创新地解决中学语文教学一线所存在的问题与困难，二是语文教学成效卓著出色。基本素养：首先应该是研究型教师，其次是学者与专家型教师，其三是语文特质鲜明突出的魅力型教师。——核心特征与基本素养是一致的，都是指向培养创新型、研究型教育人才，又不失对语文教师特点的关注。这些"高大上"的特征、素养要求，是多数现任教师达不到的，他们竟作为在校大学生的培养目标。为学生树立专家型、魅力型语文教师的精神高标，使他们明白学习意义与工作价值，以及应如何成就自我。这种"取法乎上"的定位是可取的，因为它为学生指明了终身发展之路。

为了达成这一目标，该院为学生创造最佳的学习条件。他们在教育资源配置上不惜大投入，在创造一流学习环境上不遗余力。实践证明，他们首创的"5+2+1"培养模式是成功的，是可资借鉴、值得推广的。特别是其中的"2"，三年级下学期与四年级上学期，整整一学年住校实习，这一师范生培养新形态，给其他高师院校人才培养颇多启示。学生住校实习期间，不但该院专业课教师将课堂设在实习校为他们上课，安排实习校资深优秀教师给他们担任导师，让他们分享到国内名校、名师的教学资源，而且，他们得以与语文界顶尖学者当面交流，聆听他们的讲座，汲取学术研究前沿成果。他们从一开始就站到了本学科的制高点上，拥有开阔的学科学识视野。认知的高起点，对学生一生的成长、发展，无疑是至关重要的。即便教育部直属高师院校的学生，甚至是研究生，也没有如此优越的学习条件——以往许多有潜质的优秀大学生，到中小学入职以后，便迅速被应试教育环境所同化，迷失了方向，这不能说与他们在学期间缺乏精神、价值引领，缺乏优质教育环境的熏陶没有关系。

在培养创新型、研究型人才上，我欣赏他们"学习通过科研"的理念。以科研促进学习，带动学习，这是教育、学习方式的重大变革，是卓越教师"学者、专家型"人才培养方式的突破。为研究、为成为教育专家而学习，与为学习而学习，二者功效不可同日而语。"学"与"思"须臾不可分离，"学而不思则罔，思而不学则殆"，这个道理大家都懂，但是，在教育中，"学"与"思"统一在科研上，在专题研究中，这道理就不一定大家都懂。学者、专家型教师，本质上是"思想者""研究者"；不是为学习而学习，为研究而研究，而是具有研究、创造意识与自觉。一个不以思想——科研为前导的教师，充其量就是个教育机器人，不可能成为有独立思考能力的有思想的卓越教师。

我以为，还可以将"学习通过科研"进一步提升为"在科研中学习（工作）"，如此，便称得上"学习的革命"。二者的区别在于，前者是以科研为学习手段，后者则是以科研为学习的目的，带动、促进学习，强调科研对于学习的重要。自然，这还不是终极性的。学习是为了科研，科研是为了成就学者型、专家型教师，其极致是成就教育家、教育理论家——"立言者"。

卓越教师人才的培养，就要从改变教学观念、方式入手，使学生告别被动、"占有"的求知，学会主动、"存在"的创获。其意义在于，从"教"的一方看，从传授知识，向培养科研素养、能力转向。从"学"的一方看，从"占有式"学习，向"存在式"学习转向。这一学习方式，迁移到将来的教育工作中，将变为"在科研中工作"，势必终身受用无穷。"在科研中学习"的教育理念，应成为普遍的学习理念，推广到一切教育、工作领域，从小学开始，就应该培养孩子懂得独立思考，在思考中学习，埋下在思考、探究中学习、工作的种子，让它慢慢生长。只有在科研中获得知识、生产知识，才是自己真正拥有的，才能成长为创新型人才，才能在未来教学中一展思想者风采，成为学生景仰的魅力型语文教师。

他们的"学习通过科研"，主要是通过"微型课题研究"与"同课异构研究"这两个平台来实现。微型课题的选题来源于一线教学，立足于对工作实际的关切；而"同课异构"的设计、教学，不论对培养发现、探索问题能力还是验证研究成果都很有帮助。

实验班学生进行微型课题研究，既适合于科研起步阶段，也为之后的毕业论文写作积累素材与经验，同时，这种小论文，也符合实习阶段没有完整写作时间的实际。"教然后知困，学然后知不足"，微型课题写作为培养学生从教学困惑中发现问题、确定选题的敏锐，为创新性地分析、解决问题，为将来成就学者型教师、独立从事教育科研打基础，这无疑是明智之举。尽管科研能力的培养不能一步到位，但是，关注教学实践中的问题状况，促进所学知识的消化、深化、转化，使理论知识与教学实际对接，学以致用，养成常态化科研的习惯，促进创新能力的培养，无疑是卓越教师成长、成才的必由之路。

入编丛书的一些微型课题研究论文，并非我原来想象的是低水平习作，其中不乏成熟、精彩之作。不少文章已达到了本科毕业论文的水平，甚至达到了发表水平，一点不逊色于优秀教师的论文。如《孔子"循循善诱"教学论研究》《"口语流畅表达"课程化的启示——重庆市巴川中学小班特色课程开发个案研究》《古典诗歌教学的"深度"与"温度"》《"汉字流失"的现状、根源及对策》等，是下功夫写的，写得有模有样，条分缕析，理据充分，显示出资料搜集、梳理与深度钻研的功力，以及较高的运用相关知识、方法，独立研究的能力。有些文章是对所在实习校课改实践或教师教学个案的观察、研究，或是对学生的学习现状、问题的调查、分析，如没有深入一线教学，没有扎实的专业基础，是难以完成的。

"同课异构"研究，是他们锻炼、提高教研能力的另一重要平台，进一步促成科研、学习成果的落地。教育素养与研究、学习的成果，最终要落实到教学实践上，体现为教学能力；"同课异构"教学活动是一种将综合素养与科研、学习能力进行展示、检验的重要方式，也可以藉此提高学生的教研意识与水平。在学生初涉教学之际，就让他们在"求异"上动脑子，往教学"创新"，科研与教学实践相结合方向上引领，值得肯定。

我以为同课异构有两种形态。一种单纯是教学方法之"异构"，可称为"同质异构"；一种是在教学目标定位、内容理解之"异质"基础上的"异构"，可称为"异质异构"。比较而言，后者的价值比较高。诚如编者所言："对语文教学而言，同课异构的基础是同文异读。"——"同文异读"或"同文异趣"（不同的教学旨趣）是关键。因此，要引导学生先追求"异质"，有了"异质"，"异构"才更有意义。单纯追求教法翻新，意义就不太大。遗憾的是，今天多数"同课异构"之课，教师着眼点是"同质异构"，而非"异质异构"。为了强调"异质"为本，强调"异质"决定"异构"，也许有必要将"同课异构"加以正名：同课异质异构。

"异质"，一是教学目标之异；一是教学内容之异。教学目标之异最重要。需要指出的是，语文教学目标，指的是培育言语表现素养的目标，不是文本解读的目标。文本解读的目标，要服从于培育言语表现素养的目标。就是说，"为读而读"，停留在读懂、理解文本上的目标，是低效、无效或负效的。在指向培育某一言语表现素养的正确的教学目标下，才有教学内容之异可言。换言之，教学内容之异，必须与教学目标之异对接，才有教学价值。

不论是异质，还是异构，都不是为求异而求异，关键是为了有效、高效地提高言语表现素养。要从单纯对文本的理解、读懂、吸收中走出来，把教学重心放在将文本内容转化为学生言语表现素养上，实现为培育言语表现素养而读、而教的转向，这才是阅读教学——同课异质异构的价值所在。这"最后一里路"很重要，因为它决定了这一研究或教学的成败。功亏一篑，将前功尽弃。

在指向培育言语表现素养的"同课异质异构"教学研究上，刘中黎老师《<记承天寺夜游>想象还原式教学设计》，为学生树立了榜样。

刘老师教学目标、内容"异质"："在教学中注意引导学生在学习文本知识（含文言常识、文体知识）的基础上展开联想和想象，还原当时的场景画面，感受作者的审美高潮经验，体悟他对人生的哲性思辨。"其教法"异构"："组织学生围绕文中记录作者心境变化的四个关键词展开联想和想象活动，在活动中还原苏轼夜游承天寺时的四幅场景、感受他当时的审美高潮体验、再现其神情姿态。"不同于以往文言文知人论世、解字说文的教学定式，他独辟蹊径，引导学生共同参与，还原、想象作者彼时彼地的场景画面，感受其审美高潮体验，学生如临其境、如入其心，感同身受，在破译其情感变化脉络的同时，也对游记小品如何抒情写意有所领悟，进而引导学生对关键字——"闲"字作集中、深入的品悟，揭示作者的审美意蕴与创作心理，既是对作者诗意境界的还原，也是对作者言语生命动力的归因，以启发学生领会文本背后的作者情意素养。最后是对文体的探究，将其定位为"具有游记特点的小品化日记"——从解读文本上升到培养文体感。其教学意图较为明晰、到位，通过对作者情感变化的还原，以培养学生审美体验力、想象力，使之达成游记小品写作认知上的内化、迁移。该教学设计堪称高水平的"同课异质异构"，令人耳目一新。

在教师引领下，学生的教学设计，在不同程度上体现出指向"言语表现"的诉求，与对"同课异质异构"的追求，但毕竟初涉教坛，还较为稚嫩，因此，每篇教学设计之后的"名师评析"颇为给力。或指出其教学目标过多、过大，定位不够准确，该如何纠正、修改，或指出其如何更好地设计问题，转化、消化文本，使之更好地提高学生言语表现——说、写的素养。前有引领，后有评点，相信对学生提高教学研究与实践能力颇有助益。

学生经过"卓越教师"价值引领、精神塑造，微型课题与"同课异构"教学设计研究，并将其思考成果付诸教学实践检验，在导师、名师指点下，不断自我反思、总结，对语文教育、教学的认知定会产生"质"的飞跃。这份经历，将成为他们从教生涯的良好开端与终身受用的精神财富。这段阳光明媚的日子,将嵌入他们永难忘却的青葱记忆。

重庆师范大学文学院"卓越教师"人才培养的探索与实践,成绩斐然,具有原创性。对高师中文教育专业课改,有较高的借鉴、启示意义。我为他们的贡献点赞。

潘新和
2016 年 5 月 30 日于福州

(序文作者为福建师范大学教授、博士生导师,"言语生命动力学"语文教育理论的奠基人。兼任中国写作学会副会长、福建省写作学会会长、中国写作学会高师写作研究中心顾问、福建省教育厅基础教育课程改革实验专家组成员、学科指导组顾问等。)

序言三

受重庆师范大学文学院邀请，从2012年起，我每年为该院精心选拔的"中学语文卓越教师人才培养模式创新实验班"的同学们上一门短期课程"中国语文教育发展现状与展望"。"中国语文教育前沿讲座"据悉为必修课程，通常分三个模块，我讲其中一个模块，主要是阅读教学设计。其他两个模块，前后分别由北京师范大学郑国民教授，华东师范大学倪文锦教授，福建师范大学孙绍振教授、潘新和教授和西南大学王本朝教授等担任。可见在课程设计和师资配备上，是下了大功夫的。

使我惊讶的，倒不是"中国语文教育发展现状与展望"的师资，而是讲座的地方。记得第一次去的是重庆市巴川中学，一所很棒的民办学校，但路途很远，汽车折腾半天才能到。一打听，原来实验班同学到"中学语文卓越教师人才培养创新实验区"的巴川中学已实习了大半年，大半年里，文学院老师们一直是汽车折腾半天"送教到校"，按精心设计的课程方案，为实验班同学"就地"开设相应的课程和讲座，把课程学习、名师带教与教学实习融合在一起。后来我还到过重庆市青木关中学、重庆七中等实验区基地中学，一年又一年。

因"国培计划"，这些年我陆续到过国内绝大多数高师院校；之前，也因语文教师专业发展的研究，关心过各高师院校各级各类"汉语言文学教育课程改革"项目和林林总总多得数不清的课题。但据我所知，认准一件事，能够长年累月一届一届扎扎实实坚持做下来的，几乎没有！就凭这一点，我就觉得重庆师范大学文学院了不起。

后来逐渐听到了好消息，据文学院李文平副院长和刘中黎教授介绍：实验班同学的课程理论学习和教学实践能力受到重庆市中小学名校的青睐，好多同学都以优异成绩招聘到中小学名校任教，而且一上手就有出彩的表现，头角渐露。文学院的教师，在项目实施、送教到校过程中，也受到自我教育，对如何培养师范生、如何进行师范专业的本科教学，有了切身体会并转化为具体的课程与教学改革，有的还以此为专题，发表了高质量的研究论文。

去年，教育部开展"中小学卓越教师培养计划"，我信心满满，以为重庆师范大学文学院的项目必榜上有名。不料名单公布，重庆师范大学的中文教师培养项目并不在其中，反倒见到了一批"有名堂"的师范大学据我所知除了纸上"说说"而并无实绩似乎也无实施打算的所谓项目。我觉得这好不公道。一次席间，与李文平副院长说起这事，李院长却颇为体谅，说教育部有总体考量；说虽有遗憾，但绝不为所动摇；说"虽然是市级项目，还是有些经费的，哪怕没有专项经费，文学院就是贴钱，也要把这件事做下去"。只要对学生有好处，费事、费力、费钱，也要把好事做好。这令我感动。

现在摆在我面前的，是三本书。一本是《教师教育与中学语文卓越教师培养研究》，主要是重庆师范大学文学院教师和实验学校指导教师在项目实施中的理论探索与实践结晶；一本是《中学语文基础篇目同课异构与名师评析》，是实验班同学教学实习期间的教学设计教案；一本是《中学语文教学微型课题研究》，是实验班同学做的"小课题研究论文"。出版这样一套丛书，无疑又是费事、费力、费钱，无疑还是一件为了"对学生有好处"

所以一定要做好、要做下去的好事。一所师范大学的文学院，费事、费力、费钱出版一套以师范生的教学实习教案和微型课题小论文为主体的著作，据我所知，似乎又绝无仅有。就凭这一点，我就觉得重庆师范大学文学院了不起。

王荣生

2016年8月10日于上海

（序文作者为上海师范大学教授、博士生导师，中国高等教育学会语文教育专业委员会副理事长，中国教育学会中学语文教学专业委员会学术委员会副主任。）

目录

语文教科书研究

人教版初中语文教科书知识短文编排指谬及建议 …… 陈　娅 / 2

名著导读的编排意图与教学策略
　　——以人教版初中语文教科书八年级下册为例 …… 田俏丽 / 15

语文教科书中的民俗文化教学策略
　　——以人教版中学语文教科书为例 ………………… 庞　丹 / 25

亲情主题作品分析与教学策略
　　——以人教版中学语文教科书为例 ………………… 程　玉 / 33

课程开发与教学论研究

"口语流畅表达"课程化的启示
　　——重庆市巴川中学小班特色课程开发个案研究 … 秦　琴 / 46

孔子"循循善诱"教学论研究 …………………………… 梁承明 / 62

在追寻文本的特质中创新阅读教学设计 ………………… 杨倩芸 / 77

基于课堂高效教学的主问题设计研究
　　——以初中散文教学为例 …………………………… 梁　静 / 88

语文教师课堂教学语言的形态与功能研究 ……………… 刘　璐 / 100

语文课堂教学媒介的开发与利用 ………………………… 朱敏瑞 / 112

初中语文课前学习效率提高策略研究
　　——以重庆市三所中学为例 ………………………… 陈婷婷 / 123

以"拓展延伸"的理念沟通语文课堂内外 ……………… 汪源远 / 133

阅读教学切入点选择策略研究
　　——从文体特征选择切入点……………………刘　美 / 144
初中生概括能力训练策略探讨
　　——以叙事散文教学为例…………………………王贤中 / 153

文本分类教学研究

古典诗歌教学的"深度"与"温度"……………………向彬华 / 164
古诗词意境赏析常见教法梳理…………………………陈　丹 / 174
古诗词的四种教学法
　　——对重庆市巴川中学苟怀海老师的课堂观察…孙亚玲 / 184
两个"我"：回忆性散文的教学设计起点……………张　勇 / 197
散文语言鉴赏教学研究
　　——以人教版高中语文教科书为例………………郑文瑜 / 208
文言文朗读教学的层次推进……………………………石正勇 / 223
文言诗文教学中的语言品析和鉴赏……………………孙　琴 / 232

写作与口语交际教学研究

李永红"生活化"作文教学理念及实践………………易春廷 / 248
片段写作教学的理论与实践……………………………席　珊 / 259
以"记"促"读"，"读""写"共进
　　——初中生"读书笔记"学习习惯养成研究……何　娇 / 273
初中生口语交际能力培养现状及方法研究
　　——以重庆部分地区的中学为调查对象…………龙宛姗 / 283

识字写字教学研究

古诗词默写错别字产生的原因及对策研究
　　——以八年级学生古诗词默写情况为例…………肖小义 / 296
初中生错别字纠正策略研究
　　——趣味教学让学生在兴趣中"打假纠错"……胡　利 / 304
"汉字流失"的现状、根源及对策………………………王　珍 / 314

语文教科书研究

YUWEN JIAOKESHU YANJIU

人教版初中语文教科书知识短文编排指谬及建议

陈 娅

摘 要："语文知识"教学一直备受争议和关注。2011版《全日制义务教育语文课程标准》删去了2001版《全日制义务教育语文课程标准（实验稿）》中"不宜刻意追求语文知识的系统和完整"的提法，重新肯定了"语文知识"在语文教学中的重要地位。教科书中的知识短文是呈现"语文知识"的重要载体。笔者通过分析人教版初中语文教科书中知识短文的编排特点及当前初中语文知识短文的教学现状，对语文知识短文的编排提出建议。

关键词：语文知识短文；编排；教学；建议

一、概述：语文知识、语文知识教学与语文知识短文

（一）语文知识

要准确定义"语文知识短文"，就不能回避什么是"语文知识"。"语文知识"的概念首次出现在1978年的语文大纲中。传统的语文知识观认为：字、词、句、篇、语、修、逻、文这"八字宪法"包括了语文知识的全部内涵。随着探索和认识的进一步提升，人们对"语文知识"有了许多新的认识。

韩雪屏教授首次从认知心理学的角度将知识分为陈述性知识、程序性知识和策略性知识。陈述性知识是关于事物"是什么"的知识，它是人们对事物的状态、内容、性质等的反映；程序性知识是关于"做什么"、"怎么做"的知识，它是人们关于活动的过程和步骤的知识；策略性知识是关于学习策略的知

识，即如何确定"做什么"、"怎么做"的知识。① 2003 年，韩雪屏教授发表了《语文课程的知识内容》一文，从语文课程和教学目标的价值立场出发，对语文知识进行细化与分类。②

李健海先生根据加涅关于知识体系的理论，将语文知识分为现象知识、概念知识、原理知识。③

王荣生先生在《完整地理解"语文知识"的问题》一文中，多层面地对语文知识的内涵和外延进行了审视与观照。④

王尚文先生从语文是研究语言运用即言语这一本质属性出发，认为"所谓语文知识，不仅包括语言知识，还包括言语知识和语文文化知识"。

刘大为将语文知识分为无意识知识、有意识知识，并将其分为教师系统、学生系统、教学的交往系统。⑤

从上可见，语文知识的内涵和外延不断在延伸和丰富着。

（二）语文知识教学

2001 版《全日制义务教育语文课程标准（实验稿）》中，"不宜刻意追求语文知识的系统和完整"这一提法，引起了学术界和语文教育界人士的激烈论争，他们对是否应"淡化语文知识教学"众说纷纭。其中有三种代表性观点：第一，以宇文全先生为代表，认为语文是基础学科，必须注重基础知识的教学，系统知识的学习是形成语文能力的先决条件；第二，以王尚文、李海林先生为代表，认为语文教学应重在培养学生的语感，即运用语言的能力；第三，以韩雪屏教授为代表，认为在语文课程改革中，对语文知识需要重新认识与建构。⑥ 但无论哪一种观点，都不能否认语文知识教学对提升语文素养的重要性。2011 版课程标准删去了"不宜刻意追求语文知识的系统和完整"这一提法就是对语文知识教学重要性的一个有力证明。

----

① 韩雪屏.语文课程的知识性质.语文学习,2003,7.
② 韩雪屏.语文课程的知识内容.语文建设,2003,3:4-6.
③ 李健海.典型现象·常用概念·基本原理——对中学语言知识教学的再思考.学科教育,1995,10.
④ 王荣生.完整地理解"语文知识"的问题.中学语文教学,2007,10:3-5.
⑤ 刘大为.语言知识、语言能力与语文教学.全球教育展望,2003,9.
⑥ 杨勇.新课程背景下语文知识观的嬗变.天津师范大学学报(基础教育版),2011,1:43-46.

（三）语文知识短文

毋庸置疑，语文知识教学是必要的。语文知识作为语文课程的重要内容，主要通过教科书中的阅读提示、课文注释、课后思考题、知识短文、附录材料等多种形式来呈现。王荣生教授说："在语文教材内容层面，要讨论的是'语文知识'的呈现问题，也就是语文教材的编撰策略和技术问题，即课程内容如何教材化，教材内容如何教学化。"①从这一说法可知，教科书中的语文知识短文是语文知识呈现的重要载体。

从语文知识分类的角度而言，语文知识短文就是编排在语文教科书中的关于语文的陈述性、程序性、策略性知识的一些短小文章。但因为"语文知识"本身的定义就不甚明确，所以笔者将从语文教科书中知识短文的编排特点出发，试图对"语文知识短文"下一个更准确的定义。

二、人教版初中语文教科书知识短文的编排分析

笔者从教科书中知识短文的内容、系列、类型、呈现方式、位置、作用等方面对其编排进行了梳理，在分析知识短文的编排后，试图对"语文知识短文"下一个更为准确的定义。

（一）知识短文编排的总体情况分析

根据对知识短文的梳理，笔者从短文编排的内容、知识系列、知识类型、呈现形式、作用等方面对知识短文进行分析。

从知识短文编排的内容看，语文知识短文包括文学常识、文学作品、阅读知识、写作知识、口语交际（听和说）知识、文体知识、语法知识、修辞知识、符号知识、书法知识等等。而这些被编入教科书的知识内容往往具有交叉性，即有些知识既属于阅读知识又属于文体知识。例如《学习阅读记叙文》《关注记叙文中的议论》等知识短文，既属于阅读知识也属于文体知识，《自传和小说》这一知识短文的内容既属于文体知识，也属于写作知识。

---

① 王荣生,李海林.语文课程与教学理论新探·学理基础.上海:上海教育出版社,2008:29.

4　中学语文教学微型课题研究

从知识短文编排的系统看，笔者将其归纳为语法修辞系统、辅助扩展系统、听说读写知识系统。知识短文的系统具有相对完整性。如阅读系统中，就有朗读、阅读方法、文体阅读方法等一系列短文；又如口语交际系统中，就有听话、说话等一系列短文。此外，辅助系统中的很多文学常识虽是随文编排，以辅助理解课文内容、扩展课文知识，但也具有相对完整性。

从知识短文的呈现方式（编排位置）看，这些知识短文主要出现在课文后面的补白部分，或是在综合性学习的资料汇编和附录中。

从知识短文编排的目的看，语文知识短文一是作为理解课文的辅助（或是作为理解课文的资料和课文内容的扩展，或是为增加知识积累）；二是对语文知识约定俗成的规律做总结性陈述（或是作为语文知识清单，或是作为语文知识现象的呈现）；三是作为一种训练指导，帮助学生提升听说读写的能力。

从知识短文编排的类型看，语文教科书中知识短文的类型有陈述性知识和程序性知识。其中陈述性知识，即理论的、现象的、积累的语文知识短文占了绝大部分；而程序性知识，即可操作的、具有实践意义的语文知识短文却极少。在语文知识短文中，陈述性知识和程序性知识往往是结合在一起的。

根据以上分析，笔者试图对"语文知识短文"下这样一个定义：语文知识短文是将文学、文体、语法以及听说读写等陈述性和程序性的知识，以短文的形式分散编排在教科书中课后补白、综合性学习辅助资料和附录中，以辅助师生理解课文、传授语文知识，增加语文知识积累、提升语文能力的一种语文知识教学的载体，它具有相对的完整性和系统性。

（二）"语文知识短文"编排中存在的问题

笔者在对人教版初中语文教科书中的知识短文进行梳理分析的同时，发现知识短文在编排上存在一些令人忧虑的问题。

1. 就局部而言，知识短文在编排系统上呈现出某种程度的分散性和混乱性。

总体而言，语文知识短文的编排具有相对完整性和系统性。但就局部而言，知识短文的系统却呈现出分散性与混乱性，即某一个系列的知识系统过于分散，缺少集中性与有序性。例如在八年级上册有《测听力的活动》《养成良好的听话态度和习惯》《说话要有中心》，八年级下册有《说话要简洁》《说话要讲究方式》《说话要看对象》等几篇短文。这些短文内容都是属于口语交际系列的语文知识，但是出现的具体位置比较分散，不利于师生对口语交际的集中突破。

2.知识短文在编排内容的丰富性、正确性、有效性、精当性以及阶段性、衔接性等方面还有待提高。下面笔者将对此进行详细论述。

第一，知识短文内容的丰富性有待提高。

知识短文的丰富性是指知识短文的内容应以语言文字的运用为中心，具有全面的、多层次的、多角度的、多环节的语文知识。

笔者发现，人教版初中语文教科书中某些知识短文的内容存在陈旧、单调的弊端。如八年级下册知识短文《学习阅读记叙文》，仍是从语文教学中反复出现的记叙文六要素——时间、地点、人物、起因、经过、结果进行阐述，却对新的研究成果，如记叙文的叙述视角、叙事节奏、叙述方式等只字不提，而这些又往往是学生更感兴趣、更需要的。又如在八年级上册的两篇关于说明文阅读的知识短文中，仍是从说明的顺序、结构和语言的科学性等方面进行阐说，而对说明文中的说明方法及陈述、评价、诠释、指示等说明语言的样式不闻不问。这就导致学生只能机械地反复咀嚼那些陈旧、单调的知识，不利于学生语文知识积累的丰富性。

第二，某些知识短文内容的正确性有待提高。

知识短文的正确性是指知识短文的内容要经得起人们的推敲和语言文字运用实践的检验。以此角度为出发点进行考查，人教版初中语文教科书中部分知识短文没有及时、充分吸收那些经过实践检验的新知识，没有及时废弃那些陈腐的、经不起推敲的旧知识。

如九年级上册第四单元提到的两篇关于议论文阅读的知识短文，仍是从论点、论据、论证三要素进行阐说，即先有论点、再用论据来论证观点的正确性。笔者认为，这项知识可能只能培养学生写作时养成一种思维定式，因为这项知识只是让学生被动地去证明某种观点是正确的或错误的，它不能真正培养学生养成辩证思维和批判思维的习惯。我国知名的母语写作教育专家、福建师范大学潘新和教授撰文论证了三要素不应该成为议论文的规范性要求，一直以来，关于议论文三要素的认知是有瑕疵的，他指出：真实的写作应该是从材料、选材开始的。现行的议论文写作教学是观点预设，再用材料去证明，这是一种证明，是一种伪写作教学，也导致证伪方法的缺席①。可见，我们一直习惯的"议论文三要素"的说法是不科学的。潘老师的这一说法得到了学术界和语文教育界有识之士的认可。但教科书中的知识短文并没有将这些经过学术界认可的最新研究成果及时编进来。由此可见，语文教科书某些知识短文的正确性还有待提高。

第三，某些知识短文内容的有效性有待提高。

知识短文的有效性是指知识短文的内容对学生语言文字运用实践的指导具有可操作性，有利于学生语文能力和语文素养的提高。王荣生教授说考查语文知识的有效性即是考查"学校语文知识"与语文课程目标之间的关系，主要从"诸多相关学科是否提供了足以达成课程与教学目标的'语文知识'？能不能提供？语文教材的编纂是否从相关学科中获取了足以达成目标的语文知识？有没有获取？已经纳入教材的'语文知识'与目标是否一致？能否足以达成目标？"②

语文课程的目标是培养学生的语文素养。语文素养包含语文知识和语文能力两个部分。语文知识对能力和素养的提升有着积极的促进作用。

笔者对教科书中知识短文的内容编排进行梳理后发现，静态的陈述性知识占了知识短文的绝大部分，而动态的程序性知识则少得可怜，且教科书所呈现的这些静态的陈述性知识陈旧、落后，不足以达成提升学生语言文字运用能力、培养学生语文素养的目标。很多应该编入的可操作的程序性知识极少甚至没有，学生不能从中获得实质性、操作性的东西。如在知识短文《谈叙述与描写》中对叙述和描写的介绍只是简单地一笔带过，却没有可操作性的写作指导。至于朗读方面的知识短文，有《朗读的好处》《读出感情来》《朗读要注意重音》等，但没有更具体的"怎么读出感情来"。《说话要有中心》《说话要连贯》《说话要简洁》等则干脆只列举了一个例子，至于怎么做到说话有中心、说话要连贯、说话要简洁却不加以说明。《自传和小传》这篇知识短文介绍了什么是"自传"和"小传"，而对"怎么写"却只字不提。短文《给中学生写作的建议中》说的是写作的重要意义，却没有提到具体的措施。教科书

---

① 潘新和."议论文三要素"批判.现代语文,2011,19.
② 王荣生,李海林.语文课程与教学理论新探·学理基础.上海:上海教育出版社,2008:29.

中的大部分知识短文是陈述性知识，都还停留在"应该是这样""为什么是这样"，却对"如何才能这样"撇开不谈。学生"知其然"却不知其"何以然"，这就导致了语文知识教学远远达不到课程目标。可见，人教版语文教科书知识短文内容的有效性还有待提高。

第四，某些知识短文内容的精当性有待提高。

知识短文的精当性是指其内容精确到位，并以短小精悍的语言清晰明确地表达出来。

笔者发现，教科书中部分知识短文的内容存在冗长、重复啰唆、不知所云的弊端。如短文《句子的主干》中有这样一段话："句子成分在句子的结构上是有主次之分的，有的是句子的主干，它们决定着句子的格局；有的是主干上的'枝叶'，对主干起修饰或补充作用。一个句子不论结构多么复杂，只要把它的定语、状语、补语等'枝叶'成分压缩掉，就能看出它的基本句型，并且可以看出句子的结构是否完整，句子成分之间的搭配是否得当。因此抓句子主干是分析复杂单句的一个重要方法。"这一则知识短文洋洋洒洒用了很长的篇幅，但读者却仍对"什么是句子的主干"不甚清楚。又如《说话要有中心》这一知识短文，花了大量的篇幅写了烛之武退秦师的故事，却对为何要说话有中心、怎样才是说话有中心等问题避重就轻地带过。教科书能够承载的语文知识本就有限，若还存在冗长、啰唆的弊端，就是对教科书容量资源的极大浪费。知识短文不在于数量的多少，而应在于内容的精当。可见，语文教科书知识短文内容的精当性还有待提高。

第五，知识短文的阶段性和衔接性有待提高。

知识短文的阶段性是指知识短文的内容在小学、初中、高中不同的阶段应各自不同，衔接性是指其在各个阶段彼此独立又相互联系，共同承担语文知识教学的载体功能。

笔者发现，教科书中知识短文的阶段性和衔接性比较薄弱。目前中、小学各阶段的语文教学衔接存在脱节的问题，且愈演愈烈，造成初中教师抱怨小学教师，高中教师抱怨初中教师。究其原因，是因为没有将各个阶段学生的学习特点和知识需求弄明白并落到实处。而另一方面，在语文课程标准中，往往是按照一个大的阶段对语文课程目标进行确立，而缺少了具体的细致的阶段性目标。比如将整个初中7至9年级作为一个阶段，却未见7、8、9每一个年级甚至是每一册的具体目标。

以上原因，导致语文教科书中知识短文的阶段性和衔接性存在问题。大量语文知识反复地出现，却未见各个学段有所不同；或是大量需要的可操作性的语文知识不见踪影。可见，知识短文编排的阶段性和衔接性还有待提高。

三、中学语文教学中知识短文教学现状

当前，人教版初中语文教科书中知识短文的教学主要存在两种现象：一是有的语文教师创造性地运用教科书中的知识短文，形成他们对知识短文教学的独特体系；二是有的语文教师几乎完全抛弃语文教科书中的知识短文，另起炉灶，自行编写知识短文进行教学。

很多一线教师根据自己的教学经验，对教科书中的知识短文教学进行了有益的探索，提出了自己对知识短文教学的看法，例如邓永祥老师在《语文知识短文教学法浅探》中提出，语文知识短文的教学方法主要有：讲授辨析法、诱导自学法、变异比较法、学用结合法、列表教学法、新旧联系法。[1] 邢菊芳老师在《初中语文知识短文教学的原则与方法》中探讨了知识短文教学的引导法、讲练法、讲解法、比较法、渗透法[2]。李宁老师在《高中语文知识短文教学浅谈》中提出要注意语文知识短文教学的有趣、有序、重结合、重联系、重运用的原则，教学的具体方法有：诱发引导、解释分析、讲读练习、提纲列表、联系比较。[3] 这些教师对知识短文教学都有自己的看法，但他们有一个共同的特点就是对教科书中的知识短文有效吸收，并在此基础上创造和形成了自己的知识短文教学体系。

也有很多中学语文教师另起炉灶，自编知识短文应用于教学。笔者在教学实习过程中，发现实习学校的教师几乎不用教科书中的知识短文。他们宁可在网上查找资料，或是自行编写，也不愿使用教科书中现有的知识短文。在七年级下册，共有8篇知识短文，但教师用到的只有《学习快读》这一篇具有可操

---

[1] 邓永祥.语文知识短文教学法浅探.中学语文,2013,27:41-43.
[2] 邢菊芳.初中语文知识短文教学的原则与方法.常熟高专学报,2001,3:120-121.
[3] 李宁.高中语文知识短文教学浅谈.学周刊(A),2012,2.

作性的短文。在八年级上册共有 21 篇知识短文，但一篇都没有用到。在开始学习说明文时，该校教师就自己收集整理了一份关于说明文学习的资料，而对语文教科书中关于《说明文阅读》的知识短文置之不理。中学语文教师忽视语文教科书中的知识短文教学由此可见一斑。笔者曾问过这些老师何以至此，他们指出，原因在于教科书中的知识短文内容不足以承担语文知识教学的任务，且有些根本就是陈旧的、错误的、不完善的，没有实际操作意义。不是语文教师不愿意讲语文知识，而是教科书的语文知识短文的确存在不少缺陷。教科书有一个任务就是要使"教学内容教材化，教材内容教学化"，显然在这一点上，它还没有完全达到目标。

语文教学不是不需要系统完整的语文知识，而是需要更精当、有效、衔接有序且经得起语言文字运用实践检验的语文知识，只有这样，才能更好地达成语文课程教学的目标。教科书中编入的知识短文数量并不算少，但是其系统性、正确性、有效性、精当性等确实存在问题，以至于"知识短文"的教学处于十分尴尬的境地。若要改变知识短文的教学现况，就必须从知识短文本身着手，完善知识短文的编排。

四、建议

语文知识短文作为语文知识呈现的重要载体，是使教学内容教材化的一个重要途径，对语文知识教学有着重要作用。而语文知识的教学可以促进阅读、写作、口语交际等各板块教学的有效性。所以，关键点不是争论是否应淡化语文知识，要不要语文知识，而是要思考我们到底需要什么样的语文知识，如何呈现这些语文知识，如何让这些语文知识促进能力、素养的提升。只有这样，作为载体的语文知识短文才可以充分发挥其作用。

笔者从语文知识短文的编排及其教学现状出发，向教科书编写者提出几点关于语文知识短文的编排建议。

（一）充分考虑语文教科书中知识短文内容的丰富性、正确性、有效性和精当性

语文教科书能够呈现的知识本就有限，陈旧的、低效的、重复的、单调的

语文知识短文是对教材容量资源的极大浪费。所以在知识短文的编写上，要充分考虑短文内容的丰富性、正确性、有效性和精当性。只有丰富、正确、有效和精当的知识短文才能真正有效地促进语文知识教学，培养学生运用语言文字的能力，提升学生的语文素养。

凡是学生需要的、有意义的语文知识，应予以精心挑选，尽量做到多层次、多角度地编入。目前教科书中知识短文静态的陈述性的知识较多，而学生真正需要的具有实践意义的知识却很少。在中学语文教学中，不是绝对不需要陈述性知识，但不应该以陈述性知识为主体。"程序性知识对语文教学的意义是巨大的，它直接作用于语文教学目标的实现。但是这种类型的知识也是我们现在缺乏的，甚至几乎没有。"[1]程序性知识应该成为语文知识教学的主体。

广义的知识观认为，知识既是动态的又是静态的，既有隐性的又有显性的。学习语文知识的目的还在于运用语文知识，最终需要学生将知识转化为能力，所以，语文知识中除了有静态的陈述性知识，还要有不可或缺的动态的程序性知识，即关于"怎么做"的知识。语文知识中的程序性知识应该是关于语言运用的知识，即关于语文的听、说、读、写的技能、策略等。[2]

如在编写有关朗读、演讲的知识短文时，除了什么是朗读、演讲的陈述性知识外，更多将其节奏、语言、情感、审美等艺术知识编入；又如在编写写作的知识短文时，不要仅仅局限于写作的好处，而应该将中心落脚在如何写作，可以从选材、立意、结构、语言的运用、情感的抒发等不同的角度对写作进行可操作性的知识指导。再如，阅读——"怎么阅读"；说话要有中心——"怎么才能有中心"；养成良好的听话习惯和态度——"怎么养成，从哪些方面做"。总之，要尽可能将知识短文的内容集中在"何以然"而不是简单的"知其然"上。

（二）以学生的身心发展规律和他们在不同时段对语文知识的需求特点为依据，统筹小学、初中、高中的语文知识短文编排工作

在充分考虑语文知识短文内容的丰富性、正确性、有效性、精当性的同

---

[1] 王荣生,李海林.语文课程与教学理论新探·学理基础.上海:上海教育出版社,2008:37.
[2] 冷勤.构建合宜的语文知识观.学习与研究,2013,6.

时，还必须重视学生的身心发展规律和他们在不同时段对语文知识的需求特点。

首先，学生在不同的阶段具有不同的身心发展特点。小学阶段以感性的形象思维为主，高中阶段以理性的逻辑思维为主。初中阶段介于两者之间。根据这一阶段性特征，需要统筹小学、初中、高中知识短文的编排，在各个阶段编入符合学生身心发展规律的语文知识。小学的知识短文要更多地编入语文现象、例子、记叙文阅读知识。高中阶段应以思辨性、逻辑性的知识为主，训练学生的逻辑思维。初中阶段则应在两者之间做好平衡。

例如记叙文阅读，从小学到高中阶段都有出现。受到身心发展规律的影响，各个阶段学生的学习能力不一样，那么所以各个阶段所出现的知识点也应有所不同。小学阶段是整体的感知，能够判断"这是记叙文"；而初中阶段就该知道"什么是记叙文"、"记叙文的基本要素"；高中阶段就该对记叙文的语言、叙述视角、叙事节奏、叙述方式等有更深入的掌握和运用。在编写知识短文时，必须注意到其出现的阶段。

其次，学生在不同的阶段对语文知识的学习有不同的需求。换言之，语文知识教学在各个阶段有不同的任务，语文知识短文在各个阶段也承载着不同的内容。各个阶段的知识短文相互独立，又相互联系，紧密衔接，共同承担起语文知识教学的载体作用。

例如"比喻"这一修辞知识，从小学到高中的语文知识中都有出现。而在不同阶段，学生对其需求是不同的。小学只是感性的积累阶段，需要知道"这就是比喻"；初中阶段应该在理论和实践上都更进一步，需要知道"什么是比喻""比喻的好处"和"怎么写比喻"；高中阶段较初中阶段则应有更高的层次，需要知道"比喻的区别""怎么合理运用比喻"等等。各个阶段的知识内容彼此独立又相互衔接，共同形成语文知识的完整性。

根据学生身心发展规律和在各个阶段对知识的需求特点，统筹各个阶段教科书知识短文的编排，各阶段各司其职，各负其责，有效衔接，能够有效促进语文知识的教学，切实提升学生语言文字的运用能力和语文素养。

（三）科学合理地配置教科书中知识短文的编写团队

要保证语文教科书中知识短文的丰富性、正确性、有效性、阶段性和衔接性，就必须科学合理地配置语文教科书中知识读文的编写团队。目前，教科书的编写主要是通过一个团队包办一册的方式进行。这必然导致教科书内容的专业性、系统性、有效性等存在问题。而知识短文作为语文知识呈现的载体，更是受到不小的忽视，其丰富性、正确性、有效性、精当性等都有待提高。

笔者建议，语文教科书出版部门应科学合理地配置知识短文的编写团队，约请各路学有专长的资深学者和专家、长期从事语文教学的知名教师以及教育心理学家、专业编辑等各路专业人士担任教科书知识短文的编排任务，对本领域内的知识点进行严格的筛选、审核，将最有实际应用价值的知识点筛选提炼出来，用最精当的形式予以呈现，尽量让学生在最短时间内学到最有用的知识。这就必须打破目前一个团队包办一册语文教科书编写任务的局面，把各路学有专长的人才引进语文教科书编写队伍，达到合理分工、高效编写的目的。

资深学者、专家对其专业领域的知识有着深入的研究与认识，让他们参与知识短文的编写，能够保障知识短文内容的专业性、丰富性、及时性，能够将学术界最新的、最权威的、最合理的、最系统的知识编入教科书知识短文中，提高知识的专业性。例如朗诵板块可以约请张筠英、瞿弦和、李默然、张家声、方明、林如等国内一级的朗诵艺术家进行编写指导，演讲板块就可以约请陈安之、彭清一、李燕杰、梁凯恩、曲啸、刘吉等专业的演讲家进行编写指导。

长期从事语文教学的知名教师，不仅了解学生对知识的学习状况与需求，也深知知识短文教学存在的弊端。让他们参与知识短文的编写，能够保障知识短文的针对性和实效性。他们可以从众多的知识点中筛选出最具有教学意义、在教学中最具操作性、对学生最具指导性、在实践中最具实用性的知识。

教育心理学家了解学生的身心发展规律和对学习的需求，他们知道学生在什么阶段具有什么特点。让其参与教科书知识短文的编写，可以根据学生不同阶段的需求与能力，挑选出各个阶段最适合学生的知识，保障知识短文内容的阶段性和衔接性。

专业编辑负责统筹教科书编排，以最合理、有序、简洁、实用、科学的方式将知识短文编入教科书中，保障知识短文的系统性和完整性。

各路学有所长者，合理分工，相互配合，共同完成教科书知识短文的编写，定能使知识短文的编排更加完善。

结语

　　最新版初中语文教科书已于2013年秋季开始使用，笔者从目前仅能看到的七年级上、下册语文教科书中发现，随着一些课文的改变，一些原有的知识短文被删去，增加了少量新的知识短文，但这些知识读文仍是以陈述性知识为主体，缺乏程序性知识。在七年级下册中，则几乎没有看到知识短文的变化。可见，新版语文教科书中，语文知识短文的编排并没有得到实质性的改善。

　　语文知识绝非可有可无，它是语文课程的一个重要内容，是提高语文知识教学效率的保障。语文知识短文是呈现语文知识的重要载体，完善和优化知识短文的编排系统和内容对语文知识教学有着重要意义。从"应该需要什么样的语文知识"、"最需要什么样的语文知识"、"什么样的语文知识最具实用性"等视角出发，对教科书中的语文知识短文进行合理的编排，定能促进语文知识教学，进而提升学生的语文能力与素养，达成语文课程目标。

（作者系第二届实验班学员，论文指导教师刘中黎。）

名著导读的编排意图与教学策略
——以人教版初中语文教科书八年级下册为例

田俏丽

摘　要： 初中语文教科书设置了名著导读的内容，目的在于引导学生回味经典，培养阅读习惯，提高人文素养。探究名著导读的设计特点，采取相应的教学策略，使经典阅读成为师生共同学习的核心，这不仅有利于教师教学规划的实现，而且有利于学生语文素养的全面发展和进步。

关键词： 语文教科书；名著导读；编排

一、概述

2011年版《全日制义务教育语文课程标准》在第四学段(7~9年级)关于阅读时提到："欣赏文学作品，有自己的情感体验，初步领悟作品的内涵，从中获得对自然、社会、人生的有益启示。"可见，阅读始终是贯穿语文的重要组成部分。我们的语文教科书中不仅有精读课文和自读课文，还有课外名著导读；教科书关于名著导读的编排设计有哪些特点，如何有效展开名著导读的教学，这是本文研究的主要问题。

首先，人教版初中语文教科书的编排是：基础学习六个单元、课外古诗词背诵、名著导读、附录。很显然，名著导读在整个教科书中位置居后，篇幅稀少。因此，许多教师在教学过程中对它不够重视，或是挑拣有关中考的内容匆匆讲过，或是布置学生利用课外时间自己消化，而不把它纳入讲课范畴。这样，名著导读在教科书中的地位岌岌可危，它的价值也无法显现。就这点而言，笔者认为名著导读有其特殊的价值和意义，它能够拓宽中学生的阅读视野，丰富他们的知识面，更重要的是有利于提升他们的阅读水平，培养中学生的语文素养和语文情怀。

其次，笔者认为教师开展名著导读的教学应该方式多样、突出"特色"。龙祖胜说："可以是以诵读带品味，边读边品；也可以是批注阅读；还可以是比较阅读……"①作为一名语文教师，最重要的是要激发学生的阅读兴趣，让学生自己深刻体会到阅读的快感，从而有不断阅读下去的欲望，这也是教师教学名著导读最为关键的一点。怎么激发学生的阅读兴趣呢？"举办阅读沙龙、'手抄报'设计大赛、开展朗诵比赛、读书笔记展评、举办'名著导读'大舞台"②等等。这些新颖的教学方式给了学生自由发挥的空间，调动了他们参与学习的竞争意识，锻炼了他们独立自主的能力，也培养了他们"爱读书、读好书"的良好习惯。所以，一线教师应该在教学过程中不断摸索，不断总结教学经验，把名著导读教出"特色"。

最后，笔者认为研究名著导读的设计特点和探讨其教学展开策略是一脉相承的。只有完全了解了名著导读的编排特点与设计意图，语文教师才能找到教学突破口，创造性地设计出有特色的教学方法，引导学生自觉阅读、自我提升。

二、人教版初中语文教科书名著导读的编排意图分析

名著导读，顾名思义，涉及两个关键点：名著和导读。斯蒂夫·艾伦认为："名著就是这样的书——哪怕只是一瞬间，它都会使你从中感受到一部分生活的意义。名著是能够经受住时间考验的书，是世界上亿万读者多少年来为从中得到特别启迪而阅读的书。"③导读就是教师引导学生阅读；其中，"导"的主体是教师，"读"的主体是学生，教师的教学应重在方法，重在策略，起到为学生阅读搭建桥梁的作用。

（一）名著导读的地位及意义

人教版初中语文教科书编排有它的合理性和实用性，在课外古诗词背诵之

---

① 龙祖胜,梁莉."名著导读"教学中教师的有效"导学".教育理论与实践,2012,11:55.
② 梁素丽.初中"名著导读"教学的现状与对策[D].湖北：华中师范大学,2010.
③ 斯蒂夫·艾伦.怎样欣赏名著.广州：广东少年儿童出版社,2002：127.

后添加名著导读这一板块，引进中外名著。这对学生而言，意在帮助中学生树立正确的阅读观，引导他们根据自己的具体情况选择适合自己的阅读内容，引导学生形成一股读书风气，丰富他们的语言，树立他们的读书信念，提升他们的人文素养。对教师而言，近期目标是帮助教师理清教学思路，把握教学要点，实现教学目标；从长远来看，则是引导教师关注名著与学生成长之间的关系。"书就如同一个接力棒，让我们把文化、思想、情感一代一代绵绵不绝地传承下去。我们每天的读书，就是一次次接力。"[1]教师教学名著导读不能仅仅停留在"传授知识"的层面，而应高屋建瓴，培养学生的语文素养。人教版初中语文教科书增添了"名著导读"这一板块，比起"大纲"时期的教科书来无疑是一个亮点，更是一个精彩点；比起苏教版教科书来，人教版选列了数量三倍于它的名著，而且作家国籍多样，作品形式丰富。可见，我国人教版语文教科书十分重视名著的教学，这正是在 2011 版《全日制义务教育语文课程标准》的指导下强化中学生阅读的鲜明体现。

（二）名著导读的设计特点

2011 年版《全日制义务教育语文课程标准》要求中学生"广泛阅读各种类型的读物，课外阅读总量不少于 260 万字，每学年阅读两三部名著。"阅读无疑是语文教学的一大重点。

人教版初中语文六册教科书中，共有 13 部名著的导读（详表见下页）。六册教科书共有 169 篇阅读课文，名著导读占阅读课文的 7.6%，占教科书篇目总量的 7.1%，由此可见其"旁枝末节"的地位。教科书设计名著导读是随着初中生的心理成长期一步一步深入的，比如：初一学生还未脱离童年的稚嫩，对一切都充满好奇，因此介绍了《伊索寓言》和《繁星》《春水》，旨在激发他们对读书的好奇心，唤起他们读书的注意力；而到了初三，学生拥有了自己辨别是非和鉴赏文学作品的能力，因此介绍《格列夫游记》和《简·爱》，意在让他们利用自己独特的人生体验，创造属于自己的阅读财富。

---

[1] 巴丹.阅读改变人生.北京:东方出版社,2004:293.

人教版初中语文教科书"名著导读"汇总表

七年级上册		
国家	作者	篇名
希腊		《伊索寓言》
中国	冰心	《繁星》《春水》
七年级下册		
俄罗斯	高尔基	《童年》
法国	法布尔	《昆虫记》
八年级上册		
中国	鲁迅	《朝花夕拾》
中国	老舍	《骆驼祥子》
俄罗斯	奥斯特洛夫斯基	《钢铁是怎样炼成的》
八年级下册		
法国	凡尔纳	《海底两万里》
法国	罗曼·罗兰	《名人传》
九年级上册		
中国	施耐庵	《水浒传》
中国	傅雷	《傅雷家书》
九年级下册		
英国	乔纳森·斯威夫特	《格列夫游记》
英国	夏洛蒂·勃朗特	《简·爱》

以八年级下册"名著导读"中的《海底两万里》和《名人传》两部作品为例，教科书分别设置了四个小环节：阅读建议、精彩片段、点评和探究思考。教科书首先介绍了作品的相关知识，如作者、国家、故事梗概、主旨、地位以及影响等，这些经常被许多语文教师归结为"考点"，其实这是引导师生对作品形成一种整体认识。许多中学教师为了应对考试，只关注这些零碎的知识点，而忽视甚至放弃作品的核心内容，这是不科学的，也是不负责任的表现。其次是阅读建议，它告诉我们阅读该名著的方法，例如《海底两万里》"对照地球仪或者地图，沿着小说中潜艇经历的航程，核对它经过的地点，以增加阅读的

兴趣和对凡尔纳的科幻小说的认识"①。如此详尽的建议指引了学生阅读的方向，丰富了学生的想象力和联想力，为高效阅读奠定了基础。

（三）名著导读的编排意图

人教版初中语文教科书引入名著导读，意在强调名著的重要性，从而引导学生关注名著，阅读名著。名著导读上的内容只是名著的一角，从这个导读我们可以看出该名著的价值，以及其吸引读者的地方。教师需要做的就是要把学生引向阅读原著的轨道上来，从而达到学生阅读名著的最终目的。

鉴于现阶段中学语文名著导读教学的功利性，笔者认为重新审视名著导读的地位并探究其教学策略很有必要。首先，可以唤醒更多的教育工作者，让这一板块不再"沉睡"，重新获得重视，从而达到强化阅读的目标。其次，研究名著导读的教学方法也是熟悉教科书、熟悉教学活动的过程，这能帮助教师更好更快地成长。最后，研究这一版块的教学展开策略也有助于提升学生的认知水平，让他们站在一个高远宏大的视角来看待自己所学的知识，有利于发展他们的创造性思维，提升其创造力。笔者在执教《朝花夕拾》的名著导读时，是这样设计的：

1. 导入

师：展示《从百草园到三味书屋》《五猖会》中有关童趣的片段。

出示童年趣事的相关图片，勾起学生玩的兴趣。

2. 走进《朝花夕拾》之"名著导读"：温馨的回忆与理性的批判。

师：《朝花夕拾》中写了许多关于少年儿童的事，"阅读建议"中提到"阅读时不妨结合自己的亲身经历，体味其中的思想感情"；刚才同学们也观看了许多童年趣事的图片和语段，那现在，你觉得当时的做法怎么样？

生：幼稚/无聊/美好/好玩/可笑……

---

① 义务教育课程标准实验教科书·语文（八年级下册）.北京：人民教育出版社，2007：229.

3. 走进名著《朝花夕拾》

师：看了"名著导读"里的简介，相信大家对鲁迅先生的《朝花夕拾》有了一定的了解，那我们要想真正领会鲁迅先生的童年趣事，就一定要去拜读原著。接下来的一个月，大家的课外阅读作品是《朝花夕拾》，要求每位同学一个月后提交阅读札记和读后感，同时，我们要组织《朝花夕拾》读书报告会。

4. 总结

"名著导读"只是给我们的阅读打开了一扇窗，要想领略更加精彩的风景，我们就要去真正阅读名著，阅读经典。只有走进经典名著，我们才可能与大家近距离交流，吸收名人名家的经验，从而真正提升自己的阅读能力与写作水平。

三、名著导读的教学展开策略

（一）教学现状分析

名著导读在教科书中的位置比较边缘化，因此许多教师只是简单地总结一些考点给学生，让学生以最快的方式熟读背诵，达到应试目的。好一点的老师则向学生推荐重点名著，构建名著的结构提纲，但这样把有血有肉的名著硬生生地拆成条条框框，枯燥乏味，毫无吸引力，学生只识记了老师讲过的知识点，一旦出现未讲过的题目，则束手无策。长此以往，学生阅读名著的兴趣也慢慢消失了，教师的阅读教学也渐渐陷入困境。再者，学生中即使有喜欢阅读的，方法上也存在问题，大多同学只喜欢看曲折多变的故事情节，享受跌宕起伏的情节带来的快感，而忽视了文学作品的背景、人物，这样的阅读也是名不副实，空有形而无神，根本无法企及名著给人带来的审美体验。

（二）名著导读教学展开的思考与建议

于漪老师曾说："阅读教学之功在于有计划有目的地促使学生理解文中各种语言的构造与多种表达方法的运用，探求思想内容及其社会意义，对各种文体的作品有一定的鉴赏与评价的能力。"[1]因此，教师的导向作用非常重要。指导得当，学生受益良多；指导失常，学生备受其害。

以《海底两万里》为例，某中学一位语文教师是这样上名著导读课的：

  教古诗《无题》和《相见欢》之后，剩余10分钟，带领同学们翻开名著导读，用红笔勾画出知识点（即中考考点）："《海底两万里》是<u>凡尔纳的三部曲的第二部，主要讲述诺第留斯号潜艇的故事</u>。小说之所以拥有广大读者，原因就在于<u>构思巧妙、情节惊险</u>，还在于它们是<u>科学与幻想巧妙结合的成果</u>。凡尔纳被公认为'<u>现代科学幻想小说之父</u>'。"

  教师补充：主要内容是生物学家阿龙纳斯与仆人康塞尔及捕鲸手跟随尼摩船长乘坐诺第留斯号潜艇进行海底两万里环球探险的故事。

学生跟随教师草草勾画出考点，全然不知教师在其间所穿插讲述的内容。这样下来，10分钟就完成了《海底两万里》的学习，下课后，学生一问三不知，甚至连名著的书名都不知道。

针对以上教学现状，笔者在亲自进行实验的基础上提出以下建议：

1. 寻找名著导读板块阅读建议中的能力分布点，有针对性地训练学生的能力。

《海底两万里》课后建议我们："对照地球仪或者地图，沿着小说中潜艇经历的航程，核对它经过的地点，以增加阅读的兴趣和对凡尔纳的科幻小说的认识。"对初中生而言，光有文字功夫是不够的，还需要动手能力。这条建议恰好能训练学生的实践能力，引导学生自己查阅地图，查找相关文献资料，验证潜艇经过的地点，了解简单的地理知识，增强原著的可读性与趣味性。另外，还可以锻炼学生综合知识和拓展知识的能力，由凡尔纳的一部作品延伸到他的科幻小说，再到其他作家的科幻小说，这样由点到面的拓展过程，能够让学生真正体会到举一反三、触类旁通的快感，从而增强阅读名著的兴趣。

---

[1] 于漪.我和语文教学.北京:人民教育出版社,2003:346.

2. 引导学生赏析名著中的精彩片段。

既然该名著被选入教科书，就一定有它的价值，但名著的篇幅往往很长，而课堂时间有限，因此教师应节选名著中的精彩片段，带领学生细细品读，体会字里行间流露的情感。也可以带领学生观看改编的影片，让学生参考性地学习，从而比较直观地揣摩作者的情感，体会作者的内心世界。《名人传》节选了《贝多芬传》中的三个片段，向我们展示了贝多芬的苦难与痛苦，在授课过程中可以尝试这样做：

师：同学们，我们在七年级下册已经学过一篇文章叫《音乐巨人贝多芬》，你们还记得为什么称贝多芬是"巨人"吗？

贝多芬在悲剧面前，展示了他不屈的灵魂，这就是巨人！罗曼·罗兰在《贝多芬传》中叙述了这位名人的苦难和坎坷，赞美了他顽强的精神和高尚的品格，今天我们就跟随罗曼·罗兰一起走近贝多芬，走进巨人的世界。

师：（出示描写贝多芬的精彩片段"亲爱的贝多芬……一种奋斗的欢乐"）请同学们先根据自己的理解读读这段话。

师：（播放《命运交响曲》）请大家边听边写下自己的感受。

"最英勇的力、受苦而奋斗的人、隐忍的歌、一股勇气、一种奋斗的欢乐"当我们读到这样的语句时，应该为这位伟人叩响生命的警钟，为他呐喊出生命的高歌。带着这样的激动与振奋，让我们再次朗读这段文字。（学生朗读）

师：同学们这次读得入情多了，但还不到位，下面我们观看一小段视频《重现贝多芬》（节选），看看这位音乐巨人经历的苦难。

相信大家的心灵都有所触动，是的，生命对每个人的考验都是不一样的，结局完全掌握在自己手中，贝多芬隐忍着自己的痛苦，创作了绝妙的音乐，让我们再次回味罗曼·罗兰的这段赞语，品味巨人的伟大之处吧！（学生齐声朗读）

3. 领会和批评教科书编排者的立场与观点。

领会和批评教科书编排者的立场与观点，有利于帮助我们理解作品，甚至可能给予我们灵感和启发，从而产生自己独到的见解。教科书编排者的立场和观点主要体现在名著点评环节中,例如《海底两万里》的"点评"是这样写的:"这个片段集中体现了凡尔纳小说的神奇性和科学性,有助于了解科幻小说的特色,在科学的基础上进行既大胆又合理的想象。"读完这段话,教师就应该带领学生去思考,教科书编排者的主要意图在于引导师生认识科幻小说的特点,并培养孩子们的科学精神和想象力。

4. 师生共同分析探究名著导读后面所设计的思考题。

教科书编排者在名著导读板块后面设计了许多思考题,这些思考题往往能够有效地启发师生拓展名著教学的思路。比如,《名人传》设计的几个问题:结合自己的经历谈谈对苦难的体会。三位名人不与现实妥协的做法是不是自讨苦吃? 作者写作时兼顾名人们的优缺点对你的写作有什么启发? 这些问题都是紧扣名著的核心内容而设置的,它们从各个层面引导学生加深对原著的理解和感悟,从而引发学生与作者之间的情感共鸣。第一问是从整体感知的角度来训练学生的概括归纳能力,帮助学生宏观把握整部原著的框架结构,并做到所学与自身相结合;第二问是从侧面衬托名人顽强的意志力的,意在引导学生以积极乐观的心态面对生活中的苦难与挫折;第三问是从写作的角度培养学生学以致用的习惯,让学生从名著中汲取营养成分,并为我所用,达到阅读名著的最终目的。

5. 布置学生在课外阅读名著原作,并定期组织读书报告会。

教科书编排了名著导读这一板块,目的在于引导学生阅读名著原作,增加他们的阅读经历,丰富他们的知识储备,这样的阅读有利于培养学生自主学习的习惯,提升学生自主阅读的能力,为学生语文素养和人文情怀的塑造奠定坚实的基础。笔者尝试了以下两个步骤(以《海底两万里》为例):

第一步,布置学生撰写读书札记或读后感。

  教师在课堂上带领学生翻阅名著导读《海底两万里》的内容后,规定接下来一个月阅读这部名著,并把自己的感想随时记录下来,整理成读书笔记。

第二步,组织学生开展读书报告会。

 (1)分组讨论阶段

 学生以小组为单位确定一个分析角度,讨论阅读感想,并由组长记录组员的发言内容，整理编辑成该组的讨论结果。

（2）自由发言阶段

学生自由发言，就原著的任何一个角度谈自己的感受，可以借鉴名著的精华部分，也可以提出批评意见，供师生讨论。

（3）教师总结阶段

针对学生的发言情况，教师做相应的总结和补充说明，纠正学生的偏差，赞扬学生的创新，做到正误分明，在交流中相互学习，共同进步。

名著导读设计的最终目的是把学生引向名著原作的阅读，基于这个目标，笔者认为教师有责任精心设计阅读导向的方案，培养学生阅读名著的兴趣，从而体会阅读带来的快感。

（作者系首届实验班学员，论文指导教师刘中黎。）

语文教科书中的民俗文化教学策略
——以人教版中学语文教科书为例

庞 丹

摘 要：民俗文化是宝贵的文化资源。青少年作为祖国的未来，在保护和传承民俗文化上承担着重要使命。由于当代青少年民俗文化意识的淡薄已经导致我国某些民俗文化面临失传的危机。民俗文化是语文课程资源的有机组成部分，语文教学对民俗文化的传承显得至关重要。加强语文教学中的民俗文化教学具有十分重要的意义。

关键词：语文教科书；民俗文化；教学

一、民俗文化与当代语文教学

民俗文化，是产生并传承于民间、世代相袭的文化事项，是在普通人民的生产生活过程中所形成的一系列物质的、精神的文化现象。在我国几千年的历史长河中，民俗文化绵延不绝地流淌着，经过历史的洗涤与沉淀，一些优秀的民俗文化得以传承至今。民俗文化对当代中国有着重大意义，它所蕴含的文化价值、社会价值以及经济价值，对我国社会的发展起着巨大的推动作用。

将优秀的民俗文化融入语文教学中，优点是显而易见的。它不仅能丰富我们的语文课堂，增加语文课堂的趣味性，而且还能在潜移默化中引导学生树立正确的人生观、价值观，提高他们的思想道德修养和审美情趣，为当代青少年的健康成长服务。然而，随着科学技术的高速发展，经济结构的不断变革，外来文化的强势冲击，民俗文化面临着前所未有的挑战。当代青少年中崇洋媚外、盲目跟风、民俗文化意识淡薄的风气，更是给处于危机中的民俗文化以沉重一击。

面对这样的情况，2011年版《全日制义务教育语文课程标准》指出：语文课程对继承和弘扬中华民族优秀文化传统和革命传统，增强民族文化认同感，增强民族凝聚力和创造力，具有不可替代的优势。由此可见，语文课堂负有教育引导学生关注传统文化的责任。同时，《全日制义务教育语文课程标准》还指出，语文课程应通过优秀文化的熏陶感染，促进学生和谐发展，提高他们的思想道德修养和审美情趣，逐步形成良好的个性和健全的人格。民俗文化与语文教学的结合势在必行，而如何让两者相互作用、相互促进则是当代语文教育者所面临的重大课题。

改革开放以来，在外来文化大规模涌进的时代背景下，传统文化的传承与发展开始引起国内外学者的关注，一大批学者加入传承与保护民俗文化的队伍中。社会的发展与转型也要求民俗文化的传承与发展要适应新的社会形势，语文教学与民俗文化的研究就在这样的背景下应运而生。目前，这一课题的研究主要围绕着两个方面展开：一是注重民俗文化在语文教学中的运用，一是注重民俗文化资源在语文教学中的开发。关于民俗文化资源的开发，有学者极其详尽地罗列了人教版中学语文教科书中所有民俗文化的分布点，并做了相应阐述。除此之外，还有少数紧紧围绕着民俗文化与语文教学结合的必要性和可行性展开的研究。本文的研究将以上三个方面的研究相结合。

二、语文教科书中的民俗文化资源

纵观人教版中学语文教科书，民俗文化元素无处不在，其中比较集中的有七年级下册第四单元，比如：《社戏》里的江南乡村戏剧文化及风俗，《安塞腰鼓》中的陕北民间鼓舞形式，《竹影》里中国画的高远趣味，《口技》中民间艺人精彩绝伦的口头技艺，这些选文无一不有民俗文化的影子。最为典型的当是八年级下册以"关注民俗"为主题的民俗文化单元（第四单元），该单元中的选文如《云南的歌会》《端午的鸭蛋》《吆喝》《春酒》《俗世奇人》等篇目都以很好的视角向中学生展示了民俗文化的魅力。《云南的歌会》记录了云南少数民族的一种民间歌唱活动。在云南，许多少数民族通过长篇叙事性歌曲来传承他们的生产生活经验以及历史文化，这也使得云南各民族民歌所表现的内容丰富多彩。《端午的鸭蛋》一文中，作者汪曾祺向读者介绍了他家乡江苏高邮过端午节的一些习俗，其中着重介绍了家乡的咸鸭蛋，平淡质朴的语言让我们感受到了咸鸭蛋带给孩子们的无穷乐趣。《吆喝》一文介绍了"老北京"那走街串巷的小贩的吆喝声，文章按时间顺序，从早上的吆喝声再到白天，再到晚上，然后又介绍了随着季节变化而产生的不同吆喝声。通过对吆喝声的声调、节奏、韵律的描写，向读者展示了一场绘声绘色的市井生活表演。

语文教科书中的许多古代诗歌散文，也包含了丰富的民俗文化知识。以《诗经》为例，其中就包含有大量关于婚俗文化、酒文化的内容，通过对语文教科书中《诗经》选篇的学习，可以了解到古人在婚姻等方面的一些风俗习惯。

除去这些明显的民俗课文之外，人教版中学语文教科书中还有很多隐性的民俗文化元素分布在各篇选文中。如：《背影》一文里父亲为"我"买橘子，这和沿海地区有赠橘求"吉"的风俗有关。《台阶》中的"台阶"也涉及当地的民俗，台阶的高低象征着家庭贫富地位以及在村里的等级。《祝福》中开篇的祭灶场面就涉及鲁镇的祭祀民俗——"男不拜月，女不祭灶"的禁忌。《陈涉世家》中陈胜在起义前把帛书放在鱼腹里、学狐鸣叫"陈胜王"这一系列行为就涉及古代民间传递"王权天授"思想的文化。这些隐性的民俗文化元素既有助于学生对课文的理解，又能增添文章的文化内涵，同时还能拓宽学生的民俗文化知识。将民俗文化和语文教学有机结合，是处理语文教科书时应予以关注的一个焦点。我们在处理课文时应注意：首先，要结合当代中学生的个性心理及学习情况；其次，在语文教学中对民俗文化资源的选择要有的放矢，灵活运用，不要一味生搬硬套。

三、语文课堂中的民俗文化教学策略

如何实施中学语文教科书中的民俗文化教学？笔者尝试从两个角度入手，分别做了如下探索：

(一)着眼于民俗文化教学，提高语文教科书的处理艺术

语文教科书是衔接民俗文化与语文教学的媒介，在有限的课堂教学时间与

空间内,要让两者的相互作用最大化、最优化,必须提高语文教科书的处理与使用艺术。对语文教科书的处理,有如下几点建议:

1. 充分挖掘语文教科书中的民俗文化元素。

要利用民俗文化,将民俗文化融入语文课堂,就必须要有足够的民俗文化资源可供选择。在新的人教版中学语文教科书中,包含民俗文化元素的课文不在少数,也囊括了各种各样的民俗文化。比如:有表现古代劳动人民生产劳作的《观刈麦》,有表现老北京胡同生活的《胡同文化》,有表现古代婚姻制度的《卫风·氓》,也有表现古代送别风俗的《荆轲刺秦王》等一系列课文。这些民俗元素构成了巨大的民俗资源宝库,为丰富语文课堂提供了有力支撑。民俗资源的挖掘需要注意区分两个方面:一是显性的民俗文化元素;一是隐性的民俗文化元素。这两种民俗文化元素以不同的形式蕴含在教科书中,所以在教学时需要用不同的方式去处理。类似于八年级下册第四单元这样的民俗文化单元中的课文,民俗文化的教学可以成为教学的主要内容。同时,这些课文也是引导学生关注民俗,激发学生学习和了解民俗的主要方式。而对于教科书中的隐性民俗文化元素,在教学时一般不作为教学的主要内容,它们只起一些辅助作用,帮助学生去理解课文。虽然教学时这些内容不是重点,但它们的作用也不容小觑。

2. 恰当选择民俗文化内容进行教学,既不全盘照搬,又要防止泛文化。

人教版初中、高中各个阶段的语文教科书中与民俗有关的文章所占比例较大,初中二册、三册、六册,高中一册、二册、四册、六册中占了一半以上,甚至高中第六册所占比例高达3/4。在这些文章中,有些课文全篇都在讲民俗文化,如《胡同文化》,而绝大多数是文中涉及民俗知识。[1] 如果在教学时将它们全部呈现在语文课堂上,那语文课将完全变成一堂堂民俗文化课,这将是语文教学的失误。所以,民俗文化资源得到充分挖掘之后,我们所要思考的问题就是:如何从中选择出适合在课堂上呈现的内容,使之既能丰富课堂,又不至于吞噬语文课堂的本性。要选择合适的内容,首先要分清主流和支流。这里的主流即是在新课标或教科书单元导读和课前导读中明确提及了民俗文化的课

---

[1] 冯汝林.中学语文教材中的民俗文化的研究.广西师范大学硕士学位论文.2008.

文，这些课文在教学处理上可以将其中的民俗文化元素放在一个比较重要的位置，并适当地拓展延伸。例如，人教版语文八年级下册的《春酒》，文中对喝春酒、喝会酒这一风俗的描写本身就是课文的主要内容。因此，在教学时可作详细讲解，还可以由文中作者家乡的春酒习俗延伸到其他地方的一些新年习俗，借以拓宽学生的文化视野。支流则是那些不被课标和导读要求讲解民俗文化的课文，这其中以隐性民俗文化元素为主，当然也不乏一些含有显性民俗文化元素的课文。这类课文教学并不是都需要融进民俗文化的内容，只有那些能够直接或间接帮助学生理解课文的民俗文化才有必要加入教学内容。例如，先前说过的《背影》，引出沿海地区有赠橘求"吉"的风俗，是为了帮助学生理解父亲为什么在行动不便、买橘子十分困难的情境下，却还要去买，从而帮助学生理解父亲对"我"所寄予的殷切希望。《祝福》中，如果能让学生了解到文中鲁镇"男不拜月，女不祭灶"的祭灶民俗以及女人不能再嫁的婚姻习俗，相信能让学生更好地理解课文，读懂祥林嫂的悲剧人生。

3. 注重民俗文化的趣味性开发。

民俗文化本身极富趣味性，之所以在这里将它单独提出，是因为我们的语文教学面对的是处于成长期的青少年。中学生正处于身体和心智成长的阶段，还不够成熟，好动，注意力不够集中，他们大多对有趣的、神秘的事物感兴趣。对民俗文化趣味性的开发有助于吸引中学生尤其是初中学生的注意力，引发他们的好奇心。比如，在《端午的鸭蛋》中，孩子们在端午节那天挂"鸭蛋络子"，鸭蛋在大人眼里都差不多，但是在小朋友的眼里却有了"蠢笨"和"秀气"之分，语文课堂教学应该引导中学生来体会和想象该文中孩子们的天真活泼。在《边城》中，带领学生们真正走进文本，追寻文中的衣食住行民俗、岁时节令民俗、婚丧民俗，能够还原一幅幅湘西风情浓郁的生活画面，将文本的趣味性发挥到极致。

（二）提高教师自身的文化和教学修养

作为知识的传授者，教师在教学中起着至关重要的作用。要上好一堂语文课，对一名语文老师是有着极高要求的。面对一堂要融入民俗文化的语文课，教师自身应做到以下几点：

1. 提高自身的民俗文化素养，拓宽民俗文化视野。

作为语文课堂的引导者，教师要帮助学生更多更好地掌握并了解民俗文化。为此，教师首先要对自身提出高要求，具备较高的民俗文化素养。不得不承认，在我们的语文教师队伍中，不见得人人都能游刃有余地驾驭一堂民俗文化课。特别是一些年轻教师，由于自身民俗文化素养不高，导致他们的语文课缺乏文化底蕴，使原本可以生动有趣的一堂语文课变得乏味。所以，无论是要上好一堂语文课，还是开展其中的民俗文化教学，都要求语文教师具备较高的民俗文化素养。

2. 结合地方特色，开展形式多样的民俗文化采风活动。

每个地方都有各自的地方特色，语文教师不但要有广阔的视野，还要立足地方特色，带领学生了解身边的民俗文化，走进身边的民俗文化。人教版八年级上册的综合性学习"到民间采风去"则是践行这一理念的最好方式。通过组织学生去了解、去发现身边的民俗文化，以活动的形式带动学生的积极性，引发学生对自己家乡民俗的关注并培养他们对家乡的热爱。在采风活动之后，及时组织一场类似讲故事比赛形式的活动，让同学们都来讲一讲自己收集到的有趣的民俗小故事。这样，一能及时巩固收集到的民俗信息，二能让同学们在彼此的交流中丰富自己的民俗知识。

3. 指导学生以民俗爱好者的眼光切入文本理解，发掘教科书中的民俗文化元素。

要实施民俗文化教学，发挥民俗文化教学在语文课堂中的作用并让学生更多地了解民俗文化，首先就要引导学生以民俗爱好者的眼光切入文本理解，发现课文中的民俗文化元素，并深入挖掘民俗文化元素背后所隐含的东西。例如，前文提到的《台阶》一文，学生自己不容易注意到台阶背后的民俗元素，在作者的家乡，"台阶"的高低意味着家族地位的高低，所以当地农民经常相互攀比，一家比一家的台阶要修得高。让学生了解文中所描写的这些风俗，对于学生理解文中的父亲为什么大半辈子的梦想就是要为家里修上很高的台阶有很大帮助。"台阶"是贯穿整篇课文的线索，是农民想要改变地位争取缩小贫富差距的一种象征。在修筑台阶的背后，一个为实现理想而不懈追求、坚韧不拔、不知疲倦的朴实农民形象跃然纸上。再如小说《药》，鲁迅先生在文中最后一部分写到清明节上坟这一民俗，让学生了解清明节上坟插花、烧纸钱等一系列习俗，可以让学生更好地把握文章内涵。作者借文中所描写清明节上坟的冷落、凄凉、阴森，既写出坟场特有的凄惨氛围，又进一步揭示国民的愚昧不觉悟。在《安塞腰鼓》一文中，作者通过对一群朴实得像红高粱一样的茂腾腾的陕北后生在黄土高原上进行腰鼓表演的场面描写，把我们中华民族特有的鼓文化演绎得淋漓尽致，展示了中华民族古老淳朴的民间文艺风情，显示了生命的活跃与旺盛，赞颂了改革开放以来中华大地的沧桑巨变，抒发了中华民族挣脱束缚与羁绊、闭塞与保守后的欢乐与喜悦、思考和追求。学生在感受恢宏磅礴的安塞腰鼓时，还能在鼓声的背后听到历史的呐喊声。

4. 组织开展多样的课堂活动形式。

用多样的课堂活动形式，不但可以增添课堂的多样性，同时也能调动学生的积极性。教师可以在课堂上展示图片或者播放视频，让学生直观地感受民俗文化的丰富多彩。教师对图片和视频的选择可以在课文内容的基础上稍作延伸，当然这要根据具体的时间而定。此外，教师还可以组织开展汇报课，比如在学习《春酒》的时候，可以组织学生汇报自己家乡过春节的习俗。在讲授《吆喝》的时候，准备课文朗读录音，或与课文内容一致的吆喝声录音在课堂上播放，让学生身临其境地投身到北京街头，感受恢宏繁华的北京城的另一面——市井生活，让学生亲身体验，有助于提升学生的兴趣。

5. 语文教科书处理与课外拓展延伸有机结合。

作为语文课堂的掌控者，教师必须有效地处理好课内课外的知识衔接。语文课堂毕竟时间有限，能够触及的范围也很有限。因此，利用好课外时间对我们的语文教学显得十分重要。语文教师要积极倡导学生在课余时间多去搜集了解民俗文化，可以搜集身边的民俗，也可以根据一节课的内容去适当延伸了解。此外，利用好传统节日也可以在很大程度上帮助我们的民俗文化教学。之前提到当代中学生有很多人熟知西方的情人节，却不知道我国传统节日——七夕，知道圣诞节、复活节，却不知道重阳节、腊八节。如果我们的教师很好地利用传统节日，在这些节日临近时，有意识地提醒学生关注、了解或是搜集该节日的相关习俗，或者倡导他们积极参与该节日举行的活动，都会增强他们的民俗文化意识和他们对祖国多样化文化元素的喜爱。

结　语

民俗文化是一个国家、一个民族特有的东西，它反映了一个国家、一个民族的传统习俗。民俗资源博大精深，它承载着一个民族的历史，它能体现一个民族的精神和追求，而语文教学在整个文化知识的传承中发挥着巨大作用，将两者有机结合，必定能让民俗文化继续在历史的长河中熠熠生辉。

（作者系首届实验班学员，论文指导教师刘中黎。）

亲情主题作品分析与教学策略
——以人教版中学语文教科书为例

程 玉

摘 要：亲情是文学作品的永恒主题，也是人类的高尚情感。语文教学应该做到人文性与工具性的统一，立文更要立人，亲情作品教学更是实践人文性教学的题中之意。亲情主题作品在现行中学人教版教科书中选文较多，从不同的角度呈现了人类亲情的丰富内涵。笔者立足于充分挖掘文本内涵，并从中提炼出适宜于亲情主题作品的教学策略，旨在丰富、深化教学内容，从而更好地指导一线教学。

关键词：语文教科书；亲情主题；教学策略

《全日制义务教育语文课程标准》2011 年版开宗明义指出语文课程是工具性与人文性的统一。 现行人教版亲情主题作品文质兼美，不仅是语文学科知识与能力学习的规范载体，其中体现的人类亲情内涵更能丰富学生的精神生活，陶冶学生的情操。作为语文教师，深入分析亲情类主题作品，不仅是课堂教学的要求，更是对学生负责、提高自身教学修养的必经之路。笔者意图从三个板块构建本文：首先，分析亲情主题作品在现行人教版中学语文教科书中的分布状况，并对本文涉及的重点概念进行相应的阐述分析；其次，立足文本，进行亲情作品分析与分类；最后，在分析文本的基础上提出适宜于亲情主题作品的教学策略，希望对一线教学有所启示。

一、概念界定

本文的写作，首先需要界定标题中几个关键词的内涵，在此内涵的基础上开展讨论与研究。首先，何为"亲情"？ 亲情有广义和狭义之分，狭义即以血缘、姻缘关系为基础的亲属关系,特指亲人之间的那种特殊的感情,血缘是亲情的核心,姻缘是血缘意识的泛化,①如父母子女关系、堂兄关系、夫妻关系、亲家关系等都是亲情。广义即指亲密、感情深厚的人之间的感情。不仅以血缘、姻缘关系为基础的亲属关系,也可以以地缘、业缘、情缘为基础,如同乡、同窗、朋友关系也能发展为亲情关系。本文论述的亲情关系为狭义的亲情关系。第二,何为"主题"? 即文艺作品中所表现的中心思想,并且有足够的材料来阐明这些主题,一部作品可以有一个主题,也可以有多个主题。第三,何为"语文教科书"? 语文教科书是语文课程的核心教学材料,本文所选取的语文教科书为根据《全日制义务教育语文课程标准》(2011年版)及《普通高中语文课程标准(实验)》为依据所编写的人教版教材。根据以上概念的整合,笔者提炼出贯穿于本篇论文的中心概念——亲情主题,即文艺作品的中心思想体现了以血缘、姻缘关系为基础的亲属间的复杂多样的感情关系,并且文本中有足够的材料来阐明这些感情关系。一部作品可以有一个亲情主题,也可以有多个亲情主题。人教版中学语文教科书亲情主题选文数量与分布详见下表:

人教版现行中学语文教科书亲情主题作品数量与分布图

(单位:篇)

主题	七年级	八年级	九年级	高中	合计	占亲情作品总量比
亲情之美	《散步》《金色花》《荷叶母亲》《爸爸的花儿落了》《项脊轩志》			《陈情表》《祭十二郎文》	7	41%
亲情矛盾	《羚羊木雕》		《我的叔叔于勒》	《孔雀东南飞》	3	18%

---

① 许响洪.九九归一·中国亲情文化.海口:南海出版公司,2005:7-9

续表

主题	七年级	八年级	九年级	高中	合计	占亲情作品总量比
自省愧怍	《风筝》《秋天的怀念》	《背影》			3	18%
亲子之道		《我的母亲》	《给女儿的一封信》《傅雷家书两则》	《父母与孩子之间的爱》	4	23%
合计	8	2	3	4	17	
占亲情主题作品总量比	47%	12%	18%	23%		

从上表可以看出，中学人教版新课标语文教科书共选取了17篇亲情主题文本。初中部分为13篇，高中部分为5篇。从数量分布角度上讲，主要分布在初中年级，约占80%，尤其是七年级，约占半壁江山。可见编者在义务教育阶段对亲情主题作品的重视，对语文所蕴含的人文元素的积极弘扬。从主题上讲比较丰富，有的作品赞美了亲情永恒之美，且歌颂亲情之美的作品分布最为广泛，达到41%。选文不仅力图让学生体验亲情之美，更引导学生理性看待亲情。有的作品揭示亲情间的矛盾，有的作品表现了已到中年的主人翁回首亲情时的深深愧疚，有的作品则为我们传授了教育之道。丰富的作品主题也要求语文教师能够有策略地进行教学。本文主要从作品分析和教学策略分析两大板块展开，力求有益于中学语文教学前线。

二、语文教科书选文亲情主题的表现形态

（一）作为永恒主题的亲情之美

对亲情之美的赞颂是人教版亲情选文的主要主题，人教版语文教材中赞颂亲情之美的文本包括《散步》《金色花》《荷叶母亲》《爸爸的花儿落了》《陈情表》《祭十二郎文》等，为我们从不同角度展现了亲情之美，或美在和

谐，或美在奉献，或美在甜蜜，或美在危难时的不离不弃。尽管写作的角度不同，但文本都表达了赞颂无私、伟大亲情的共同母题。

《散步》中展现了温馨和谐的家庭氛围，这正是三代人扮演好各自角色的结果。作为老一辈的母亲慈爱有礼，而作为顶梁柱的"我"善于协调家庭关系，孝顺长辈，爱护下一代，勇于承担家庭责任。作为另一中年角色的妻子温良贤惠，顾全大局，是贤妻良母；作为下一代的儿子聪明活泼，乖巧懂事。这样的三代角色，向我们昭示了一个中国式和谐家庭的构建，每一个成员都扮演好了自己的角色。这是从最和谐的中国家庭角度对永恒亲情之美的赞誉。《金色花》表现了儿童的活泼可爱，与母亲亲密、亲近的关系，儿童对母亲的依恋、信赖，而这样的依恋则体现了亲情之美。冰心的《荷叶母亲》描写狂风暴雨中，荷叶慢慢倾斜，覆盖在被击打得快要夭折的红莲之上。荷叶那勇敢仁慈的行为让秉持着爱的哲学的冰心不禁发出"母亲啊！你是荷叶，我是红莲，心中的雨点来了，除了你，谁是我在无遮拦天空下的荫蔽"的感叹，赞颂了母亲对孩子无私而伟大的关爱。《爸爸的花儿落了》由父亲的病痛写起。作者以参加小学毕业典礼的过程为主线，穿插了对往事的回忆，从中表现了父爱的伟大，抒发了对表面严厉，实际上却充满慈爱，教女有方，懂得鼓励孩子坚强、勇敢的慈父的深切感激和怀念之情。千古名篇《陈情表》自述"少多疾病、伶仃孤苦"的境况，而在这样的境况下，祖母刘氏"躬亲抚养，尽心尽力"，李密围绕"孝"字起笔，用实例表现了祖母对自己的深情和个人对祖母的万分感激，提出"是臣尽节于陛下之日长，报养刘之日短也。乌鸟私情，愿乞终养"，用情打动了晋武帝，最终诚恳地提出一个既能尽忠又能尽孝的两全办法，即：先尽孝、后尽忠。又一千古称颂的名篇《祭十二郎文》，是韩愈的一篇对其侄十二郎的祭文。作者善于融抒情于叙事之中，在对身世、家常、生活遭际的叙述中，表现出对兄嫂及侄儿深切的怀念和痛惜，一往情深，感人肺腑。以上篇目都体现了对人间亲情的称颂，感人肺腑。

（二）无法回避的亲情矛盾

尽管人是独立的个体，有着自己的处事原则和思考方式，但是，我们生活在复杂的社会里，具有社会性，也需要适应社会，让自己更好地生存、生活。社会生活的复杂，人性的多样，让亲情总是维持着积极正面的状态自然太难，矛盾冲突是不可避免的。人教版语文教材中涉及亲情矛盾主题的文本有3篇，分别是《我的叔叔于勒》《羚羊木雕》《孔雀东南飞》，前两篇文本为我们展示了成人与儿童亲情观的矛盾，成人功利性强，而儿童更具真情。《孔雀东南飞》表现了封建时代，年轻人渴望婚姻自主与蛮横的家长间的矛盾。尽管这三篇文本中体现的亲情关系不同，但作为强者的一方都试图以自己的权威压制、说服弱者，都在根本上体现了实用至上与情感至上两种价值观的矛盾。

张之路的作品《羚羊木雕》向我们揭示了亲情与友情的分歧，两辈人的分歧，父母的功利性与儿童的单纯的矛盾，是两种价值体系的碰撞，是功利、金钱为重的价值体系与情感至上的价值体系的矛盾。莫泊桑短篇小说《我的叔叔于勒》同样揭示了作为儿童的"我"与父母价值观的分歧，大人在乎的是值不值得，而"我"在乎的是应不应该。"我"纯真善良，看重亲情，同情叔叔的遭遇，父母则看重功利，以现实利益的大小来决定情感的亲疏。孩童的纯真、善良，与大人的势利、刻薄形成了对比，表明了作者的良好愿望，希望"人间多一点亲情、多一点爱，少一点金钱下的冷酷"。乐府双璧之一的《孔雀东南飞》中，焦仲卿与刘兰芝的婚姻破灭以及最后的双双赴死，更是两代人在不可调解的婚姻价值观的冲突前做出的无奈而让人沉痛的选择。刘兰芝的哥哥专横跋扈、趋炎附势、尖酸刻薄、冷酷无情。他与焦母一起成为封建礼教的维护者，是封建家长制的代表人物，同时也是典型的市侩形象。他们对亲人的婚姻只有经济地位、社会地位的要求，没有一丝人性，并逼迫二人走向绝路，这与刘兰芝、焦仲卿忠贞重情、愿为爱情而牺牲形成鲜明的对比。鲁迅的回忆性散文《风筝》揭示了成人与儿童的矛盾，成人眼中的游戏是堕落之举，而儿童眼中的游戏是生活的天堂，作为哥哥的"我"粗暴地剥夺了弟弟游戏的权利。以上文本都体现了亲情间的矛盾，亲情关系中强势的一方试图以自己的权威压制另一方，在根本上体现的则是双方价值观的矛盾，即实用至上与情感至上的矛盾。

（三）回望亲情后的自省与愧疚

上面谈到，实用至上与情感至上是亲情矛盾的重要根源，强势的一方也许会随着时间的流逝，随着人生经历的丰富，醒悟当初行为的错误。但是，正如古语说的"树欲静而风不止，子欲养而亲不待"，有些错误一生无法补救，只能用文字记述下成熟后的自省与愧疚。人教版语文教材中表达愧疚之情的文本有3篇，分别是《风筝》《秋天的怀念》《背影》。《风筝》体现了"我"对儿时扼杀弟弟游戏权利的深深自责，后两部作品体现了晚辈对长辈的深深忏悔，对自己年轻时只懂得自私却不懂理解与体谅的愧怍。总的来说，这三部作品都写出了人到中年的作者悔悟当初对待亲情的粗暴态度。

散文名篇《背影》中，我们看到年长后的朱自清对父爱的真正理解。中年后，"我"才理解到，再三劝父亲不必送"我"，而他的执意相送只是想更多陪伴"我"，父亲对茶房的嘱托不是糊涂，而是对"我"的关心。父亲拖着肥胖的身子困难而又努力地穿过铁道、爬上月台为"我"买橘是厚重的父爱。而"我"当时却更多感受到"父亲待我渐渐不同往日"，更在意的是他的诸多"不好"，当父亲在来信中提到"大约大去之期不远"之时，"我"才幡然醒悟曾经对父亲的诸多不理解，愧疚、忏悔之情在文末淳朴的文字中流出。史铁生《秋天的怀念》中，我们感受到了亲情的隐忍宽容。即使"我"将失去双腿的暴躁、痛苦转嫁到母亲身上，母亲也依旧对"我"悉心照料，毫无怨言，甚至在生病的最后一刻只挂念着自己的一双儿女，"我"还来不及为对母亲的粗暴致歉，来不及报答这拳拳母爱，母亲已不在人世，这怎能让人不沉痛、忏悔。鲁迅《风筝》中，"我"剥夺弟弟的游戏权利，粗暴地踩碎了他精心制作的风筝。当"我"人到中年，看到一本外国的讲论儿童的书，才知道游戏是儿童最正当的行为，玩具是儿童的天使。对虐杀儿童游戏天性的忏悔像铅块一样坠在具有人道主义情怀的作者心中，而这样的虐杀却是无法补救的，"我"只能期盼着可能的原谅，而弟弟早已麻木遗忘。"我"的错误无法弥补，只能深埋在记忆中。因为时间的磨砺，让人醒悟，因为时间不可倒流，有的错误一辈子无法补救，只能忏悔让自己心安。

（四）理智的、承载着教育功能的亲子之道

人教版语文教材中表达亲子之道的文本有4篇，分别是《给女儿的一封信》《傅雷家书两则》《我的母亲》《父母与孩子之间的爱》，选文有书信、记叙文、议论文，或选取体现父母教育艺术的生活片断行文，或进行有逻辑的说理阐述亲子之道，但都昭示了和谐亲情之道。

苏联教育学家苏霍姆林斯基在其《给女儿的一封信》中，以故事和神话给14岁的女儿上了一堂生动而又深刻的爱情启蒙课。爱情是无与伦比的美。让善待爱情、以人的方式去爱人才能成为幸福的人的观念植根于刚走向青春期的女儿的内心，这是一个父亲对女儿智慧的教育。在《傅雷家书二则》中，傅雷先生告诉儿子，人一辈子都在高潮、低潮中浮沉，唯有庸碌的人，生活才如死水一般，以此鼓励儿子，理智地面对各种各样的矛盾，在不断解决矛盾的过程中提高自己，趋向"完美"。可知，傅雷此时写这封信想鼓励儿子振作起来，以平和心态去面对人生挫折，乐观地迎接生活的挑战，做一个勇敢、理智、坚强的人。第二则家书中，傅雷在祝贺儿子取得巨大成功、被鲜花与掌声簇拥的时候，激励他保持谦卑、不惧孤独，勇于攀登艺术的至境。我们在傅雷身上看到了民主的教育智慧。胡适先生的《我的母亲》中，母亲一人担当起了慈母和严父两个角色，既要把母爱倾注给孩子，让他们感受家的温馨，又要严格管束孩子，让他们学会怎样做人。母亲以身作则，培养了"我"待人接物的和气、懂宽恕。这一切美好的教育不仅在胡适幼小的心灵中留下了最初、最深的回忆，也让他受用一生。如果说以上作品更多以感性的方式传达教育之道，人本主义大师弗洛姆则是以理论化的方式向我们论述了教育之道。在《父母与孩子之间的爱》中，母亲是孩子的"自然世界"，父亲是孩子的"思想世界"，孩子从对以母亲为中心的依附转到对以父亲为中心的依附，最终与他们分离，在自己心中拥有父亲和母亲这两个世界，奠定灵魂健康和达到成熟的基础。文章条理清晰，层层深入，阐明了父母与孩子之间的爱的性质及发展变化，并指出完整的人是母亲与父亲交汇的和谐的人，为孩子的教育提供了理论指导。

三、语文教科书中亲情主题作品的教学策略

（一）创设相似情境，体验亲情角色

特级教师李吉林创建的情境教学法适用于让学生有切身生活体验的亲情教学。情境教学法是指在教学过程中，教师有目的地引入或创设具有一定情绪色彩的、以形象为主体的生动具体的场景，力求以相似情境的构造还原真实生活情境，以引起学生一定的态度体验，从而帮助学生理解教材，并使学生的心理

机能得到发展的教学方法。①情境教学法的核心在于激发学生的情感,而亲情更是容易激发的人类感情。人教版教材中亲情题材类的作品所蕴含的情感体验具有普遍性,学生在生活中几乎都经历了亲情带来的种种感受,都有将作品中"我"的经历联系自身生活经历的可能性。教师合理选用教学方法对学生更真实深刻地体验文本内涵具有重大意义,而以激发学生情感为核心的情境教学法正契合了亲情主题作品激发亲情元素的需要。

每个学生都有自己的家庭,他们都在其中感受到丰富的亲情。如何以教材为媒介,让学生在亲情类文本中感受到共鸣,这是亲情类文本的主要教学点。在具体教学上可师生合作,以教材为起点,从生活中选取某一典型而又与文本类似的场景,还原生活情境。如在教学胡适《我的母亲》时,母亲听说眼翳可以用舌头舔去,便为儿子舔了一夜的情节令人动容,这时可引导学生回想自己生病时的场景,家人是如何精心照料的,想必学生更能体会母爱的伟大。又如《荷叶母亲》中,荷叶为红莲遮风挡雨的情境,学生可以回想有狂风暴雨而未带雨具之时父母的举措,更能体会亲情的无私。除了还原生活情境,表演体会情境也适用于亲情篇目教学。情境教学中的表演有两种。一是进入角色,即"假如我是课文中的××",如在学习《羚羊木雕》时,学生可以假定自己是文中的"我",被逼迫要回已送给好朋友的礼物,会怎么办,就能很好地体会课文中"我"的内心矛盾冲突。二是扮演角色,就是担当课文中的某一角色进行表演。由于学生自己扮演角色,课文中的角色不再是在书本上,而就是自己或自己的同学,这样,学生对课文中的角色必然产生亲切感,很自然地加深了内心体验。如在学习《爸爸的花儿落了》一文时,学生可分别扮演"我"和"爸爸"的角色,进行场景表演,如爸爸在病中鼓励我要勇敢,相信学生能更体会到父亲对"我"成长的重要意义。

(二)探究关爱细节,感受细腻亲情

细节描写是指抓住细微而又具体的典型情节,加以生动细致的描绘,它渗透在人物、景物或场面描写之中。没有细节描写,就没有活生生的、有血有肉的人物形象。亲情类文本再现生活场景时,其对细节的刻画充满了作者的深

---

① 李吉林.情感:情境教育理论构建的命脉.教育研究,2011,7:7.

情，值得细细品味，可以作为重要教学内容。

亲情类文本的动人之处除了情感美外，细节描写之美也是值得探究的。如在经典文本《背影》中，肥胖的父亲买橘的一幕堪称经典，更展现了作者精湛的细节描写手法，动作描写如走、探、穿、爬、攀、缩、倾等动作上的细节描写处处值得品味。"探"字可看到父亲小心翼翼地将腿伸下，直到接近地面。月台因为无物可抓，只能用手按住，然后用力支撑起身体向上，"攀"准确地刻画了这一动作。用"缩"字说明无处可蹬，脚是悬空的，这样全身的力量全在手上了，如果手掌支撑不住，那就有摔下去的危险。同样，"倾"字用得也十分巧妙。父亲的身体肥胖，自然不像小伙子那样灵敏，他"向左微倾，显出努力的样子"，这一个"倾"字表明父亲要爬上月台十分艰难，但又十分努力的样子。肥胖的父亲尽力完成这一系列动作，只为给远行的儿子买橘。在对动作的细节描写中，父亲那慈爱的形象跃然纸上。又如在《秋天的怀念》中，母亲"悄悄地躲出去，偷偷地听我的动静；又悄悄地进来，眼圈红红的"。这些细节描写，刻画了细腻深沉的母爱，母亲让"我"尽情地发泄心中的苦痛，又强忍着内心的悲伤，突出了母亲的谨慎小心和慈爱细心，对儿子的体谅、包容和理解。又如当"我"独自看着窗外飘落的树叶时，母亲挡在窗前，一个"挡"字看出母亲为了不让多愁善感的"我"看到落叶凋零的萧条景象而产生伤感痛苦甚至是绝望的心情，处处体现了对"我"内心的保护，这些细节都是值得品味，能够引起学生深刻情感体验的。

（三）人物形象品析，体会和谐亲情之源

人物品析是综合文本的细节描写、肖像描写、心理描写、神态描写等分析人物形象，特别是内在的人物个性，分析人物个性和其个性支配下的处世态度，而人物的处世态度正是亲情和谐的源头。在以写人为中心的亲情题材记叙文中，分析人物形象是我们真正读懂文本的关键，因而人物分析是亲情主题作品的重要教学内容。在《散步》《爸爸的花儿落了》《秋天的怀念》《我的母亲》这类写人记叙文中，人物品析是我们真正走进文本的必由之路。

在《散步》中，通过品析三代人处理纠纷时的语言、神态描写，我们总结出母亲的慈爱，儿子的听话乖巧，妻子的温良贤惠，顾全大局，"我"的担当。三代人温润的性格是构成中国式和谐家庭的重要因素。在胡适《我的母

亲》中，品析母亲为人处世、教育子女的典型事件，我们能体会到母亲如何以身作则，培养"我"待人接物的和气、懂宽恕、体谅内心。母亲善良、宽容、有刚气，教子严而有方，慈母、严父的性格特征跃然纸上。正是母亲拥有的这些美好品格，滋养了"我"一生，让我对母亲的爱和感激之情自然深沉。又如《爸爸的花儿落了》中，通过对赖床不起挨打、爸爸教我寄钱这两个重要片断的品析，爸爸表面严厉、实际上却充满慈爱，教女有方，善于鼓励孩子，很重感情的形象凸显。品析父亲形象的过程中，我们能感受到深沉厚重的父爱，理性冷静的父爱。

（四）引入文化元素，深度解读亲情

亲情从人类产生一直延续到现在，有其深刻悠久的文化背景。众多优秀的亲情类文本作品皆出自文化大家之手，他们丰厚的文化底蕴自然深藏在他们的文字下方。挖掘出亲情文化的内涵，不仅能深化学生对文本的理解，对传承、发扬中国文化也大有裨益。

莫怀戚的《散步》中，为我们展现了一个和谐温馨的传统中国家庭。作为老一代的母亲慈爱有礼，而作为顶梁柱的"我"善于协调家庭关系，孝顺长辈，爱护下一代，勇于承担家庭责任；作为另一中年角色的妻子温良贤惠，顾全大局，是贤妻良母；作为下一代的儿子聪明活泼，乖巧懂事。这样的三代角色，向我们昭示了一个中国式谐家庭的构建，每一个成员都扮演好了自己的角色。这正符合了中国传统的家庭伦理文化。《易经》中认为，男阳女阴，因而男外女内，《散步》中的夫妻关系正是这样的体现，且妻子的形象也与《关雎》中"窈窕淑女"的形象相符，而"我"更是有君子之风。又如《背影》中父亲的买橘，为何是买橘？这与中华民族的风俗文化紧密相连。在民间，人们习惯上把"橘"字写成"桔"字，而"桔"字和"吉"字又很相近，小小的橘子也就成了人们的护身符。父亲艰难又努力的买橘，亦是抱着对远行的儿子的深切祝福。又如胡适《我的母亲》中，母亲在待人接物上对我言传身教，无论是处理姊娌关系，处理诽谤非议，处理新年讨债，都体现了母亲的恻隐之心、恭敬之心、是非之心，而这正是孟子的修身学说。对"我"的言传身教，也体现了古代教育重视"上行下效"，即是身教者从，言教者讼；身正不令而从，身不正虽令不从。对《我的母亲》中教育之道的解读，也是对中国传统教育文

化的一种有价值的挖掘。

结语

　　如果说一堂优秀的语文课的标准是既体现了语文学科知识，又能以教材为媒介，让师生共生有价值的共鸣，让学生在知识与技能、过程与方法、情感态度与价值观上的培养上都有收获的话，那么亲情主题作品无疑是较好的媒介。亲情是每个人都拥有的，也是最容易激发的，作为新时期的语文教师，我们应该深究文本，提出可行的有价值的教学策略，力求在亲情母题上激发学生的学习热情和感悟生活的能力，让学生不仅成才，更要成有情怀懂感恩的真人！

（作者系第二届实验班学员，论文指导教师唐旭。）

课程开发与教学论研究

KECHENG KAIFA YU JIAOXUELUN YANJIU

"口语流畅表达"课程化的启示
——重庆市巴川中学小班特色课程开发个案研究

秦 琴

摘 要： 重庆市巴川中学小班实验学校把他们对"口语流畅表达"的重要性的认识付诸具体的教育实践行动，开发和建设了"口语流畅表达"课程。他们将"口语流畅表达"作为一门特色课程来建设，实现了口语流畅表达训练的专门化、规范化和全面化，取得了很好的效果，这对我国当前中小学走好校本课程开发与建设的特色化之路有重要的启示。

关键词： 流畅表达；特色课程；小班

一、巴川小班"口语流畅表达"课程概述

重庆市巴川中学小班实验学校（以下简称"巴川小班"）自开创以来，一直致力于教育教学的改革探索，近几年来学校开展的小班教育模式得到了重庆市政府及市教委的高度重视和认可。

巴川小班以"思无涯，行有矩"为办学理念，组织实施了"三大改革"：

1. 整合课程：巴川小班构建了融选修课和必修课为一体的新型课程体系，选修课（限定选修）列入课表，以提高全体学生的综合素质；

2. 变革课堂：巴川小班尝试构建了"问题自主学习"模式，实现了课堂模式的变革；

3. 创新评价：突出多元性、过程性和激励性三大目的，实现了学生"成绩通知书"向"成长报告"的评价转型，引导学生健康成长、快乐学习。

同时，小班以"四大能力培养"为改革核心，即：培养学生的自学能力、培养学生的流畅表达、培养学生的自主管理能力、培养学生成为合格公民。

其中，培养学生的流畅表达，主要是培养能用母语和英语交流的国际合格公民。其中母语流畅表达的要求是音准、响亮、精确、简洁、流畅；英语中的流畅表达要求是懂跨文化知识、拥有大的词汇量、富有语感和情感地交流；流畅表达包括善于使用准确的学科语言表达学科思想，即：用严密的数学语言准确表述数学思维，用准确的物理术语解释物理现象，用政治话语阐述社会现象等。让学生从"不说"到"敢说"，从"敢说"到"能说"，最后实现"会说"。小班课堂中的课前五分钟"口才展示课"，让人人有说话的机会，彰显了学生的思维，培养了学生的流畅表达能力。

二、巴川小班"口语流畅表达"课程内容剖析

语言表达能力的好坏，会影响到一个人在生活、工作和社会环境中成长的成败。谈吐优雅、语言幽默、风格严谨、语调得体是每个人追求的一种语言表达品质，这种品质并不是与生俱来的，后天的熏陶和锻炼起着决定性作用。[1]当今社会需要的人才不只是"讷于言"的"君子"，而必须是"敏于行"又"善于言"的全面发展人才。[2]一直以来，不少学校的教师认为，对中学生专门实施规范化、全面化的口语流畅表达教学并无必要；口语流畅表达不过是阅读教学和写作教学的一种附属形式，诸如提问、复述、朗读等，无须专门开设口语流畅表达课程，专门安排课时进行训练。从我国中小学目前的教学现状看，似乎的确如此，但细细斟酌，笔者认为这种认识是不对的。如果教师对提高学生口语流畅表达的认识不到位，那么语文教学的实施目的并不能达到全面的效果，并且会对学生口语流畅表达的提高产生一定的消极作用。叶圣陶先生曾说："口头为'语'，书面为'文'，文本于语，不可偏废。"[3]当前我国语文教学的效果不太理想，在生活中出现了大量的"哑巴语文"现象，即：许多人能够通过电脑和别人轻松地用文字"畅谈"，但在现实生活中却无法用口语和人面对面地畅谈。这难道不是语文教学的尴尬吗？

---

[1] 鲁彦.如何提高小学生的语言表达能力[J].学周刊,2013 (11).
[2] 白朝霞.试探加强学生口语流畅表达能力的培养[J].山东教育科研,1998(1).
[3] 叶圣陶.叶圣陶教育文集[G].北京:人民教育出版社,2007:31.

中学阶段是提高学生口语流畅表达能力的黄金季节。因为学生在这个时段所获得的知识量增多，学生的生理和心理素质都出现了很大的变化，他们在很多方面具有很强的可塑性。[①]在这个时段对学生进行口语流畅表达的专项训练，可以收到事半功倍的效果。所以，在现行的考试制度下，教育工作者应该引导学生认识到口语流畅表达的重要性。目前很多地方的升学考试并没有语文课程的口试项目。虽然如此，这并不说明口语流畅表达能力不重要。事实上，口语流畅表达常常融合在语文综合性学习中。近几年各地的语文中、高考纷纷出现要求结合语境形成自己的观点并予以流畅表达的试题。这足以说明社会和教育主管部门已经认识到口语流畅表达的重要性。在笔者看来，每个学生无论是与家人、老师、同学交流，还是今后在社会立足与人交往，都离不开口语表达。将"口语流畅表达"纳入语文中、高考的命题测试和评价中，以此引导我国中小学有意识、有目的地开设"口语流畅表达"课程、对学生进行专项的口语流畅表达训练是必要的。

语言学家汤姆斯认为："语言能力不仅是指能否造出合乎语法句子的能力，应包括能否恰当地使用语言的能力。"[②]重庆市巴川小班学校的教师们将他们对"口语流畅表达"重要性的认识付诸具体的教育实践行动，开发和建设了"口语流畅表达"课程，实现了口语流畅表达训练的专门化、规范化、全面化。

在学校领导的重视下，巴川小班的语文学科组展开了积极的准备活动，以年级为单位开始实施"口语流畅表达"课程项目。通过对巴川小班为时一年的教学观察，笔者了解到：巴川小班实验学校正在推行的这一项目，主要分为三大板块：

（一）理论知识的指导

每位语文教师利用周一至周五的每天下午第四节课对学生进行专门的理论知识指导。例如：巴川小班王晓婧老师在她的以"说好普通话走遍全天下——如何准确发音和流畅朗读"为题的口语流畅表达课堂中，以生活中的方言、幽默短信及故事，让学生明白说好普通话的重要性；然后在课堂上对学生进行声

[①] 廖毅斐.中学生口语表达现状及提高[J].福建论坛(社科教育版),2005(S1).
[②] 汤姆斯.论交际能力[M].北京:北京大学出版社,2005:43.

调训练和字词训练，让学生掌握普通话发音的方法；最后通过绕口令等趣味训练，训练学生的普通话发音能力。[①]王晓婧老师的这堂课充满了轻松愉悦的气氛，又不失口语流畅表达的知识性，既切合了中学生学习知识的难易程度，又达到了学习口语流畅表达知识的目的。其中声调训练的部分是这样设计的：

声调训练（节选）

1. 声调概念

声调，是音节的高低升降的变化形式，也叫字调。声调同声母、韵母一样，具有区别意义的作用。声调主要决定于音高，同一个人的不同的音高变化是由控制声带的松紧决定的。声带越紧，声调越高；声带越松，声调越低。

2. 普通话的声调分类

普通话有四个声调。第一声也叫阴平声，调值是55；第二声也叫阳平声，调值是35；第三声也叫上声，调值是214；第四声也叫去声，调值是51。

3. 普通话四声的特点可以概括为"一平、二升、三曲、四降"，调型差别大，区别明显。

二、普通话的调类和调值

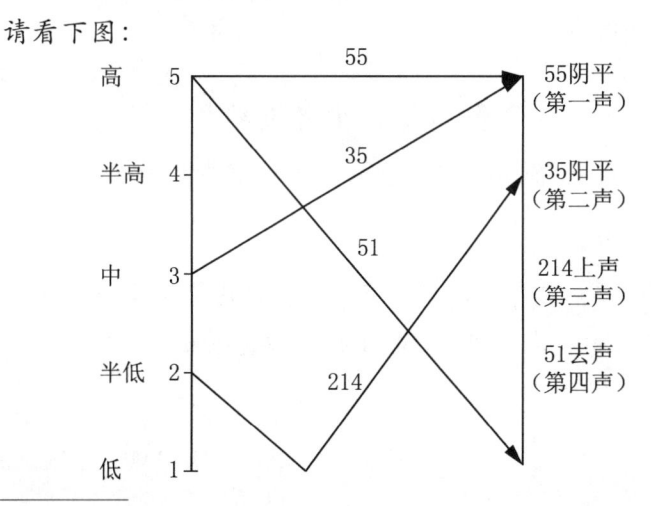

请看下图：

```
高    5 ———————55———————→ 55阴平
                                （第一声）
半高  4        35
                            → 35阳平
                                （第二声）
中    3     51
                              214上声
                                （第三声）
半低  2        214
                              51去声
                                （第四声）
低    1
```

[①] 巴川小班王晓婧老师的"口语流畅表达"课程教学案例。

课程开发与教学论研究　49

三、单字声调练习

阴平(第一声)：声调高而平，没有升降变化，起点、终点都在最高5度上，调值标为55，又称为高平调，或55调。例如：高、天、轻、松等。

阳平(第二声)：声调由中向高扬起，起点在3度，终点在5度，调值标为35，又叫中升调或35调。例如：唐、阳、王、娘等。

上声(第三声)：声调由次低降到最低，再升到次高。这个调型前半段是低降，后半段升高的曲折调。起点是2度，降到1度，又升到4度，调值标为214。因为先降后升，又叫降升调或214调。例如：老、马、九、女等。

去声(第四声)：声调由最高降到最低，中间没有曲折。起点是5度，终点是1度，调值标为51，又叫全降调或51调。例如：树、木、靠、岸等。

5.声调口诀

起音高高一路平，由中到高往上升，先降然后再升起，高处猛降到底层。

巴川小班的李春丽老师也在课堂上就"表达要简洁"的知识，给学生们做了非常生动详尽的讲解：

无赘则简　少饰更明[①]

——"简明训练"之去掉表达中的赘余词

【训练目标】

1.通过听读、看读、口头表达方法传授简明表达的方法。

2.通过展示、点评训练简明表达的能力，去掉表达中的赘余词。

[①] 巴川小班李春丽老师的"口语流畅表达"课程教学案例。

【训练重点】

去掉表达中的赘余词。

【训练过程】

一、导入课堂

播放视频《仙履奇缘》中唐僧啰唆、观音发怒、至尊宝想杀他、妖精自杀的部分。

请学生谈谈感想。

教师伺机点拨发表感想的同学语言表达中不简洁的地方。

二、语言简明的重要性

简单的话语有力量!

活动一：请朗读语文书37页《镜花缘》故事中酸儒的话语，说说你的感受，并用简明的语言表达酸儒的意思。原文：今以酒醋论之，酒价贱之，醋价贵之。因何贱之？为甚贵之？其所分之，在其味之。酒味淡之，故而贱之；醋味厚之，所以贵之。人皆买之，谁不知之。他今错之，必无心之。先生得之，乐何如之！第既饮之，不该言之。

生自由朗读。

生交流，师点评：醋比酒贵，拿着就喝，因祸得福，不要啰唆。

言语的不简洁，常常让我们在交流中遇见障碍。言说者认为自己不被理解，听者一头雾水晕头转向，使得双方不欢而散。所以语言简明则易于理解。

活动二：请赏析下列标语、广告语的好处：

标语——"打土豪，分田地""一切反动派都是纸老虎""要致富，先修路"。

广告语——"今年过节不收礼，收礼只收脑白金"。

生交流，师总结：语言简洁则易于传播。

三、语言的简明化训练

活动一：给语言做减法。

本周素材命题为春之画卷：请本周命题人彭航用自己的话解释含义并提出写作建议，请同学们做笔记：听他语言中不够简洁的地方，提出建议。

总结：给语言做减法。

1.去掉多余的修饰语；2.去掉与中心无关的内容；3.去掉口头禅。

四、实战练习

训练一：简洁地概括与复述。

活动一：听读新闻——倾听的能力：简明地说建立在认真地听的基础上，只有认真听了，才能有指向有针对性地说，才有可能做到简明。

师播报新闻：南京暂停与名古屋市官方交往。

材料一：中新社南京2月21日电（申冉）21日晚间10时许，南京市人民政府外事办公室新闻发言人向外宣布：鉴于现任名古屋市市长河村隆之否认南京大屠杀史实，严重伤害了南京人民的感情，南京市暂停与名古屋市政府间的官方交往。由于此次事件发生在中日邦交正常化40周年之际，日本名古屋又与中国南京有着34年的友好城市关系，名古屋市长之言论令中国民众大为愤慨。这份暂停官方交往的公告，成为南京市政府在事件发生24小时内最严重的抗议回应。

生：请复述老师所读的新闻内容。

方法总结：细听笔记关键词　核心事件要分明。

活动二：看读提取——概括的能力。

庞杂的信息一句话概括；紧抓谁+干什么+怎么样。

材料内容：日本游客河源启一郎骑自行车环游世界，其他国家都没事，一到武汉自行车就丢了。武汉警方充分重视，立即立案侦查，还发动几万名市民进行爱心接力。在各方的不懈努力之下，三天后，自行车终于找到并物归原主。此番寻车可谓国内首例，真可谓大动干戈。

训练二：简洁陈述观点。

活动三：综合刚才两则材料的内容，请你说说自己的观点。概述信息内容，分点陈述，注意陈述时的语气和仪态。

生展示，师点拨：

上述材料反映出如下问题：一、南京市政府强烈反对日本政府歪曲事实的行为，并采取断交行动；二、我国对日本民众并未敌视，而是友好待之。

方法总结：分点陈述语言简，善用序数思路明。

训练三：我做时事评论员——简洁的自由评述。

活动三：请你假设自己是一名电视台时事评论员，根据下列材料，拟出今天评述的主题和主要内容。

事件：惠特尼·休斯顿骤然离世，明星与毒品不可不说的故事。

材料一：2012年2月13日，"歌坛天后"惠特尼·休斯顿由于吸食毒品过量而猝死家中，她的遗体已于13日晚运抵她的家乡新泽西，她的葬礼于美国当地时间18日中午在她少女时代献唱过的那座教堂举行，教堂附近将是一代歌坛天后的长眠之地。曾经陪伴惠特尼7年之久的保镖阿兰·雅各布斯在接受美国广播公司采访时伤感地说："我可以保证她免遭别人的伤害，却无力避免她伤害自己。"她2月9日在格莱美奖颁奖前的一次公开露面，呈现给公众的确实是满脸憔悴、举止怪异的形象。媒体如此形容当时的惠特尼：小腿上留有刚干的血渍，左臂还有一道长长的疤痕，看来她与毒品和酒精的奋战仍在进行。

材料二：香港影星莫少聪因涉嫌吸食大麻被捕。莫少聪在被询问过程中表示自己因推脱不掉"应酬"而吸食了两口大麻。大陆影星孙兴吸毒有5年之久，当日和朋友在北京东城区的一家烤鸭店聚餐时，被警方当场蒙头从货梯带走。随后警方又在孙兴的公寓内搜出毒品：3排精神科药物及一大袋K仔，孙兴的女友骆莉娜也难以脱身被警方拘捕。随着莫少聪和孙兴因涉毒案在内地被捕，牵连到一批明星后,毒品似乎已经成了萦绕在名利场的白色幽灵。明星们的跌宕起伏,似乎总能隐约看见它的踪迹。其实有不少明星因为吸毒弄得家破人亡,后果相当凄惨。明星吸毒后,无论是面容还是精神都来了个180度大转弯,令人大跌眼镜。

材料三:猫王,42岁,因服用药物过量而导致心脏病发作。好莱坞新星希斯莱杰,28岁,死于过度服用药物。国内外因药物服用过量而英年早逝的明星还有很多,他们或因风光不再而自暴自弃,或在盛名之下迷失自我。他们的存在也使人们对作为公众人物的娱乐明星们产生了强烈的质疑。

方法指津:活动事件陈述:who \when \where \what \how,求同存异,特征合并。

观点陈述:表明观点——阐明理由(分点陈述)——总结观点。

五、课堂小结:

语言的简明是语言表达的基本要求。通过这堂课,你懂得了哪些说话的方法呢? 请根据自己的感悟进行总结。

总之,巴川小班的老师们力求通过生动具体的讲解让学生们在轻松愉悦的氛围中学到有关"口语流畅表达"的知识。

(二)课堂锻炼型的活动

除了重视知识传授和讲解,巴川小班的老师们还很注重让学生接受"口语流畅表达"方面的实际锻炼。为此,他们提出了"课前5分钟"的概念,即语文教师利用课前5分钟时间作为学生们锻炼的一个平台,组织学生的个人小朗诵和个人小演讲活动。学生在朗诵和演讲中得到了口语流畅表达的锻炼,在这个过程中,老师也能及时发现同学们存在的优势和不足,以便进行有针对性的指导,同时也有利于对理论知识型口语流畅表达课程做出相应调整,真正做到因材施教。

巴川小班2014级某位女生在"口语流畅表达交流会"上分享了她在"5分钟"课堂锻炼中的收获。她是一个非常优秀的女孩,在班级里她担任班上的学习副班长,工作上有规划、做事严谨。但美中不足的是在班级学习任务布置中，缺少了一份语言流畅表达的魅力，有时候她想说却又怕说。这种"怕"是人们普遍存在的胆怯心理。就像一些学生平时说说笑笑，活泼开朗，一旦走上讲台发言，就心慌气短，手足无措，有的甚至不能开口。在流畅表达能力的训练过程中，她坚持每日锻炼。一段时间后，自己能够大胆地同老师、同学交流，并且还能够积极地在公共场合发言，这样的进步让她惊喜不已。

她的父母也在交流会上谈到自己的女儿有了很大的进步，这让他们感到非常欣慰。交流会上，笔者曾十分留心地观察她，发现她在整个交流会上的言谈举止都给人留下了很好的印象，看起来十分沉稳和自信。

的确，实践是不可忽视的"老师"。通过理论知识指导和课堂锻炼，学生们收获不少，但要想真正做到口语表达流畅，必须经过实践的考验。让学生走出教材，接触社会，接触自然，在实践中学习语文；让学生多读课外书，不断地加强语言积累；让学生多说、多写、多练。做好了十足的准备工作后，就应该到实践中去，不断提高语言表达能力。①

值得注意的是，巴川小班还为学生提供了很多口语流畅表达实践的"舞台"，如：小班辩论赛、经典名篇朗诵大赛、小班班级值周广播汇报、国旗下讲话等。这样的课外展示型实践将"口语流畅表达"课程进一步巩固和深化。

其中，小班辩论赛更是将口语流畅表达推向了一个新的高潮。在2013年6月1日小班开放日中，辩论赛的选手们仪态落落大方，展现了中学生积极向上的风采，他们妙语连珠，赢得台下观众们的连连掌声。当然，同学们有这样精彩的表现，离不开老师们的精心指导和全程训练。例如巴川小班的邓永全老师对学生的仪态和体态语进行专门训练，邓老师给学生们上了一堂《说话仪态训练之"三定"》的口语流畅表达训练课，他在课堂中提出："说话能力强的标志：声情并茂，有胆有识，好听好记。放开自己，大胆开口，热爱丢脸，脱口而出。说话要有胆量，说话的胆量不是天生的，而是后天培养出来的，一回生，二回熟，实践出胆量。说话要大胆，做到敢说。其方法是：（一）笑定；（二）眼定；（三）站定。"为了让学生们更乐意接受训练，邓永全老师还在课堂上做了生动、形象、直观的表演和极为详尽的讲解：

---

① 陈春颖.浅谈中学语文教学的创新[J].安徽农学通报,2007(11).

"三定训练"[1]

（一）方法之一：笑定，就是让笑容留在上台说话者脸上。

微笑的两个作用：吸引观众，让他们感受你内心的善意和快乐；征服观众，化解听众内心对你的不解和抵触。

微笑对说话者的四种好处：好声，好脑，好身，好运。

微笑练习：天天对着镜子练习。（学生拿出镜子对照练习）

（二）方法之二：眼定，就是演讲者上台讲话时眼睛始终和观众交流。通过眼神交流，展示你的自信和沉着。

练眼定对说话的好处：尊重人；吸引人；提醒人。

练习眼定的方法与要求：睁眼法，看眼法，兼顾观众法。

1. 睁眼法：在眼的前上方3到5米处找一个点，（绿色最好，黑色也行）。睁眼看一秒钟，闭眼一秒钟，再睁再闭。

2. 看眼法：目不转睛，一直看着镜子中自己的眼睛说话。

3. 兼顾观众法：

（1）一对一练习。两个人面对面，一个人看着对方的眼睛说："你好！"练几遍再交换。

（2）一对二练习。一个人对着两个人说："各位同学，大家好！"先看左边同学的眼睛，在看右边同学的眼睛，然后面向中间，眼睛兼顾两人说，练习几遍后，几人再轮换。

（3）一对三练习。一个人面向三个同学说："各位同学，大家好！"先看着左边同学的眼睛，再看着右边同学的眼睛，然后面向中间的人，眼睛兼顾两边的同学。然后四人轮换。

用同样的办法，进行一对四或者一对五的练习。

（三）方法之三：站定，就是上台后身体要站如松，站定三秒再开口，讲话停三秒后才下台。

站定的两个标准：

1. 站直；站如松，腰要挺，腿并拢。站直能达到三好：好印

---

[1] 巴川小班的邓永全老师的"口语流畅表达"课程教学案例.

象、好声音、好身体。

2. 站稳：上台开口之前，每段落之间，讲话结束停三秒。站稳能达到三好：稳场、稳神、稳口。

站定的练习方法：

(1)面对镜子站直，站几分钟，面带微笑，看着镜子中自己的眼睛。

(2)两人面对面站直，面带微笑，看着对方的眼睛。

站稳训练方法：跨步练停顿。

(1)先向左跨一步，默数"一、二、三"，开口说："晚上好。"

(2)先向右跨一步，默数"一、二、三"，开口说："晚上好。"

(3)两人面对面站立，讲话者看着陪练人的眼睛，两人一起默数"一、二、三"，再开口说："晚上好。"或一人面对三人练习，用上面的方法进行练习，然后再轮换。

(四)综合练习五步：走—停—说—停—走。

1. 走：从台下走到台上的走姿训练。

(1)行如风。 (2)眼睛侧面看观众。 (3)微笑出场，微笑保持到下台之后。

2. 停：走到台中央站好停下来。

(1)上台者本人站定后默数"一、二、三"。 (2)台下的观众同时数"一、二、三"。

3. 说：开口说11个字的开场白：各位老师，各位同学，大家好！

(1)先面向左边的观众说："各位老师"，再面向右边同学说"各位同学"，再面向中间观众说："大家好！" (2)看观众的眼睛要虚不要实。 (3)头动带动眼动。

4. 停：说完11个字的开场白后，再默念"一、二、三"，然后从容下台。

5. 走：讲完话停留三秒后从容走下台。

(1)结束后往右侧下台。　(2)按照上台时的走姿走下台。
(3)下台时眼睛看前方,不看观众。

此外,巴川小班的李昌果老师在他的"传情达意的体态语"课堂中,借用哑剧视频充分向学生们展示了体态语对于口语流畅表达的重要性,这些都让学生们在生动的课堂中走上了锻炼的"舞台"。

(三)成果展览型的评价

巴川小班十分重视课外的成果展示,这也成为该校组织实施"口语流畅表达"课程的一个特色。

1.学生成果展示。在校园的宣传栏里随处可见巴川小班学子们的成果展示,比如各种大型比赛和活动中学生们的风采照、获奖照。同时,在学校校网、校报、校刊上也能看到他们自信而坚定的身影,这些都见证了巴川学子们点点滴滴的成长,同时也见证了巴川小班一步步走向成熟的历程。在这些展览中,巴川小班学子们在"口语流畅表达"上取得的成果和成长经历占据着非常重要的一个位置。这对学生们来说,既是一种肯定和鼓励性评价,也给了他们进一步做好口语流畅表达训练的动力。

2.教师成果展示。巴川小班除了重视对学生成果的展示,也十分重视对教师成果的展示。巴川小班的语文老师们积极开展了"口语流畅表达"课程的教学研讨会,将课程中所得到的成果进行整理,形成巴川小班的特色成果。学校对此投入了相当大的人力和物力,不仅让学生在课程中收获知识、提升能力,而且让教师们在这个过程中提升教育科研能力、迅速地成长,真正地引导教师做到了一边教、一边学、一边研究。①

三、巴川小班"口语流畅表达"课程的启示

自巴川小班开发与建设"口语流畅表达"课程至今,他们的这项教育改革行动受到了外界的广泛关注和好评。笔者认为,这项行动主要给了我们如下启示:

---

① 刘中黎.中学语文卓越教师的培养与课程设计[J].教育评论,2012(6).

（一）学生的口语表达能力建设应受到高度重视

2011年版《全日制义务教育语文课程标准》在总目标中指出：语文课程要使学生"具有日常口语交际的基本能力，在各种交际活动中，学会倾听、表达和交流，初步学会文明地进行人际沟通和社会交往，发展合作精神"。课程标准提出的这个教学目标向广大教师和学生提出了新的挑战。就学生的自身素质而言，口语流畅表达能力是其语言运用能力中的薄弱之处，很多学生不能流利地与他人进行思想、情感的沟通。[①]就语文教学中的口语交际能力培养而言，很多中小学在现阶段的口语交际教学中存在一定的缺陷与问题，有效开展口语流畅表达教学已经成为我国中小学语文教学改革的一个重要方向。

笔者认为，打破固有的重视书面语和阅读理解能力培养、轻视口语和语境交际能力培养的语文课程教学整体格局，建立听说读写并重、口语与书面语并重的语文课程教学体系，是目前中小学语文课程教学改革的当务之急。

（二）要做好校本课程的特色化建设

以巴川小班开发和建设"口语流畅表达"课程为例，鼓励各中小学做好校本课程的特色建设。真正把基础教育目标落实到位，课程开发建设尤其是特色课程的开发与建设非常重要。评价一个学校的素质教育办得怎么样，很重要的一个指标就是看它的校本课程有没有特色、落实是不是到位、效果怎么样。

例如，巴川小班将"口语流畅表达"课程做成了富有自身特色的校本课程，落实了教材建设、组建了师资队伍，很好地实施了"口语流畅表达"课程的教学，这不仅提高了中学生语言文字运用的实际能力，而且促进了学生的身心发展。笔者认为，在此过程中精心选择课程开发方向、落实教材建设、组建师资力量是巴川小班获得成功的重要因素。

1. 精心选择校本课程开发的方向

在开发校本课程时，方向的选择十分重要。开发和建设新课程并不是盲目跟风。在具体的操作过程中，学校应该在课程标准的大前提下研究学生对语文学习的特殊需要（尤其是学生在国家课程、地方课程中没有得到充分满足，但他们的身心发展又迫切需求的），并对本校的学生做校本课程需求的问卷调查

[①] 张国丽.优化小学语文口语交际教学[J].学周刊,2013(3).

和访谈，在此基础上编写课程内容。只有校本课程的开发与学校自身实践紧紧结合在一起，形成互相促进的反馈机制，才能提高教师的语文校本课程教学水平和学生对校本课程的兴趣，提升校本课程的教学质量。①

除此之外，校本课程方向的选择还要基于学校的办学传统、特色以及现有的条件资源，使课程创新更具有基础性、承继性与发展性。

巴川小班"口语流畅表达"的课程，在方向的选择上十分到位：该课程适合现阶段中学生的年龄特点和身心发展规律，能够促进学生的个性发展，还有利于促进语文基础课程的学习。同时，"口语流畅表达"课程与巴川小班实验学校的办学理念"思无涯，行有矩"相契合，而学校现有的条件能够为其提供充分的服务。

2. 落实教材的建设和师资力量的组建

教材是教学内容的载体，是人类文明的积淀，是教学改革和教学研究成果的体现。②教学离不开教材，教材建设作为校本课程开发中的基本建设，对实现校本教学改革具有不可忽视的作用。

教师是校本课程的主要建设者，教师专业水平的高低成为校本课程开发中一个不可忽视的因素，贯穿于开发的始终。当前，教师在校本课程的开发中存在课程开发意识薄弱、观念陈旧、积极性不足、合作开发意识淡薄、课程开发理论缺失等问题，为了促进校本课程的开发，我们有必要对教师在校本课程开发中存在的问题进行反思，并提出相应的策略。

巴川小班教师在校本课程的开发与建设中，结合学校和学生的实际，勇于创新，积极探索，在实践中不断发现问题、解决问题。这为"口语流畅表达"课程的发展起了很大的推动作用。

只有精心选择课程开发方向和落实教材的建设、师资力量的组建，才能真正将校本课程做好、做扎实。

（三）要正视校本特色课程建设中的负面因素并及时排除

当然，在校本特色课程建设中，不可避免地会出现一些负面因素。为了使校本特色课程更好地发挥其作用，我们必须正视并及时排除。以巴川小班的

---

① 李小羽.课程开发意识：语文校本课程开发中的重中之重[J].江苏教育研究,2011(28).

② 石瑞祥.加强教材建设 促进素质教育[J].黑龙江高教研究,2003(5).

"口语流畅表达"课程中一些负面因素为例：

1. 课程程序结构上还不够合理，各年级的分工还不够精确、细化。建议初一、初二年级进行理论知识的学习和实践的锻炼，初三年级可总结前两年在学习和实践中所得的经验和教训。

2. 课程组织安排上，以同一年级为单位组织开展"口语流畅表达"课程教学，造成不同年级间的联系不紧密，这不利于经验在不同年级间的交流、积累和提升。建议不同年级间要以会议、活动的形式安排固定的时间进行交流，加强不同年级间的沟通和联系。

3. 在该项目推行过程中，有少数的老师对其重视程度还不够，少数班级的"口语流畅表达"课程没有达到预期的效果。此外，很多教师自身得口语素质有待提高，语文教师自身的口语素质将直接影响到学生的口语表达能力。如果一个语文教师的教学用语流畅连贯，具有节奏美、音乐美、情感美，学生就会不知不觉地模仿学习教师的发音、语气、语调乃至遣词用句，久而久之，学生的口语能力定能提高。[①]反之，其负面影响也是非常明显的。

4. 对社会资源的利用还不够。对于巴川小班来说，很多学生家长拥有丰富的口语流畅表达的资源，学校可适当借助家长的力量来促进课程的推行，如邀请一些善于演讲的家长来校开讲座或做演讲，等等，这可以使"口语流畅表达"课程得到更好、更扎实的发展。

（作者系第二届实验班学员，论文指导教师刘中黎。）

---

① 田梦萍.初中生口语表达能力的培养[J].作文教学研究,2005(2).

孔子"循循善诱"教学论研究

梁承明

摘　要：孔子是中华民族历史上第一个伟大的教育家，他大量的教育智慧和教学思想都值得后人研究、思考和继承。"循循善诱"作为孔子教学论的核心范畴，更是给我国当今语文教育界带来了许多重要的教学启示。

关键词：孔子；循循善诱；教学论

"循循善诱"一词最早出现于《论语·子罕》中孔门弟子颜渊对孔子教学的评价："仰之弥高，钻之弥坚，瞻之在前，忽焉在后。夫子循循然善诱人，博我以文，约我以礼。欲罢不能，既竭吾才，如有所立卓尔，虽欲从之，末由也已。"[①]如此崇高而近乎神秘的描述，既是对孔子为人的赞叹，同样也是对孔子教学方法及教学魅力的最好阐释。

一、"循循善诱"是孔子教学论的核心范畴

有学者认为，"孔子是中华民族历史上第一个伟大的教育家，在一定意义上说，他也是全人类历史上一个伟大的教育家"。[②] 从《论语》可知，孔子在他的教学中始终保持着谦虚严谨的教学态度和育人归"仁"的志向，这种志向在孔子的从政生涯中屡遭碰壁，而在他的教学生涯里却大放光芒。笔者认为，孔子能将这种极其抽象的"仁"的社会梦想传播乃至扎根到孔门弟子及后人心

---

① 钱穆.论语新解.北京：生活·读书·新知三联书店，2002：230.本文所引用《论语》原文均摘自钱穆《论语新解》，下文不另作注释。

② 匡亚明《孔子评传》指出："孔子是中华民族历史上第一个伟大的教育家，在一定意义上说，他也是全人类历史上一个伟大的教育家"，而对孔子是"中国教师之宗"的说法历来也没有争议。

中并成为中华民族的文化基因，正归功于孔子博大精深的教学内容和"循循善诱"的教学智慧。

孔子在他的教育实践中提出过不少颇为后人赞叹的理念、思想和方法，"他的教育思想、教学方法、治学态度以及所倡导的互敬互爱的师生关系，直到今天仍然值得我们学习和借鉴"[①]。诸如学思结合的辩证关系、有教无类的办学理念、因材施教的教学方法、教学相长的从教态度等。这些理念、思想和方法落实到具体的教学实践中，便可统归于"循循善诱"，可以说"循循善诱"是孔子教学论的核心范畴。

二、孔子的"循循善诱"包含了一套完整的教学论体系

（一）"循循善诱"中的三个重要范畴

1. 孔子"循循善诱"中的"诱"

"诱"在孔子"循循善诱"教学论中既表征着诱导、启发的教学途径，又在深层意义上指向明确而清晰的教学目的，这个教学目的便是培养什么样的人的问题。从这个意义上讲，"诱"归属于孔子教学论体系的教学目的论范畴。这个范畴包括两层内涵：

（1）诱人以思——培养具有独立思辨能力的人。

"诱"的落脚点在于培养学生善于思考、勇于探究、乐于学习的素质和能力，它指向人的理性思辨能力的训练。孔子说"学而不思则罔，思而不学则殆"[②]，也就是说学习和思考应当结合起来，如果只学不思就会糊涂，只思不学就会疑虑重重。只有广博地学习知识和独立地理性思考，二者相结合才能在知识的汪洋大海里提炼出自己的真知灼见。孟子说"尽信书，则不如无书"[③]也是这个道理。另外，孔子还强调学、思必须与实践相结合，他说："诵《诗》三百，授之以政，不达；使于四方，不能专对；虽多，亦奚以为？"[④]意思是，熟读《诗经》三百首，结果是在内不能治理国家，在外又不能完成外交事务，

---

① 匡亚明.孔子评传.南京:南京大学出版社,1990:286.
② 《论语·为政》
③ 《孟子·尽心下》
④ 《论语·子路》

这样读诗，虽然读得多，又有什么用呢？孔子在此推崇的勤于思考的习惯和善于实践的能力需要在教师层层启发、步步引导下逐步形成。所以，"诱"的教学目标之一是教会学生独立思考，教会学生理性思辨探索，不盲从，成为具有独立理性思考能力及实践能力的人。

> 子贡问曰："乡人皆好之，何如？"
> 子曰："未可也。"
> "乡人皆恶之，何如？"
> 子曰："未可也。不如乡人之善者好之，其不善者恶之。"

对一个人好坏善恶的评价，孔子教导子贡不能盲从大多数的人。就算满村的人都喜欢他，他也不一定是好的；就算满村的人都厌恶他，他也不一定是坏的。应看是不是村里的好人都喜欢他，坏人都厌恶他，再对这个人加以评价。用孔子的另一句话说，就是"众恶之，必察焉；众好之，必察焉"。[①] 这是一种不盲从的态度，它培养的是学生独立分析问题的能力，锻造出的是具有独立理性思辨能力的人。

（2）育人归"仁"——培养具有高尚人文情怀的人

"诱"的归属点在于培养能修身、齐家、治国、平天下的志士仁人。孔子开创私学的目的，是为实现其政治理想、社会理想服务的，而"仁"作为孔子整个思想体系的核心，毫无例外便成了他启发、诱导教学中最为深层也最为本质的教学目的。它指向人的人文情怀和社会理想的培养。

孔子说"仁者，人也"[②]，就是说"仁说明人之所以为人的道理"[③]。在孔子的思想里，"仁"既是所有个人道德修养的总称，也是当时所能达到的一切文化知识的总和，因而他要求"君子无终食之间违仁，造次必于是，颠沛必于是"[④]，即君子无顷刻间违背仁，匆促之时是这样，困顿的时候也是这样。

孔子在自己的教学中多处论及"仁"。它或被用来阐释自己天下太平的政

---

① 《论语·卫灵公》
② 《中庸》
③ 匡亚明.孔子评传.南京:南京大学出版社,1990:150.
④ 《论语·里仁》

治理想，或被用来抒发内心"志于道"①的人生追求。在《公冶长》篇中，颜渊季路侍，当问及孔子之志，他说："老者安之，朋友信之，少者怀之。"②孔子的回答朴素而又意蕴深远。在这简单的对话中，他也始终不忘对弟子的社会责任感以及人文情怀进行培养和熏陶。这在《论语》中孔门弟子的话语里可见一斑：

> 曾子曰："士不可以不弘毅，任重而道远。仁以为己任，不亦重乎？死而后已，不亦远乎？"（《论语·宪问》）
>
> 子张曰："士见危致命，见得思义，祭思敬，丧思哀，斯可已矣。"（《论语·子张》）
>
> 子夏曰："博学而笃志，切问而近思，仁在其中矣。"（《论语·子张》）

虽然孔子每次对"仁"的阐释不尽相同，但总的来说，可以一言以蔽之："仁者爱人。"③因此，在孔子教学目的论范畴内，培养具有"仁"的品质的志士仁人是"诱"的深层指向。

总的来说，孔子的"诱"具有明确的教学目的，即培养出既具有独立理性思辨能力和实践能力，又具有高度社会责任感和高尚人文情怀的拥有健全人格的"人"。

2. 孔子"循循善诱"中的"循循"

所谓"循循"，即一步一步来、循序渐进、态度和善、有条不紊的意思，它是有步骤、有层次地引导别人学习，是一种由浅到深、由外到内的过程。它要求教师要遵循教育教学规律，遵循学生认知心理发展规律。它归属于孔子"循循善诱"教学论体系中的教学过程论范畴。

"循循"教学不是一蹴而就的，它是不急躁、不贪多的教学。孔子说"欲速，则不达"④，教学不可主观片面地贪多求快，应追求教学过程的精致化、次序化、科学化。它大体可分为以下两个方面：

---

① 《论语·述而》
② 《论语·公冶长》
③ 《论语·颜渊》
④ 《论语·子路》

一方面,"循循"一词是强调教学流程的科学合理性。学生对知识的接收是有一定的顺序和过程的,它不因教师的主观判断和意愿而发生改变。所以,要做到教学的高效,教师就应遵循学生的认知规律和身心发展规律展开教学活动,应摸清学生的学习规律,按规律教学。

另一方面,一个完整的教学流程应包含多个教学板块,每个板块之间既彼此独立又相互联系。要使各部分既能独立充分发挥作用,又能相得益彰地服务于教学目标的达成,就需要教师合理安排教学顺序,使整个教学流程既板块清晰又循序渐进。如《侍坐》篇,孔子的整个教学流程可总结为三大板块:创设问题情境、师生合作探究、教师总结点评,这三个板块依次开展并共同指向儒家社会理想这个大的教学目标。

3. 孔子"循循善诱"中的"善"

在"循循善诱"中,"循循""诱"分别归属于教学过程层面、教学目的层面,但二者又共同依赖于教学方法层面的"善"。

"善"重在方法,在课堂教学中,这些方法即老师为学生深入地理解文本、学习知识"搭梯子"。"梯子"的搭法不一样,学生理解和接受的程度就可能不一样。有学者将这种"搭梯子"称为"间接思维方式引导"[①],并将这种引导总结归纳为"启发式引导""譬喻"和"寓教于乐"三种方式。关于孔子对教学方法的使用,在本文第三部分将有更详尽的阐释,在此不做赘述。

总之,"善"者,善于借鉴前人的教学智慧,善于总结自己的教学经验,善于探索教学的不同领域,善于开辟多样的教学路径,善于捕捉日常的教学灵感,善于发现学生的学习兴趣。在此,"善"是对教师教学效果、目标达成的评价,同时也是对教师教学所提出的要求:教师不仅要"会教",还应追求"善教"的教学境界。

(二)"循循善诱"中的三个范畴是有机联系、和谐统一的关系

在孔子"循循善诱"这一教学论体系中,"诱"的范畴指向教学目的,"循循"指向教学过程,"善"指向教学方法,后两者是前者的重要支撑,三者是有机联系、和谐统一的。

---

① 张广盛.循循善诱,举一反三——中国传统教育方法中的间接思维方式初探.教育实践与研究,2006,7.

美国汉学家 G. 克里尔说:"孔子不是仅仅培养学者,而是训练治世能人,他不是教书,而是教人。"[①]孔子自己也说"君子不器",即人不要被器化,不要成为某种特定的工具。人的培养是孔子花费其毕生心血为之操劳的事业,他终其一生"诲人不倦""有教无类",正是为了培养理性思维与感性情感均发达而丰富的人。可以说,孔子参透了"人"之所以为人的全部要义。而这,在现今的教育中仍然值得我们深思发扬。基于这一宏大的教学目的,孔子从教学过程和教学方法层面发展出实现自己教学目标的两个支撑,即"循循"和"善"。

由此可见,在这个体系中,"诱"的目的论是主线,方法和过程配合目的的达成,三者统一于"人的培养"这一终极指向。

三、"循循善诱"教学论包含了一整套灵活多变的教学方法

"循循善诱"所强调的启发诱导、点拨暗示,重在引导学生思考联想。因此在教学过程中需要教师以各种方式去吸引学生,让学生兴趣盎然、乐此不疲、积极探索。比如孔子就经常转变自己的教学方法来维持学生的学习兴趣,吸引学生的注意力。在这些方法中,孔子最常用的便是"博文约礼""愤启悱发""叩其两端而竭""能近取譬"和"举善而教不能"等[②]。

(一)博文约礼

"博文约礼"是指教师以广博的知识使学生深透,以丰富的人生实践使学生明晰。

在钱穆《论语新解》中,称"博之以文,约之以礼"为"孔门教法的最大

[①] H. G. Gree. ConfuciusandtheChineseWay(《孔子与中国之道》). HarperTorchbooks, NewYorkandEvanston, 1960:79. (注:此引文引自匡亚明《孔子评传》第 298 页。)

[②] 《论语》中"博文约礼""能近取譬"出自《雍也》篇,"愤启悱发"出自《述而》篇,"叩其两端而竭"出自《子罕》篇,"举善而教不能"出自《为政》篇。

纲领"①。"文"，指文学，"礼"，指人生实践②。在孔子教学中，"博文约礼"贯穿于整个教学实践，它是孔子在教学中对学生学习的规范和要求。孔子说"君子博学于文，约之以礼，亦可以弗畔矣夫"③，正可见如此。当然，博文约礼作为"孔门教法的最大纲领"，孔子也以此标准要求自己，"学而不厌，诲人不倦"④。可以说，博文约礼也正是孔子能够循循善诱的前提所在。广博的知识和丰富的实践让他在面对学生提出疑问的时候，总能从各方面给出学生最易接受并最受用的解答。

　　子张学干禄，子曰："多闻阙疑，慎言其余，则寡尤。多见阙殆，慎行其余，则寡悔。言寡尤，行寡悔，禄在其中矣。"（《论语·为政》）

　　针对子张的求仕之心，孔子的回答从具体而实际的言行出发，再到抽象的求仕之要，由一面而及多面，简明扼要却点破求官从政的要领。同是问政，面对鲁哀公"何为则民服？"⑤之问，孔子从正反两方面给予回答："举直错诸枉，则民服；举枉错诸直，则民不服。"⑥这是教导哀公作为统治者要任人唯贤，如此则民心归顺，民众信服。

　　孔子"博文约礼"的教学智慧正隐藏在这一问多答的问答之间，他切合所问者的实际，从询问者的立场出发，或由具体到抽象，或正反并举给出答案，使询问者得到启发。当然，要最大程度地发挥博文约礼的效果，就要求教师从学生的不同情况着手，根据学生不同的生活经历和认知水平来设定教学内容和方法。在《论语·为政》篇中，孟懿子向孔子请教什么是孝道，孔子答曰"无违"。樊迟替孔子御车，孔子将自己告知孟懿子的"无违"为孝告之樊迟，并补充说："生，事之以礼；死，葬之以礼，祭之以礼。"很明显，关于"孝"的解释，孔子两次说法是不相同的。孟懿子是鲁国大夫，其父僖子贤而好礼，而

---

① 钱穆.论语新解.北京:生活·读书·新知三联书店,2002:231.
② 关于"礼"的释义,李泽厚在其《论语今读》中写道:"此'礼'并非繁文缛节,不只是仪文形式而已",结合《朱注》及《钱解》,"礼"乃修身、齐家、从政、求学一切实务所要,故而将"礼"译为"躬行实践"。
③ 《论语·雍也》
④ 《论语·述而》
⑤ 《论语·为政》
⑥ 《论语·为政》

孟懿子殆不能谨守其父之教。孔子以"无违"教之,"盖欲其善体父命卒成父志"①。也即"无违"为孝,乃孔子专针对孟懿子有违父之贤而言之,而"父不皆贤,则从父未必即是孝"②,所以,孔子"恐其失指而以从亲之令为孝,故语樊迟以发之"③,补充说明生、事、葬、祭,事亲以礼方为孝。由此可见,教学内容是可以灵活多变的,针对同一个问题,可以根据不同的实际,给出不同的解答。当然,要做到如此,更需要教师对学生有充分的了解,对教学有足够的把握,对知识和教学的内容有透彻的理解和分析。

所以孔子的循循善诱是灵活多变而有生命的,它以教师自身的博学多识为根基,而绝不是僵化老套的刻板教条。

(二)愤启悱发

子曰:"不愤不启,不悱不发,举一隅不以三隅反,则不复也。"(《论语·述而》)

宋代朱熹对"不愤不启,不悱不发"这样解释说:"'愤'者,心求通而未得之意,'悱'者,口欲言而未能之貌。"④愤者求心通而未得,已用力于思,故可启以开其意;悱者口欲言而未能,即已得其大意而未能发表,故可发以达其辞。"不启""不发"是孔子自述其教学方法,即受教者必须先发生困难,有求知的动机,然后去启发他,这样才能取得最好的效果。"不待愤、悱而发,则知之不能坚固;待其愤、悱而后发,则沛然矣"⑤。

在《论语·卫灵公》篇中,孔子说:"不曰'如之何如之何'者,吾末如之何也已矣。"教学是一个双向的过程,孔子更在乎学生自己在教师诱导下的善学、善思、善问。"循循善诱","诱"字当先,它重在启迪学生的思维,开拓学生的思路。故而教师的"诱",要和学生的"思""问"连接起来,形成"学-教-学"的教学体系,只有形成了这个体系的良性互动,教学才可能得到更好的效果。这一教学方法也得到了后代学者的认可,李泽厚在其《论语今

---

① 钱穆.论语新解.北京:生活·读书·新知三联书店,2002:31.
② 钱穆.论语新解.北京:生活·读书·新知三联书店,2002:31.
③ 朱熹.四书集注.陈戍国标点.长沙:岳麓书社,2004:63.
④ 朱熹.四书集注.陈戍国标点.长沙:岳麓书社,2004:108.
⑤ 朱熹.四书集注.陈戍国标点.长沙:岳麓书社,2004:108.

读》中这样说道:"实用理性之思维重启发、暗示、点悟,极具具体情境性质,而不重抽象论证、详尽说明或推理过程。中国文化从诗文评点到教育方法,无不重'点到即止''不求说破',一直到禅宗棒喝顿悟,无不以此为上乘法门,即让受教育者自启心灵,独得体会,生机活泼,得真智慧,而免于沦为公式化之机器心理。"①孔子在自己的教学中正是秉承着有"愤"而启,有"悱"而发的原则,所以无论在为人、议事,还是言志、论政中,都少了长篇累牍的说教、少了急于求成的呵斥,而是旁敲侧击、因势利导、暗示点悟,让教学的过程在点拨、启发中完成。

(三)叩其两端而竭

子曰:"吾有知乎哉? 无知也。有鄙夫问于我,空空如也,我叩其两端而竭焉。"(《论语·子罕》)

"叩,发动也。两端,犹言两头。言始终、本末、上下、精粗。"②"叩其两端而竭"也即教师对学生所疑之事的两端穷竭叩问,使其对所疑之事两端皆有开悟,从而通晓全体。

孔子虽然学识渊博,但在面对学生提问时,依然谦虚谨慎,并通过旁敲侧击有意识地教育学生。"孔子谦言己无知识,但其告人,虽于至愚,不敢不尽耳"③。孔子自谦"无知",但面对"鄙夫"之问,依然"叩其两端而竭",这是一种尽责于人的教学态度。孔子在教学过程中,亦非居高临下:"'鄙夫'心虚,而答者亦心虚,故使答者能转居于叩问之地位,而问者能居于开悟对答之地位"④,故能穷竭叩问,使来问者对其所怀疑之事之两端均有开悟,则所疑全体皆获通晓,更无可疑。⑤ 这是孔子在教学中能够明确自身定位,合理转变师生角色的表现,他既不是"满堂灌",将自己的想法、观点全盘倾注给学生;也不是雾里看花,让学生迷惑不定。这种"叩其两端而竭"的方法让学生转居到思考的主体上来,而老师只是注重引导提问,牵线搭桥,循序渐进,最

---

① 李泽厚.论语今读.北京:生活·读书·新知三联书店,2004:195.
② 朱熹.四书集注.陈戍国标点.长沙:岳麓书社,2004:126.
③ 朱熹.四书集注.陈戍国标点.长沙:岳麓书社,2004:126.
④ 钱穆.论语新解.北京:生活·读书·新知三联书店,2002:227.
⑤ 参见《论语新解》(《子罕》篇)中钱穆对孔子"叩其两端而竭"教学方法的评价。

终让求知者豁然开朗，茅塞顿开。这种"叩其两端而竭"的方法在现今语文教学中用得较为有效的操作实践便是"主问题设计"。"主问题设计"要求教师对文本有足够准确到位的理解分析，即"先自存有一番知识"①，再根据学生的思维梯度，分层次设计课堂引导性问题，让学生在解答问题的过程中，对所疑惑之事逐渐明晰于心头。这既是孔子"善诱"的表现，也是他注重"循循"教学的一例。

（四）能近取譬

"近取譬"是指教师要通过旁征博引、就近作比，由近及远、由浅入深地进行讲解，使学生易于理解，乃至引人入胜。

在《论语·为政》篇开篇，孔子以"北辰"作比，强调君主要"为政以德"，方能"居其所而众星共之"。"为政以德，并非无为，而是要如北辰般动在微处，不出位，自作己事，虽其动不可见，而众星却围绕归向着他旋转。"②论及"信"，《为政》中孔子说："人而无信，不知其可也。大车无輗，小车无軏，其何以行之哉？"《朱注》解释："'輗'，辕端横木，缚轭以驾牛者；'軏'，辕端上曲，钩衡以驾马者。车无此二者，则不可以行。人而无信，亦犹是也。"③这同样是用就近取喻的方法，形象而明确地阐明自己的观点。所以孔子的"近取譬"的教学方法，大多只从浅处、实处、近处来启示和教诲人，而非空谈。这种教学方法在专门论述教育和教学问题的论著《学记》中也作了记录："故君子之教喻也，道而弗牵，强而弗抑，开而弗达。道而弗牵则和，强而弗抑则易，开而弗达则思。和易以思，可谓善喻矣！"教师要做到善喻善教，就要通过引导、启发的方式，以达到"能博喻，然后能为师"④的效果。

（五）举善而教不能

"举善而教不能"分为两个层次，一方面要"举善"，即发掘学生好的观

---

① 钱穆.论语新解.北京:生活·读书·新知三联书店,2002:227.
② 钱穆.论语新解.北京:生活·读书·新知三联书店,2002:24.
③ 朱熹.四书集注.陈戍国标点.长沙:岳麓书社,2004:64.
④ 《礼记·学记》

点、行为、做法并将其作为示范引导学生；另一方面要"教不能"，即教师要善于捕捉学生学的特点，了解其学习能力，在发扬其长处的同时，重点教导学生所不擅长的。

孔子的"举善而教不能"有时针对个人而言，有时指向某一个抽象的大问题来说。针对个人时，他引导学生反思己所不足，学习他人之所长，并在达到预期效果后及时给予褒奖。如《论语·公冶长》篇中的一例：

子谓子贡曰："女与回也孰愈？"

对曰："赐也，何敢望回！回也闻一以知十，赐也闻一以知二。"

子曰："弗如也。吾与女弗如也。"

这则案例是孔子在与子贡对话中对颜回的评价。"吾与女弗如也"一句可见他对颜回闻一知十的能力十分赞赏，并作为正面教材鼓励子贡要更加勤奋地学习，以使自己不仅能由此知彼、闻一知二，还能举一反三、闻一知十。

当遇到学生所"不能"时，孔子明确指出其所存在的问题并耐心给予指导，这从以下几个例子中可以看出。

在《论语·为政》篇中，子游、子夏问孝，孔子答子游道：

"今之孝者，是谓能养。至于犬马，皆有能养；不敬，何以别乎？"

答子夏道：

"色难。有事，弟子服其劳；有酒食，先生馔：曾是以为孝乎？"

在这两段不同的答语中，孔子结合子游、子夏事亲的实际，指出子游"能养而不敬"非孝，指出子夏"服劳奉养而少愉色"亦非孝。程子[①]曰："子游能养而或失于敬，子夏能直义而或少温润之色。各因其材之高下与其所失而告

[①] 在《四书集注》中，除朱熹自己的解说外，主要引用了程氏兄弟和他们的后学的观点，而且在提到程氏兄弟时一定称程子以示尊重。

之。"①再如在《为政》篇中，孔子教导子路所说的"由，诲汝知之乎！知之为知之，不知为不知，是知也"。②孔子在此所言是专门针对子路的。"子路好勇，盖有强其所不知以为知者，故夫子告之曰：我教女以知之之道乎！但所知者则以为知，所不知者则以为不知。如此则虽或不能尽知，而无自欺之蔽，亦不害其为知矣。况由此而求之，又有可知之理乎！"③所以，孔子的"教不能"并非违反学习规律的以其"不能"而教之，而是在弟子认识或行为有所偏差时及时给予纠正，并为其指明正确的方向。

面对诸如"仁、义、礼、智、信"等抽象问题时，孔子通常选择避免直接下定义，而是以譬喻、涵盖或反问、排除的方式从侧面回答。《论语》一书中多处谈及"仁"，而每次孔子所说出的"仁"的具体方面都不完全相同：或从反面排除，如"巧言令色，鲜矣仁"④；或列举"仁"的表现，如"弟子入则孝，出则弟，谨而信，泛爱众，而亲仁"⑤；或强调"仁"的重要性，如"人而不仁如礼何！人而不仁如乐何！"⑥；或对"仁"大加赞赏，如"唯仁者能好人，能恶人"⑦。虽然孔子一直没有将"仁"的概念清楚明白地说出，然而弟子们在老师多角度、多层面的启发之下，也能存"仁"于心并落实到自己的言行中，这便达到了孔子推行"仁"的社会理想的预期了。所以，循循善诱可以是分几个阶段进行的，可以自始至终持续进行，通过零散的一句话或几句话，最终形成一个系统，给学生潜移默化的影响。

四、"循循善诱"教学论对当代语文教学的启示

"循循善诱"作为孔子教学思想的核心范畴，它包含了一套完整的教学论体系，包含了一套灵活多变的教学方法，它对现今的母语教学在很多方面都有

---

① 朱熹.四书集注.陈戍国标点.长沙：岳麓书社，2004：64.
② 《论语·为政》
③ 引自《四库全书》中朱熹对孔子求知之道的阐释。
④ 《论语·学而》
⑤ 《论语·学而》
⑥ 《论语·八佾》
⑦ 《论语·里仁》

着重要的启示，诸如教学主体和教学目的范畴内的"诱"，教师素养和教学方法范畴内的"善"，以及教学过程范畴的"循循"等。

首先，孔子的教学注重"诱"，"诱"即引导、诱导。它既是孔子教学的落脚点，也是一个重要的教学环节，对今天的语文教学在教学主体、教学目的上有重要的借鉴意义。

在教学主体上，"诱"的主体是教师，它反对教师把学生当容器，照本宣科，进行粗放式的知识灌输、思想灌输；反对课堂上说教式的教学，不重视学生的独特学习体验；反对教师"满堂灌"，把学生的课堂变成老师的讲堂。"诱"注重课堂中情境的创设，注重师生互动合作，注重学生的思考探究生成。所以，教师作为诱导者，应注重教学情境的创设，引导学生在学习情境中探究发现，得见真知。当然，"诱"的对象是学生，要能充分发挥"诱"的作用并达到"诱"的效果，就要求教师在情境创设中，注意结合学生的兴趣所在，结合教学需要和条件，有针对性地设计教学环节和课堂活动。[①] 另外，在教学目标的设定上，应真正将知识与能力、过程与方法、情感态度与价值观的三维目标落到实处，真正做到学而不"器"。教育教学的目标应从"教书"转到"育人"上来，培养出既具独立理性思辨能力，又具"仁"者情怀的人。

其次，孔子的"诱"建立在"善"的基础上。所谓"善"，即擅长、善于，"善"是一种教学标准，更是一种教学境界。"善诱"在教学中主要是指教师要善于发挥主动性和创造性，要善于创新教法，其最终目的是培养具有思辨精神和"仁"者情怀的人。本文从教师的"善教"和学生的"善学"两方面讨论教学中的"善诱"。

在教学中，教师必须明确"教"与"学"的矛盾始终是教学最主要的矛盾，"善教"和"善学"是这对矛盾最优化的结果之一。而要取得这一结果，必须发挥教师的主导作用。叶圣陶先生说："教师之教，不在全盘授予，而在相机诱导，必是学生运其才智，勤其练习，乃为善教也。"[②]此处"相机诱导"是"善诱"的最大法门。其中"机"是条件，"导"是关键，"语文教师要善

[①] 关于情境教学，可详细参见：冯卫东,王亦晴.情境教学策略.北京:北京师范大学出版社,2010.
[②] 叶圣陶.叶圣陶语文教育论集.北京:教育科学出版社,1980:721.

于见'机'行事，投'机'取'巧'。导的意图，是激活学生思维，把潜在的思维求知欲望转化为现实的学习行为。"①课堂上，"相机诱导"与适时点拨不可分离，诱导让学生学得方法、习得思考，点拨使学生更加通透、收获成果。蔡澄清对"点拨"作了如下解释："所谓'点'，就是点要害，抓重点；所谓'拨'，就是拨疑难，排障碍。这种点拨是根据学生在学习过程中的心理特点及其活动规律，适时培养能力，发展智力的实际需要，因势利导，启发思维，排除疑难，教给方法，发展能力。"②"善教"要求教师在教学中既要善于设计课堂环节，也要善于使用点拨技巧③，更要善于锤炼教学语言，让学生在教师诱导、点拨、激发的过程中培养学习兴趣，提高学习能力，形成乐于思考的习惯，并最终达到"乐学""善学"的目的。

第三，在孔子的"循循善诱"教学中，"循循"也是一个关键要素。这是落脚到教学过程论范畴的问题。只有先追求教学的科学化，才能最终实现教学的艺术化；只有先掌握教育教学的规律，才能开创出属于教师自己的独具创造性的教学风格。

"循循"一词要求教师在教学活动中所采用的教学方法都应当从最有效、最适应学生需要的方向出发，以达到"善教"的效果和"善学"的目的。教学过程应摒弃长久以来的教师、课堂、书本"三中心"，应转变"灌输式""填鸭式"的课堂模式。"循循"要求教师在启发式的教学中突出学生的主体地位，培养学生自主学习的能力，遵循学生的认知发展规律，教师只起调理思维、贯通学识的作用，回归到循序渐进、愤启悱发的学习规律和教学规律中来。这是孔子"循循善诱"教学思想留给我们最为宝贵的也是长期被忽视的教学启示。

"爱之，能勿劳乎？忠焉，能勿诲乎？"④这是对孔子一生教育事业的最好解说。孔子的教育思想在其"诲人不倦"中变得有温度、有灵魂。"循循善

---

① 张丽群.语文教学中"导"的艺术.语文教学与研究,2001:17.
② 蔡澄清.中学语文点拨教学法.北京:人民教育出版社,2004:50-51.
③ 马正在《中学语文教学的诱导与点拨》一文中提出几种点拨方法,现列出以作参考:1.突破点拨;2.环境点拨;3.联想点拨;4.细节点拨;5.方法点拨.
④ 《论语·宪问》

课程开发与教学论研究　　75

诱"作为孔子众多教育思想中的一个重要范畴，既是抽象而系统的教学论思想，也是在其教学过程中所形成的一整套具体的教学方法。它是教师执教的方法，又是对教师教学的要求。这些方法不急功近利，不急于求成，它因人而异，因时而异，因事而异，集中指向孔子最终的教育目的。孔子正是在其循循善诱的教学中将他博大的智慧灌溉进众弟子心中，也正是通过他的循循善诱，我们看到了孔子的教育智慧，并从他的教育思想中获益无穷。

（作者系第二届实验班学员，论文指导教师刘中黎。）

在追寻文本的特质中创新阅读教学设计

杨倩芸

摘　要：文本是语文教学的依据，教师对文本的把握和理解直接影响着教学内容的确立。教师对文本的解读，是进行教学的第一步，怎样才能把文本解读与语文教学有效地结合起来，是一个值得关注和解决的问题。在这里，本文主要研究了关于文本特质的相关问题，希望能从中找到文本解读与教学设计的切入口，利用寻找文本特质的解读方法，形成有效创新的教学设计。

关键词：文本特质；教学设计；教学创新

一、文本特质的提出

我国常规的语文教学，主要是通过教师教授教材选文的方式来完成，目的在于使学生通过对文本的学习获得大量基础性、概括性的知识，提高自身的思想道德修养和审美情趣。因此，文本是语文教学的依据，教师对于文本的解读和把握，直接影响着教师采用怎样的教学方法，进行怎样的教学设计，可以说文本的解读是一把打开语文教学的钥匙。王荣生教授在《语文科课程论基础》中提出，在当今中国语文教学以"文选型"作为语文教材的主流情况下，有必要确认选文的类型及不同类型的功能发挥方式。王荣生教授对于语文教材的独到见解，唤起了语文教师对于教材选文的关注，从选文本身出发，关注其特质。

文本特质，即一个文本所具有的区别于其他文本的独特性，是标志性属性。文本特质决定了该文本在教材中的特殊位置，也决定了围绕该文本采取的独有的教学策略。虽然对于文本特质的研究日益受到关注,但现在的语文教学,不顾选文的文本特质,解读方法大致相同,教学内容趋同,教学模式一成不变的现象依然十分普遍。这样的语文课堂让学生提不起兴趣甚至厌烦,又如何能实现高效课堂呢? 所以,本文将从辨析文体、立足单元、探寻经典等几个方面来探讨寻找文本特质的方法,促使语文教师注重教学的创新,在教材研读和教学设计上,抓住文本特质创新教学设计,让语文教学摆脱一成不变的沉闷与枯燥,让语文课堂"活"起来。

二、在文体特征的辨析中追寻文本特质

(一)文体特征的辨析

文体按照不同的标准,可以分为不同类别。按写作目的不同,可以分为文学文和应用文;按照艺术特质不同,文学文可以分为散文、诗歌、小说、戏剧;按表达方式不同,可以分为记叙文、说明文、议论文……不同的文体自然有其不同的特点。高林生先生曾说过"读文先辨体,解文先解题"。体,便是文体,可见,在阅读文本时,应首先弄清文本的文体是什么,由此,才能展开文本的阅读与理解。

洞悉文本特质是创新教学设计的基础,而辨析文体特征是洞悉文本特质的一个重要途径。因文体特征的不同,教学方法也会有所不同。就散文与小说教学为例,散文的特点,简单来说,就是主情,即主要体现的是作者对于人、事、物的主观情感。因为散文的这一文体特征,就形成了一种散文教学模式:语文教师在教授散文时,通常会围绕作者的情感进行教学,以情为主线进行相应的教学设计,让学生品味散文中所蕴含的真挚情感,通过引导学生品味文中语句(通常是汇聚形式、凝聚情感的经典语句或段落)的方式体会作者情感。同理,因为小说的文体特征,也就有了小说三要素——人物、情节、环境的小说教学方式。文体特征的辨析影响着教师的教学设计以及随之形成的教学活动,也就成了我们寻找文本特质创新阅读教学设计的一个切入口。

(二)文体特征的创新运用

因文体的多样,在这里,笔者以散文和小说两类文体为例,分析如何从文

体特征的辨析入手追寻文本特质，创新阅读教学设计。

1.在散文的文体细分中创新散文教学设计。

前面提到，散文主要是作者情感的"堆积物"，因此把握和理解作者在文中所体现的情感是教学的重点，或者说，在教师的教学设计中，大多数的教学环节，最终的落脚点都是情感。但散文可以细分为很多类，如叙事散文、抒情散文、写景散文、哲理散文等，在散文主情这个区别于其他文体的特点之外，不同类型的散文也有它们自身的文本特质。因而，进行文体细分，更加有利于我们寻找文本特质。

中学教材中叙事散文出现得较多，其中又以写人记事为主。顾名思义，写人记事类散文就是以写人和记事为主，在对人物的描写和对事件发展的叙述中表达作者的认识和感受。偏重写人的散文，注重对人物的塑造和刻画，以描写人物为中心；偏重记事的散文，全文以事件的发展为线索展开叙述。抓住了文本写人记事的特点，继而寻找文本特质，也就更加简单了。

以人教版八年级下册第一单元的第三篇课文《我的第一本书》为例，一般教师的教学设计，虽然抓住了叙事散文记事的特点，但却对"事"与"情"的讲解比重失衡，并且把"事"与"情"作为两个相对独立的成分来讲解，课堂的大部分时间枯燥地分析"事"，最后，用一句话来总结"情"。学生对于这篇课文的学习和认识只浅层次地停留在文中都写了哪些事，体现了作者什么情，而对于作者深层次的情绪和散文中的精粹形式并没有深刻体会。这样的文本解读，只能流于表面，让学生感受不到散文的美。其实，不只是《我的第一本书》，推之于其他写人记事为主的散文，大多数教师在教学时"换汤不换药"，似乎这已经成了中学写人记事散文教学的基本模式。其实，在仔细研读这篇课文后，我们会发现这其中的"事"与"情"有着微妙关联，而这就是这篇散文的文本特质。

重庆市巴川中学李永红老师在教授此课时，就采用了极其巧妙的方式把"事"与"情"串联起来，形成一个教学整体，让学生感受到了"事"与"情"纠缠变化的过程，明白了叙事散文中事情的发展与作者情感的息息相关。教学的第一个环节，李老师就抛出问题：什么是散文？他在学生多样的回答中做了总结：散文就是用最精粹的形式表达作者对自然、社会、人生感悟的文章。由此对应本篇课文，精粹的形式即文中所写的这一本书，主要的材料就是文中一件件的事；人生感悟即文中体现的情。抓住"事"与"情"两点，引导学生进行自主阅读：课文写了关于"我的第一本书"的哪些事情？ 此问题的答案总结为：父亲的书；父亲审查我的书、让我背书；父亲为我修书；小狗伴我读书。由此明确，"书"为线索，"我"与父亲都贯穿其中。接着自然过渡到"寻情"，让学生自由发言，说他们读出的情感。在这一基础上，深入课文，划出自己认为能表达作者情感的语句并加以赏析。接着老师重点讲解几个句子，把作者那复杂的情感展露无遗。最后用"以事传情"四个字总结全文：写父亲的书，表达的是作者童年的快乐、好奇、梦幻；写父亲审查"我"的书，表达的是同学间的友情；写父亲为"我"修书，表现的是父子温情；写小狗伴"我"读书，表现的是人狗的真情。 而这些，都只有在童年才能感受到，也就是作者开头所写的"生命最初的快乐和梦幻"，以及最后的那一句"人不能忘本"。

这样的教学设计，不再是把教学内容和教学环节肢解，而是把文本打通，相互联系，让学生对课文的认识形成了一个整体。除此之外，李永红老师运用了主问题的教学方式，整堂课用三个主问题串联。 第一个问题关于散文，第二个问题关于"事"，第三个问题关于"情"，这样的教学环节简洁清晰，只围绕"散文""事""情"三个因素，把一篇记事散文讲解得清楚明朗，并且让学生对课堂的重难点记忆深刻。相信，学生在学习了这篇课文后，对于其他类似的记事为主的散文，也有了一定的阅读意识，学会抓"事"与"情"，以及分析"以事传情"。

2.抓住小说突出的行文特点创新小说教学设计。

中学生都知道，小说要抓"三要素"，但真正进行阅读时，学生根本不会运用"三要素"的方式来分析和理解小说。难道仅仅找到了小说中的人物、情节、环境，就能完全把握整篇小说了吗？ 答案是否定的。重庆市巴川中学李永红老师曾在《"三思"小说文本的"那个我"》中，就谈到了现在语文小说教学"不顾文本特点，不顾年段特点，所有小说都按读解环境、梳理情节、分析人物组织教学"的现象，他写到了自己连续听了五节不同教师上的《最后一课》，发现五个教师都是按照小说"三要素"组织教学，但在课上却存在很大的问题：情节无法准确切分，人物形象概括也存在分歧。后来，在自己仔细研读课文后，他发现这篇小说完全没有必要按照"三要素"来讲，只要抓住其文本特质——"变",以一个"变"字"凸显氛围、人物以及国家之'变',进而理解主题——亡国的沉痛,遭虐的愤恨",就能以此为切入口,进行教学设计。①

笔者有幸听过余映潮老师的一节课,文本是人教版八年级下册第四单元的《俗世奇人》中的一篇《泥人张》。对于这一篇极短的小说,余映潮老师的教学目标定位为:学一点知识,练一下能力。整堂课,他把大部分的时间都花在了"练习一下能力"上。余映潮老师把《泥人张》这篇小说当成了赏析素材,让学生以"这一处描写值得欣赏"为话题,研读课文,写几句分析的话,表达自己对课文某处内容的欣赏。根据学生的分析,余老师再加以评点和补充。学生的赏析多样,但在余老师的指引下,他们分析出了白描、伏笔、渲染、留白等很多写作方法。这一篇精巧短小的小说里面,浓缩了许多典型的写作特点,而余老师就抓住了这一点,用一节课的时间,让学生充分学习了小说的写作特点。相信,通过这节课的学习,学生再进行小说阅读时,就能运用这些知识来分析了。这节课,确实做到了"学一点知识"。

余映潮老师关于小说《泥人张》的教学,便是抓住了其行文特点——突出的小说写作技巧,把整堂课设计为了一堂小说赏析课。小说多以人物的塑造、情节的描写和反映的主题为着力点,其中或以人物塑造取胜,或以情节描述见长,或以深刻主题凸显,这也就成了小说这一文体区别于其他文体的突出特征。所以,善于发现小说突出的行文特点,是抓住小说文本特质的一条重要途径。

诗歌教学也有其独特性,因本文的篇幅有限,所以只列举了散文、小说的文体特征辨析与教学设计方法。但诗歌同散文、小说的教学一样,都要注重辨析文本的文体特征。在辨析文体的基础上,利用文体细分等方式寻找文本特质,创新我们的阅读教学设计。

三、从课文所处单元的编排特点追寻文本特质

(一)教科书中的单元编排

人教版中学语文教科书,其选文多以单元组合的形式呈现,每个单元配以

---

① 李永红.三思小说文本的"那个我"——小说教学"文本特质"例说.语文教学通讯,2013,29:62-63.

相应的单元说明和单元目标。教师以单元为一个相对整体进行教学，以单元目标为导向设定教学目标。纵观中学教材的每个单元，初中教材多以主题的形式组合单元中的篇目，文体并不完全一致。但也有以相同文体来进行单元编排的，如八年级下册第二单元，文体全部为散文诗，旨在让学生接触、了解散文诗，进而掌握和区分散文诗的特点，对学生的散文诗阅读有指导意义。而高中教材多用文体相同的篇目组合成单元。在单元组合形式下，单元中每篇课文的阅读能力训练存在很多的交叉点，这也就形成了每个单元各自的单元目标。教师以单元目标为导向，围绕其进行教学设计。

（二）立足单元目标，寻找单元选文的"不同之中的同"来创新教学设计

所谓寻找"不同之中的同"，即在同一单元的不同课文之间巧抓文本的共同点，灵活运用共同点来创新教学设计。

单元目标可以称为单元课文教学内容的"精粹"，教材编排者经过综合考量和研究而确立的具有知识与能力、过程与方法、情感态度与价值观的三维目标，具有其存在和利用的价值。许多语文教师就会利用这个"抓手"，以单元目标为基本的教学要点，在此基础上结合具体的课文内容确立教学目标，形成教学设计。

人教版九年级上册第四单元以"求知"为主题，选文均为议论文。初中生在议论文的学习和理解上还是十分困难的，尤其是在论题的判断和选择上。所以，本单元的单元目标要求学生能区分观点和材料，辨析两者之间的联系。因此，引导学生弄清论点、论据是本单元教学的重难点。按照一般的议论文教学步骤，应是用"是什么""为什么""怎么样"的学习方式来理清议论文的写作思路，但根据选文内容的不同，或写作思路的差异，教师应选择更加贴合选文特点的教学方式，更好地解决教学重难点。

以本单元的《应有格物致知精神》和《事物的正确答案不止一个》为例。《应有格物致知精神》无论从写作内容和写作的思路上看，都很适用"是什么""为什么""怎么样"的教学方法。题目与开篇第一段就提出作者自己的观点，回答了"是什么"的问题，接着就用一个反面材料引出"格物致知精神"

是什么和它的重要性，即"为什么"，最后两段回答了"怎么办"。用这样"三步走"的议论文分析方法，学生是比较容易理解的。但《事物的正确答案不止一个》就不能运用这样的教学方法，原因是本文的论题不明确。论题应该是在对文本大意和结构有大概理解的情况下才能准确找出，对于《应有格物致知精神》，学生基本在阅读几遍后就能找出论题，说明文本内容好懂，结构并不太复杂。而《事物的正确答案不止一个》的论题不像《应有格物致知精神》那样好找，如果教师首先就抛出"是什么"的问题，学生没有弄清文章的结构，且论点太多，无法准确地找出论题。所以，对于《事物的正确答案不止一个》的教学，我们就应从寻找分论点和论据出发，利用分论点理清结构，最后再确定论题。用这样的方法教学，才能让学生理清议论文的结构，真正做到区分观点和材料。

同样是议论文，且教学重难点相似，在这样的情况下，我们应当把相同的教学内容灵活运用于议论文的教学方法中，结合选文本身的特点，设计教学环节，达到最终的目标。

（三）立足单元目标，寻找单元选文的"同中之异"来创新教学设计

所谓寻找"同中之异"，即在同一单元的不同课文之间巧抓文本的独特点来创新教学设计。以人教版八年级上册第二单元的《阿长与山海经》和《老王》为例，两者属于一个单元，且都为叙事散文，在这样的情况下，我们又该如何寻找"同中之异"的文本特质，创新教学设计呢？

对于《老王》的教学，现在很多的教学设计都跳出了常规的叙事散文教学模式，而是抓住本文的关键句——"那是一个幸运的人对一个不幸者的愧怍"，以这一句话为切入口，进行巧妙的设计，品事抒情。利用这一句话，我们可以找出文中"不幸者"与"幸运者"，进而结合具体的事进行人物形象分析；再从"愧怍"出发，品味其中的情感。以这样的方式教学，既有常规的文体特征教学，又在教学组织形式和内容上进行了创新设计。其实，《老王》这篇文章的文本特质就体现在关键句上，这句话，是形式与内容的高度凝聚。从形式上来看，它是本文的中心句，极其重要；从内容上看，它高度概括了本文

要点并集中抒情。因此，抓住了这个特殊的句子，无论是文本教学的切入，还是文本教学的内容，都能通过这句话串联起来，形成一个整体。当然，前面提到的教学内容并不是唯一的，我们甚至可以抓住这句话，提炼出更多、更深层的东西，作为教学内容。教师对于文本内容的独特解读，也是文本特质的一种体现方式。

而《阿长与山海经》这篇经典的课文，我们同样可以找到它的独特之处。在文本中，我们可以发现其中的一个语言运用特点，就是转折句的使用。文中多次出现"但……""然而……"之类的转折句，多出现在段落的第一句，并且句子中藏着作者的情感及其变化。不止如此，在转折后，会接着叙述一件典型事例，突出阿长的人物形象。这样的写作方法是极其特别且巧妙的。抓住这些转折句，可以说，就抓住了本文的教学重点。转折句的巧妙使用就是本文的文本特质，利用转折句为切入口进行的教学设计，肯定会有独特之处。

有时候，文本特质往往就隐藏在关键句中，所以，利用关键句创新教学设计不失为一种好的方法，但前提是，它能体现其独特性。这个独特性可以体现为教学内容上的独特，也可以是能利用它彰显教学组织和教学方案的独特。

四、从经典文本的文学史价值与地位来追寻文本特质

凡是经典文本，在文学史上都具有其独特的价值和地位。从文学史价值与地位来探寻经典文本的特质，是我们创新阅读教学的重要路径之一。

（一）何谓"经典"

经典文本是经过历史选择的有独特价值的作品，是经久不衰的作品。在笔者看来，经典文本应该具备两个元素：共性和个性。所谓共性，是指该文本与同类文本相比所具有的相同性，换句话说，在文学史长河中，文学创作应该有所继承；所谓个性，即是指经典文本的独特性，这是经典文本确立其在文学史上独特价值和地位的关键，是经典文本能够称为经典的最重要因素。经典文本的个性，即是文本的创新。结合这两点来看，经典文本的经典性，就在于文本的继承和创新，两者相互作用，缺一不可。

以陶渊明《桃花源记》为例，我们来具体分析经典文本的以上特性。《桃花源记》描绘了一个人人向往的理想社会，反映了当时人民对社会的不满以及他们对理想社会的追求与向往。在历史上，不止一篇向往理想社会的文本。古代有《诗经》中的《硕鼠》，当代有海子的《面朝大海，春暖花开》。这三个文本从内容上来看，都表达了追求美好生活、向往理想社会的愿望。其中，《硕鼠》是奴隶制社会中劳动人民不堪压迫剥削而产生的美好幻想；《桃花源记》是封建制度下广大劳动人民不能忍受现实社会的压迫和剥削，向往一个没有阶级、没有剥削，劳动者自食其力并且和平安康的社会；海子的《面朝大海，春暖花开》，则表达了诗人身处快节奏、高度紧张的当代社会中，渴望回归朴素、自然、安静的理想社会，过着远离尘嚣的简单而幸福的世俗生活。这三个文本都具有一定的共性，也在共性中有着自己的个性。同样表达理想与渴望，《硕鼠》与《桃花源记》最大的不同就在于《桃花源记》细致具体地把劳动人民幻想的理想国真实地呈现了出来，描写直指人心，相比之下，《硕鼠》的描写就显得太过直白简单。比较《桃花源记》与《面朝大海，春暖花开》，陶渊明与海子都具体地刻画出了理想生活的蓝图，但因为作者所处社会性质的不同，所要表达的内心情感也就存在差异。生活在封建制度下的陶渊明用《桃花源记》反映了社会的压迫和剥削，而生活在当代社会的海子用《面朝大海，春暖花开》则表达了对社会快节奏、高度紧张的不适应。

	寻找经典文本的共性与个性，可以用比较的方式来实现。通过寻找共性与个性，用共性来突出个性，就更能把握经典文本的经典性。正是在比较中，我们才能窥见经典文本的创新，读懂经典文本的经典之处，理解和把握它在文学史中的价值和地位。

（二）利用经典性确定教学内容，创新教学设计

	对于经典文本的把握，我们应该注意其在文学史上的影响，以及它的价值和地位。让学生理解经典文本的价值和地位，就要求教师抓住"经典性"，利用经典文本的共性与个性，确定教学内容，突出经典文本的文本特质，创新教学设计。

	戴望舒的《雨巷》作为现代诗的代表，在文学史上具有独特的价值和地

位。本诗也被选入了人教版高中语文教科书必修一。对于本诗的教学重难点，除了意象的分析外，作为经典文本，还应从经典文本的经典性出发，分析现代诗代表作《雨巷》的独特价值。

人教版高中语文教材选文《雨巷》的课后练习板块"研讨与练习"中有这样一个问题："《雨巷》是一首含蓄的诗。人们对这首诗中的'姑娘'有不同的理解，有人认为'姑娘'就是'我'，有人认为'姑娘'相当于'我'心中的理想，还有人认为，'姑娘'就是'姑娘'，没有其他意思。你有什么看法？"对于这个问题的处理，我们可以从课后练习的角度让学生形成自己的答案，还可以以这个问题为抓手，围绕"经典性"确定教学内容，形成独特的教学设计。

《雨巷》表达出来的"求女"主题，在文学史上是比较常见的，较有名的如《诗经》中的《蒹葭》、曹植的《洛神赋》等。"求女"其实表现的是作者对心中理想的追求。在作者笔下的女子是美丽的，作者努力追求，渴望得到，但求女的过程并不顺利，甚至是迂回曲折的。作者经历了种种磨难，最后还是望而不得，剩下的，也就只有惆怅和失落。"求女"主题是《雨巷》与其他文学文本比较后表现出来的共性，表现出了现代诗对古典诗词的继承和发展。如果教师把"求女"主题和相关的知识链接告诉学生，就可以加深学生对本诗的理解，而且也能从文学史的角度让学生了解"求女"主题的相关知识，了解文中"姑娘"的象征意义。

《雨巷》的经典性，从个性角度来说，更多的是体现在它的形式上，即采用了现代诗的表现形式。现代诗对古典诗歌有继承，也有创新，在这里，《雨巷》所表现出的个性与创新就是突出地运用了象征主义的方法抒情，用现代诗的形式来表现古代诗歌中常见的"求女"主题。

在经典文本的教学中，我们可以通过比较的方式牢牢抓住共性与个性、继承与创新两个点来确定教学内容，以经典文本的经典性突出文本特质，形成独特的经典文本阅读教学设计。

结　语

笔者从文体特征的辨析、教科书的单元编排特点和经典文本的文学史价值三个维度介绍了如何寻找文本特质，并在此基础上创新我们的阅读教学设计。但关于文本特质的寻找和发现，并不只是依赖这三个因素。无论从什么维度去定义文本特质，无论从哪种角度，运用哪种方法去寻找文本特质，我们首先要做的，就是立足文本和学情，用心研读文本，用心体会学生，这样才能呈现真正创新且适合学生的语文课堂。随着语文教学改革的呼声越来越强烈，相信对于文本特质的研究会受到更多的关注，文本特质的作用会越来越突显，在语文教学中也能得到更好更广泛的利用。

（作者系第二届实验班学员，论文指导教师刘中黎。）

基于课堂高效教学的主问题设计研究
——以初中散文教学为例

梁 静

摘 要：高效教学是新课改后语文教学的一个重要目标，高效率的课堂有利于减轻学生压力，促进学生综合发展。一堂课成败的关键在于它是否有效率，是否让学生学有所得。实现高效教学的途径有很多，其中主问题设计是实现高效教学的重要途径。

关键词：语文课堂；高效教学；主问题设计

一、高效教学的含义与要求

（一）关于高效教学

高效教学的出现源于"有效教学"，"高效"一词从"有效"发展而来，"高效"是"有效"的更高层次，"以较少的时间获得最大的成绩就是高效率。"[①] 它与低效教学的本质区别在于，能确保在规定的教学时间内落实规定的教学任务。首先，高效的课堂必须是有效果的，"果"即课堂教学让学生学到了东西；其次，高效课堂必须是有效益的，即"果"的产生必须是在单位时间内。课堂上结出的"果"作用于学生，但对"果"产生作用的是教师的"教"。一堂高效的课与教师的五个方面息息相关，即：教师的学科素养、教材研究能力、备课质量、教学技能、教学细节，这是一堂高效课必不可少的条件。反之，教师在以上五个方面的能力都比较强，在课堂上也完成了相应的教学任务，但学生学到的知识很少或者为零，那么这样的教学也是一种低效的教

---

① 薛晓嫘.语文课程与教学论.重庆:重庆大学出版社,2011:335.

学。可见，一堂高效课的产生是师生共同努力的结果。

（二）高效教学的要求

1. 教师的预设目标得到实现。

新课改后语文课程总目标是"从知识与能力、过程与方法、情感态度与价值观三方面设计，三者相互渗透，融为一体。目标的设计着眼于语文素养的整体提高"。知识与能力、过程与方法、情感态度与价值观即"三维目标"中，知识与能力目标是最基本的，一篇课文有其最基本的知识，比如生字词、成语、文学常识等，这是靠学生认真记忆就能达成的目标；过程与方法目标是教师引导的一个过程，即在课堂中要通过怎样的过程和方法来达成知识与能力目标；情感态度与价值观目标是学生情感的升华。文本总有其独特的价值，作家通过作品总要告诉读者一些东西，这属于文本之外的知识，教师应带领学生去发现文本之外的东西。但在真正的课堂实践中，实现三个目标是非常困难的，因此一堂课有主目标与次目标之分。教师必须秉持"一课一得"的观念，以主目标为主，次目标为辅，有主有次地进行教学。笔者以重庆市巴川中学语文教师喻晓红的教案《老王》为例，来说说教师应该怎样预设教学目标，以求得课堂的高效性。

《老王》教学设计（节选）
（喻晓红）

（1）知识与技能：理解与品读散文中的闲笔、曲笔；理解作者的愧怍之情。

（2）过程与方法：通过抓主要信息，品读次要信息（文章中的闲笔），深入理解老王的不幸；通过勾连全文解析主旨句，深入理解课文表现的思想感情。

（3）情感态度与价值观：理解特殊年代里底层劳动者的善良与苦命，认识中国知识分子的反思精神。[①]

[①] 喻晓红.《老王》教学设计.语文教学通讯,2013,14:80.

执教者在预设课堂目标时考虑到了课堂时间与学生的接受能力,以理解《老王》中的闲笔和曲笔为主目标,这正是抓住了杨绛先生写作的关键。杨绛天性温婉、隐忍,散文惯用闲笔、白描、曲笔等笔法,使文本的叙述风格淡之又淡,这给初二的学生深入理解文本造成了很大的难度,因此从教学目标中,我们可看到执教者的教学重点。

2. 学生个性得到发展,能力得到训练。

高效课堂必须有学生活动,但这种活动必须是有效率的活动,是能让学生个性得到发展、能力得到训练的活动。2011年版《全日制义务教育语文课程标准》中的课程基本理念第三条提出"积极倡导自主、合作、探究的学习方式","教学内容的确定,教学方法的选择,评价方式的设计,都应有助于这种学习方式的形成",由此可见,语文课重在发展学生的个性,培养学生的学习方式,而高效课堂更是如此。在学生的能力训练中会穿插学生的活动,这也需要教师的有效引导。笔者以重庆市巴川中学 M 老师执教的《端午的鸭蛋》为例进行阐释。

《端午的鸭蛋》课堂实录(节选)

屏显:概括文意　理解内容

(1)用慢动作拆解第一段。

教师引导:抽生朗读第一段。

师:说说看本段写了什么?

生:家乡端午的习俗。

师:你是从哪里读出来的?

生:第一句"家乡的端午,很多风俗和外地一样"。

师:我们把这句话叫作内容关键句,那么它在写法上有什么特点?

生:用短句概括内容。

教师补充:多层内容合并。

师板书——第一段:家乡的端午习俗丰富。

师:作者为什么要把吃"十二红"和放黄烟弹详写? 为什么

又把"十二红"放在最后?

生:用"十二红"来引出下文。

阶段小结:概括咏物类散文的特点:关注提示段落主要内容的关键句(提示写作对象的句子,概括各层内容的中心句);找准写作的对象,准确概括事物的特点。

(2)第二段、第三段内容提纲:家乡咸鸭蛋的特点。

(3)分工合作:第一组同学概括第四段,第二组和第三组同学分别概括第五段和第六段。

从以上课例可以看出,执教者在本阶段重点训练学生提炼、概括的能力,而且给了学生有效的引导,第一部分由教师引导进行概括,并且总结了概括方法。后面的内容由学生自主完成。学生掌握了课文内容和概括方法,接下来教师则将重点放在学生的个性发展上。

《端午的鸭蛋》课堂实录(节选)

屏显:理解内容　创新实践

语言活动一

小组交流:假如中央电视台《乡约》节目组来到了高邮,你是座上嘉宾,将如何夸赞家乡的鸭蛋呢?

学生发言:家乡的鸭蛋数量多、双黄多、历史悠久、畅销全国。

教师点评:同学们囿于课文内容,没有跳出来。

教师展示:听听其他班学生的夸赞

1.鸭蛋是我们家乡的招牌,畅销全国。

2.深情朗读清代袁枚对腌蛋的介绍,说明鸭蛋从古代就特别招人喜爱,绝对老字号。

3.现场端出两盘鸭蛋,对比突出高邮鸭蛋的味道好——质细而油多。

4.高邮咸鸭蛋,三百年的老品牌了,历史悠久,味道巴适。

语言活动二

结合全文填写一份鸭蛋产品推荐书（产品、产地、功能、特点、顾客评价）

学生展示：

产品：高邮咸鸭蛋。

产地：江苏高邮。

功能：鸭蛋供人食用；蛋壳供孩子玩乐。

特点：鸭蛋数量多、双黄多、历史久、味道好、质细油多。

顾客评价：高邮鸭蛋历经几百年历史，味道正宗，口感很好，值得信赖！

在本堂课中，M老师不仅训练了学生提取信息、概括文意的能力，还对课文内容进行延伸，基于课文又跳出课文，充分展示了学生的个性。

3．"教"与"学"在单位时间内达到最优效果。

高效教学的课堂必须考虑时间问题，教师的"教"与学生的"学"达到最优效果的前提是在单位时间内完成，时间消耗太大就不能算是高效的。同时还应考虑课堂时间学生的学习状态，一堂40分钟的课，学生在中间的20分钟注意力最集中，因此，教师应把课文重点安排在这个时间段，前10分钟进行新课导入，后10分钟进行课堂总结。教师在备课时应充分考虑这一点，在单位时间内训练学生一个或几个能力点，重点完成教学的主目标。

虽然高效教学的主体是学生，但起关键作用的还是教师的"教"：就是用精、少、实、活的问题或活动激活课文，直指教学目标，达到高效目的。在"教"的过程中会有教师和学生之间的对话，而对话就少不了提问，教师如何提问以及提什么样的问，都将影响学生对知识的吸收程度。主问题能起到牵一发而动全身的效果，充分利用主问题教学能提高课堂效率。

二、主问题设计是达成高效教学的重要途径

主问题一词的提出由来已久，早在1986年，余映潮在评价宁鸿彬老师的课时就提出了主问题的概念。主问题不同于课堂上的"碎问"，它是能牵一发而动全身的问题，"是具有精确概括性的问题，是具有研讨性、能启发学生思

考的问题。是在阅读教学中起主导作用、起支撑作用，能从整体参与性上引发学生思考、讨论、理解、创造的重要的提问或问题"[1]，"'主问题'对课文内容和教学过程都有着内在的牵引力"[2]，充分利用主问题教学能提高课堂效率，然而主问题设计并不是为了设计而设计，而是为激发学生自主、合作探究文本而设计的，是为了在这一探究过程中引导学生学习前人语言文字运用经验、传授语文知识、训练语文能力而设计的。主问题的特点使其成为达成高效教学目的的一条重要途径。

（一）主问题设计的原则

1. 设置问题情境，激发学生兴趣。

问题情境是指教师有意识、有目的地设置各种情境，激发学生去质疑难。美国心理学家和教育家布鲁纳认为："学习者在一定的问题情境中，经历对学习材料的亲身体验和发展过程，才是学习者最有价值的东西。"从学生学习情绪层面来理解，问题情境反映了学生对学习的主观愿望，能唤起学生学习的兴趣，让学生在学习中伴随着一种积极的情感体验，使他们积极主动地投入学习中。

《我的第一本书》是人教版八年级语文下册的一篇叙事性散文，通过写"我的第一本书"不同寻常的经历，反映那个时代人们不幸的命运以及在那种背景下特别可贵的一点乐趣和温情。这些都是作者在特定年代真切的感受和体验，有着独特的感悟和思考。重庆市巴川中学语文教师喻晓红在执教本篇课文时，抓住了"我的第一本书"背后的深刻含义，一步步带领学生领悟"书"背后的温情，她在学生预习的前提下设置了这样一个主问题："'第一本书'是一本怎样的书？"接着让学生带着这个问题默读课文，五分钟后学生陆陆续续举手回答。

学生A：从描写方面来说，这是一本断书，是一本六十年前小学一年级的国语课本。

学生B：从情感方面来说，是一本让"我"一生难以忘怀的

---

[1] 余映潮.妙在这一"问"——论宁鸿彬阅读教学主问题的设置艺术.中学语文,2001,3:9.
[2] 黄义飞.充分利用主问题设计实现阅读教学高效率.新课程(教育学术版),2009,12:112.

书，是值得"我"用崇敬心灵去赞美的书。

这时教师又从学生 B 的回答中切入："作者为什么说是难以忘怀的书？为什么是值得作者用崇敬心灵去赞美的书？"学生在回答上一个问题时不自觉地就被教师带入下一个问题情境中，"最成功的问题经常具有很强的煽动性，即被一位局外人戏称'引你上钩'的问题"①，教师给出能激发学生兴趣的问题，学生就会努力地去思考，而"人们在力图对自己的问题做出回答时学习效率是最高的"。②

2.开拓思维，给学生创造学习的机会。

主问题设计的另一原则是开拓学生的思维，给学生创造学习的机会。"问"的目的在于探究疑难，而对疑难问题的解决过程实际上也起到了开拓思维的作用。在初中课文中，以散文教学为例，它是一种慢热式教学，它的成效往往是一个潜移默化的影响。部分教师过分看重考试成绩，因此将重心放在考试重点上，只注重散文中的基础知识点，采用"填鸭式"教学将知识硬塞给学生，这不但产生不了作用，还给学生造成了很大的心理压力。散文教学重在培养学生的阅读能力和理解能力，教师在进行散文教学时要打破之前的"填鸭式"教学，以"启发式"教学为主，通过"问"的过程使学生加深对课文内容的理解，在"问"的过程中给学生创造学习的机会。自主、合作、探究的学习方式正是要让学生在教中学，在学中用，达到举一反三的目的。学生的阅读能力和理解能力得到训练，不仅符合素质教育的要求，而且还能提高学生在考试中阅读板块的分数。

3.从学生角度出发，重在能力的训练。

课堂上，学生有了学习的兴趣，有了学习的机会，那么教师就应当起到导航者的作用，让学生的能力训练得到落实，这也是最重要的一个板块。培养学生的兴趣、给学生创造学习的机会只是学习的两个前提，它们的目的是让学生在学习中训练语文能力。教师在课前备课设置主问题时必须思考该问题从哪些层面让学生得到了训练，例如在散文教学上要训练学生的概括能力、理解能力、写作能力等。教师在预设问题时，还应考虑学生都能怎样回答，学生回答

---

① （美）肯·贝恩.明廷雄,彭汉良译.如何成为卓越的大学教师.北京:北京大学出版社,2007:98.
② （美）肯·贝恩.明廷雄,彭汉良译.如何成为卓越的大学教师.北京:北京大学出版社,2007:98.

的方向是否会朝着教师预定的通道前进。

（二）主问题设计的策略及实施

问题式教学替代了"填鸭式"教学，这是语文教学的一大进步。但语文课还是会经常出现这样的情况：教师满堂问，学生满堂答，教师滥问、碎问。可见"填鸭式"教学还没有得到根本性的改变。教师意识到了问题式教学的重要性，但在真正操作上还存在困难。如何设计主问题成了很多教师思考的问题。笔者以散文体裁为主，谈谈语文教学中的主问题设计。

1. 从文体形式入手。

每一种文学体裁都有自身的特点，散文的最大特点是形散而神不散，它多借助一定的线索把内容贯穿成一个有机的整体。在解读散文类文章时，可根据文章的线索抓住文本的灵魂，找到了灵魂就相当于找到了切入文本的隘口，那么一切问题就都能迎刃而解。以胡适的《我的母亲》为例，它是一篇写人叙事的散文，以事件贯穿全文，围绕母亲共写了六件事，事件似乎是零散的，但所有零散的事件都指向了母亲，母亲是文本的主要人物，也是文本的灵魂。那么写了母亲哪些事？表现了母亲什么样的品性呢？重庆市巴川中学郭辉烈老师在执教本篇文章时这样设置主问题：文章写了母亲哪几件事？表现了母亲什么样的品性？作者主要写母亲是他的恩师，为什么除了写母亲怎样教导"我"之外，还要写母亲与家人相处的情形？这组主问题的设计紧紧抓住"我的母亲"既是母亲又是后母和寡妇的多重角色来解读文章，主问题中又包含三个"子问题"，在逐一解疑的过程中梳理了课文结构，摸清了母亲的品性和为人，既落实了知识与能力目标，也完成了情感态度与价值观目标。

写人叙事类的散文可以从人物或事件入手设置主问题，写景类的散文则可以从景、情入手。鲁迅的《雪》作为一篇散文诗纳入人教版初二下册语文教科书，对于初二的学生来说，深入理解这篇文章具有一定的难度。以下是重庆市巴川中学 L 老师执教《雪》的部分课堂实录：

《雪》课堂实录（节选）

（1）对比阅读前三节和后三节（从选取的内容、写景的角度、运用句式的长短、包含情感的异同几方面进行对比阅读）。

（2）主问题研读：作者描写江南雪、北方雪，情感有何异同？

学生A：两组词语的对比

江南雪：灿烂、美艳、洁白、明艳、闪闪发光、滋润。

北方雪：决不粘连、蓬勃、奋飞、灿灿生光、旋转、升腾、闪烁、闪闪。

师：A同学基本找出了江南雪和北方雪的特点，请同学们批注"词语是有情感的，词语是有温度的"。

学生B：两组句子的对比

江南雪：暖国的雨，向来没有变过冰冷的坚硬的灿烂的雪花；

北方雪：是的，那是孤独的雪，是死掉的雨，是雨的精魂。

师："冰冷、坚硬"表现它不屈于严寒；"灿烂"表现光芒耀眼、不屈于严寒的可贵精神；"孤独"表现在决不粘连，凛冽天宇、无边旷野。

学生C：两组环境的对比

南方雪：雪野中有血红的宝珠山茶，白中隐青的单瓣梅花，深黄的磬口的蜡梅花；雪下还有冷绿的杂草。蝴蝶确乎没有。

北方雪：在无边的旷野上，在凛冽的天宇下，闪闪地旋转升腾着的是雨的精魂……是的，那是孤独的雪，是死掉的雨，是雨的精魂。

师：要从描写的语句背后看到作者潜藏的情感。

（3）勇敢的战士——鲁迅先生自题小像（了解《雪》的作者鲁迅）

自题小像

灵台无计逃神矢，

风雨如磐暗故园。

寄意寒星荃不察，

我以我血荐轩辕。

L老师在执教《雪》时采用对比阅读的方法，引导学生读出《雪》中的景，进而探究景中的情，正是抓住了写景抒情类散文的特点。

2.从关键词句入手。

语文教学重在培养学生的语言文字运用能力,每一篇散文中的每一句话甚至每一个词语都是作者精心筛选的,因此散文素有"美文"之称。它除了形散而神不散这一特点外,还有一特点就是:语言优美凝练,富于文采。它力求写景如在眼前,写情沁人心脾。学生学习散文的目的之一就是学习作者的文字运用经验和技巧,因此在主问题设置时应抓住散文精彩的语言,带领学生品味词句的妙处。

动词的运用对学生来说是一个难点,有些文本中的动词具有不可替代性,例如《背影》中对父亲过街买橘的动作描写:

我看见他戴着黑布小帽,穿着黑布大马褂,深青布棉袍,蹒跚地走到铁道边,慢慢探身下去,尚不大难。可是他穿过铁道,要爬上那边月台,就不容易了。他用两手攀着上面,两脚再向上缩;他肥胖的身子向左微倾,显出努力的样子。这时我看见他的背影,我的泪很快地流下来了。

"戴、穿、走、探身、穿过、爬、攀、缩、倾"这几个动词都是作者在创作时精心筛选的,它具有不可替代性,这是作者语言运用的一个精妙处。教师在教学时可以抓住这几个动词进行主问题设计。可以这样设置主问题:复述第六段中父亲买橘的过程,作者是怎样描写父亲的背影的,这样写有什么作用? 试学习作者这种手法。复述过程训练了学生的语言表达能力,同时,教师可让学生当堂训练,运用一连串动作描写一个人物,这样让学生当堂过手效率更高。

散文大都具有关键语句,或承上,或启下,或提示,或解释。教师可从文本的关键句入手,找出关键句和整个文本的联系,从而设置主问题。

再如《背影》开篇"我与父亲不相见已二年余了,我最不能忘记的是他的背影",教师可以这样设置主问题:为什么"我"最不能忘记的是父亲的背影? 父亲的背影有什么特点? 学生就会循着教师的提问进入文本,找出不能忘记父亲背影的原因以及背影的特点,从而体悟背影背后的感情,实现语文课程中的情感态度与价值观目标。

3.整合文本,提炼信息,设置问题。

重庆市巴川中学的李永红老师是一位非常优秀的语文教师,他教学的一个最大特点就是善于利用主问题来开启学生的思维。在他执教沈从文的《云南的歌会》时，设置了三个主问题引导学生欣赏这篇优美的民俗散文。

  问题一：假如你是沈从文，你非常想把在云南见到的歌会分享给朋友，请你在简要概述见到的三种歌会后，将你认为最为精彩的一个歌会片段口述给大家。

  在导入新课程后，李老师抛出了这个主问题，不难发现，这里面包含了两个子问题：一是要求学生简要概述三种歌会，二是口述精彩歌会。学生 A 举手概述了三种歌会，但还达不到简洁明了的效果，因此李老师又导引了一个"子问题"：如何概述？概述要注意哪些因素？这个问题李老师并没有让学生作答，而是直接用 PPT 展示"精彩歌会——人物＋地点＋歌会形式"，接着学生根据李老师展示的内容分别概述了三种歌会：

  A. 青年男女山野对歌

  B. 赶马女孩山路漫歌

  C. 男女老少村寨传歌

  已经解决了主问题中包含的第一个"子问题"，接下来就是"口述精彩歌会"，学生纷纷举手表达了自己的看法。学生自我展示之后，李老师给了学生方法指导：

  教师引导1：在技巧上注意散文每个精彩片段的定调句。

  教师引导2：关上书，根据定调句，口述山野对歌的内容。

  问题二：你虽然是以历史研究专家的眼光看"云南的歌会"，但你写成文章时却是用文学的方法来介绍云南的歌会，请你选择其中的一个歌会，说说你运用了哪些文学方法。

  在这个问题中，教师要求学生进行小组讨论，并分工，每象。有全局描绘，也有细部刻画。

问题三：在第四段中作者花大量笔墨描写一路景色，这是不是冲淡了歌会主题？你是怎么思考的？请你为我们进行简要分析！

学生A：一路的景色本就是云南的本色。

学生B：用一路优美的景色刻画赶马女孩子的阳光。

李老师进行了补充，景色的描写不仅是云南的本色，也是一种民俗文化的呈现，而且，作品中穿插的景色描写也和作家的创作风格有关。

李老师在《云南的歌会》这一精品课程中设置了以上三个主问题。在分析这三个问题时，笔者发现，这三个问题的设置均以"启发"为主，力图带领学生解读文本，打开学生的思维，让学生在课堂上充分展示自己。同时，三个问题之间的顺序也不是凭空的，而是具有内在的逻辑性，是根据学生学情以及认知能力来设置的。问题一让学生整体感知文本，问题二引导学生分析作品创作方法，问题三带领学生进行局部赏析，也是一堂从"面"到"点"的精品课程。这种主问题设置没有固定的模式，而是基于教师的教材研究能力和教师自身的学科素养，这也是难度较大的一种方式。

以上三点是比较常见的散文教学中主问题设置的切入点，执教者在具体的实施过程中必须考虑学生的接受能力。每一篇散文都有其独特之处，具体操作还要因文而异。而主问题设置的基础在于对文本的细细解读，这也要求执教者必须具备较强的文本解读能力。

结　语

高效课堂应是每一位教师孜孜不倦的追求，它是一条长远发展的教育道路，主问题设计在实现高效课堂中发挥着重要的作用，教师应充分利用主问题设计进行教学，努力处理好"教"与"学"的关系，提高课堂效率，促进师生共同发展。

（作者系第二届实验班学员，论文指导教师刘中黎。）

语文教师课堂教学语言的形态与功能研究

刘 璐

摘 要：教师课堂教学语言对课堂的有效性有着不容忽视的影响。笔者选择语文教师为主要观察对象，研究课堂教学语言的形态与功能。主要目的是抛砖引玉，希望能够和一线教师们共同对教师课堂教学语言的形态与功能作一定程度的理论认识。

关键词：教学语言；语文课堂；形态与功能

引 言

语文课堂教学语言，指语文教师在课堂教学过程中为了有效地传递知识、完成教学目标和任务所使用的语言。

课堂教学语言是教师与学生交流与沟通的主要媒介，它直接对课堂有效性产生影响。特别在新课程理念下，要求"以学生的发展为本位、尊重多元和个性差异、强调课程的生成性和开放性"①。学生在课堂上由"听课者"转变为"主体"。面对学生角色的转变，如何保持课堂的有效性成为教师们思考的问题。这就对教师课堂教学语言的运用提出了更高的要求。为此，笔者基于这一现实需要，将语文教师课堂教学语言的形态与功能作为研究对象。主要目的是抛砖引玉，希望能够和一线教师们共同对教师课堂教学语言的形态与功能作一定程度的理论认识。那么，语文教师课堂教学语言究竟存在哪些形态？这些形态分别具有什么特征？是否有着细分类别？它们各自具有何种功能？这

---

① 曾光梅.新课程改革背景下教师的困惑及其对策.中国校外教育,2010,1.

些都是本文所研究的内容。

一、语文教师课堂教学语言形态分类

语文教师课堂教学语言的形态划分存在多种标准，在这里笔者根据课堂上常出现的实际教学用语来划分，分为导入语、讲授语、点评语、提问语、指令语和体态语六类。

（一）导入语

导入语是一堂课开始时，教师为引入新课所说的话，是教学过程的起始阶段。好的导入语就像磁石，能够让学生将分散的思维一下子聚拢起来。好的导入语也是思想的电光石火，能给学生以启迪，提高他们思维活动的积极性。

导入语作为语文教师课堂教学起始阶段的教学用语，应体现如下特征：

实效性。经验丰富的教师都知道"不能为导入而导入"，即不能单纯为了调动学生的积极性而设计导入环节。如同其他教学活动一样，无论采用哪种方式，最终都要为实现教学目标服务，否则就会本末倒置。

趣味性。兴趣是最好的老师，能促使学生主动学习、积极思考、探索事物的底蕴。尤其新课标特别强调要关注学生的情感态度，激发和培养学生浓厚的语文学习兴趣。

简洁性。导入环节时间不宜过长，一般不超过5分钟，力求做到简练。若时间过长，内容冗杂，一是不能保证教学时间，二是容易引起学生的厌烦情绪，这两点对课堂都是极为不利的。

根据导入方式的不同，教师课堂导入语可分成以下几类：

解题式导入。从分析课文题目入手，引导学生接触教材的核心内容。例如，我的实习导师在《变色龙》一文导入时，向学生提问："变色龙是一种动物，这篇课文是写变色龙这种动物吗？"这引发了学生的好奇与思考，课堂最后，这位老师还对此问题做了一个呼应式反馈。整堂课既连贯又精彩。

创设情境式导入。它常用于诗歌教学，教师根据诗歌内容创设相应的情境，旨在使抽象的文字生动形象化，帮助学生更好地理解课文意境。

设置悬念式导入。针对学生强烈的好奇心，巧设问题，造成悬念，一下子就抓住学生的注意力,促发其对问题的思考,主动寻求答案,学生角色真正摆脱"接受者",而成为自行探究的"参与者"和"主体"。

讲故事式导入。它常用于名家名篇教学。故事不是凭空捏造或随心所欲选择的,而是能够加深学生对文章主题的理解。教师所讲的故事或是文章的社会背景,或是作者的轶事趣闻,有助于学生从多个角度立体认识作者。

新旧知识联系式导入。即将新课文与学过课文中的共同点联系起来,可以是作者、文体、流派等方面的相似点。这种导入方式在让学生回顾已学知识的同时又能让他们将新旧知识串联记忆,一举多得。例如,笔者实习时听某老师教学《陋室铭》一课,看到他引导学生复习刘禹锡的《酬乐天扬州初逢席上见赠》,回顾刘禹锡在诗中所表达的长年被贬偏远之地、政治失意的愤懑,和他对生活、对未来积极乐观的态度,尤其是其中"沉舟侧畔千帆过,病树前头万木春"两句诗,更是表达了诗人刘禹锡面对世事变迁的豁达襟怀。在进行了这些回顾之后,这位教师又让学生带着联想回到课堂并提问:"《陋室铭》一文又表现了诗人怎样的情趣和节操? 今天,我们来学习这篇课文。"这样就很自然地将新旧知识链接在一起。

俗语云:"好的开始是成功的一半。"语文教师良好的课堂导入语,既能吸引学生的注意力,又能激发学生学习的热情和兴趣,从而提高学生学习的主动性。一段精彩的导入语必然是简洁生动,有启发性、鼓动性、概括力和感染力的。当然,不论教师采取哪种课堂导入语,都必须结合教材实际和学生实际,从而设计出有针对性的课堂教学语言。

(二)讲授语

讲授语是指教师在讲解知识时采用的语言形式,它包括对事物的描述、分析、归纳等。

讲授语作为语文教师课堂教学的主要教学用语,应具备以下特征:

准确性。讲授语作为课堂教学活动的主要用语,必须做到精准确切。课堂上教师的讲授语如果不准确,会让学生对所学知识概念模糊,甚至理解错误。学生毕竟知识储备尚显不足,不能自行判断教师所讲授知识的精确程度。因此,教师的讲授语一定要精准。

生动性、形象性。课堂上教师想要学生将知识都深刻印在脑海中,从而提高课堂有效性，教师自身的讲授语就必须生动。这样，教师所讲授的内容才能吸引住学生全部注意力。教师讲授语的生动性可以吸引学生注意力，形象性就进一步深化学生对讲授内容的记忆与理解。二者有所区别，但常常搭配使用，效果很好。

逻辑性。课堂教学中教师的讲授语应该具备逻辑性，这样学生在听课时才会觉得思路清晰、条理清楚，从而真正听懂教师所讲的内容。在教师富有逻辑性的讲授语的熏陶下，学生对事物的理解认知以及在语言表达方面都会潜移默化地受到积极影响。

根据讲授方式的不同，可以将讲授语分为如下三种：

讲解语，是指教师对知识重点、难点等加以说明解释的语言。讲解语侧重于注解、剖析与说明。

讲述语，又称叙述语，主要是指借助叙述、描摹等表达方式来传递教学信息的语言，讲述语一般要求既清楚准确，要言不烦，又具体生动，耐人寻味。能够清楚且形象地描绘现象和情景。

讲读语，是指教学时把讲和读有机结合起来，在讲述和讲解教学内容的过程中，诵读或复述有关教学内容，这种讲授性语言在语文教学过程中运用较为广泛。

讲授语称得上是最原始也是最具生命力的一种教学用语，从两千多年前孔子的"私学"和柏拉图的"学园"时期一直延续至今，讲授语伴随着课堂教学活动的进行而存在着，即使是在多媒体广泛应用的今天，课堂教学仍然离不开讲授语，讲授语的在课堂教学中的重要性是不言而喻的。

（三）提问语

提问语是指教师以提出问题的形式启发学生的心智，唤起学生的思维，进而获得知识时运用的语言。课堂提问的成败在很大程度上依赖于提问语的恰当与否。

提问语作为贯穿教学过程的重要教学用语，应具有以下特征：

目的性。课堂提问要有明确的目的，教师在备课时就需要明确提问的目的，使提问恰到好处，产生直接效果。

针对性。既要针对教材，又要针对学生，即因材施教，对不同基础、不同性格的学生都应有所区别。

启发性。有时，在语文课堂上会出现老师提问之后冷场的情况，不是学生启而不发，而是设计的问题缺少启发性。它不仅表现在对问题的设置上，还表现在对学生的引导上。一是层层递进式的提问语，每一问都能启发学生进一步思考，逐步向教学目标靠拢。二是举例子对比型提问语，适用于较难的问题，可由教师补充可借鉴的例子，这样学生会更容易理解提问语的意思。比如我的实习搭档曾在上《应有格物致知精神》一文时设计了一个问题，让学生向权威挑战，虽然学生的积极性较高，但是课堂显得有点冷场，其根源就是所提问题的启发性不够，所幸其立即补充举出了一个格物致知的相关事例，同学们照此"依葫芦画瓢"，课堂氛围才重新活跃起来。

适度性。即问题的难易适中，不能太浅太简单，否则激不起学生的积极性，让他们觉得索然无味；也不能太难太深，这容易导致听而生畏，让学生放弃思考。教师在备课时，需要根据班级具体学情对提问语的难易程度加以控制。

提问语的形式多种多样，根据不同标准有着不同的分类。在这里笔者根据提问形式的不同，将提问语分为如下几类：

直接性提问语。这种语言开门见山，直奔主题，教师直接抛出预设的提问语，把思考空间留给学生，在他们回答后，由教师适当进行补充修正。这种提问语一般难度较低。

间接性提问语。"问在此而意在彼"是间接性提问语的特点，不是直接针对难点发问，而是有一个从各方面铺垫的过程。间接性提问语更具启发性，也更易激发学生丰富的想象能力与思维能力。这种提问语适用于教学的第二、三课时。

叠加式提问语。它是指教师在教学过程中，按照教学内容的逻辑层次和学生的认识层次，把一个问题分解成若干步骤，提出的一系列问题，这种提问语一般用于新课程的进入。

解释性提问语。一般是先提出问题，然后再对与问题相关的情况进行注释说明，例如，教师提出要学生分析文章主旨的问题，提出问题后，又向学生说明要从内容和形式两个方面来思考，这种提问语在一定程度上能够使问题化难为易，适合难度系数较高的文章、理解能力稍弱的学生。

教师在备课过程中常根据教学目标和教学要求，针对具体的教学内容，提前准备好向学生提出的问题，课堂上要求学生略加思考后予以回答。这些提问语若运用得当，对增强课堂有效性有着十分显著的作用。

（四）点评语

点评语是指教师在课堂教学过程中对学生的学习行为、学习结果做出点拨和评价的用语。

点评语作为教学过程中的点睛之笔，应体现以下特征：

及时性。在课堂教学过程中，无论是表扬还是批评都必须及时，点评语不是教师在备课时预先设想好的，而是随着教学活动的展开，学生出现了思维遇阻和某些值得肯定或否定的现象，教师才加以运用的一种教学手段。及时对学生进行点拨以及表扬或批评，能够帮助教师顺利地开展教学活动，同时也有助于学生提高学习效率。

区别性。教师在课堂上对学生的评价要有所区别，每个学生都具有自己的特点，有的学生可能只要轻微的评价就会产生很大的影响，而对有些学生轻微的评价根本不会起到任何作用。因此，教师在使用评价语时要根据对象的不同有所区别。

精练性。在课堂教学过程中，点评语不仅要及时，而且要精练，课堂上的每一分钟是非常宝贵的，对学生的点评不应该占据过多的教学时间，否则会影响教学任务的完成。

根据点评目的的不同，点评语可分为如下几类：

指导性点评语。对学生的回答进行点拨、指正、修改时所用的语言。

启发性点评语。在教学活动中，教师诱导和启发学生向更深广的方向思考时所用的教学语言。

激励性点评语。主要是针对中下水平的学生，在他们参与学习活动后教师及时对他们的表现予以评价，这种评价应该以鼓励为主。

点评语的及时反馈会直接影响学生的表现。对学生学习行为和品德的优点、进步给予肯定性的点评和赞美，可以促进学生在各方面的健康成长。

（五）指令语

教学过程中使用的指令语，是指授课教师在课堂上发出的以语言为主的指令，学生接收到这些指令后做出相应的反应。

指令语作为保证教学纪律的教学用语，应具备以下特征：

主观性。教师在课堂教学过程中使用指令语都带有很强的主观性，能够强烈地体现出教师的主观意愿，学生一般处于较被动的地位。但一定要在表达上做到尊重学生，能为学生所接受。

强制性。教学语言中的指令语带有强制性色彩，一般教师对学生发出的指令性语言是要求学生必须做到的，几乎没有商量的余地。但一定要注意语言的委婉性。课堂指令语的使用是一把双刃剑，重要的是把握好尺度。

根据指令方式的不同，指令语可以分为如下两类：

语言类指令语。语言类教学指令语主要指教师在课堂上口头表达的各种指令，此种方式是课堂教学中教师较常使用的。

非语言类的指令语。此种指令语主要通过肢体动作和面部表情来进行指令的表示。

总之，主观意图明确的指令语能使学生更好地遵循教师教导，保持课堂的教学秩序，保证课堂教学的有效性。

（六）体态语

体态语指用态势动作来交流思想的语言，我们把在人际交流中能够传递特定信息、交流思想感情的眼神、表情、手势等体态称为体态语，又可称身势语或者态势语，它是一种非言语的信息传输手段。

体态语作为教学过程中的提示用语，应具备有意性特征。

一是有意选择。人们在日常生活及工作中使用的体态语言具有相当大的随意性，例如见了熟人，面部会很习惯地、随意地露出笑容以示好感；与人交谈打手势，也是随随便便，不需要经过精心的设计。而语文教师对体态语的使用不能如此随意，教师的一举一动、一言一行，会给学生带来积极的或消极的影响，故不能随意。

二是有意义。体态语作为辅助工具，也需要具备实用性。教师应该有意识地选择那些积极的、有意义的体态语,它能够支持或修饰口头讲授,提高教学效率,有助于学生对知识的理解。

根据体态语表达方式的不同,可以分为如下两类:

情态语言,指教师脸上各部位动作构成的表情语言。如目光语言、微笑语言。

肢体语言,指人们身体的部位做出表现某种具体含义的动作符号,包括手、肩、臂、腰、腹、背、腿、足等的动作。最常用且较为典型的肢体语言为手势语和姿态语。如挥手、点头、握手、起立。

丰富的体态语也可以很好地表达出人的思想和感情,在教学过程中,教师恰当地运用体态语可以帮助学生准确具体地理解教学内容,调节课堂气氛,增进师生感情,有时还会达到"此时无声胜有声"的效果。

语文教师课堂教学语言由以上六种教学用语构成,从导入、讲授、点评等到最后的体态语,六者在语文课堂上互相补充协调,缺一不可,最后真正达到"以学生的发展为本位、尊重多元和个性差异、强调课程的生成性和开放性"的目标,完成学生在课堂上由"听课者"到"参与者"或"主体"的转变。语文教师若在以上六类教学用语的使用上加以提升,极益于提高课堂的有效性。

二、语文教师课堂教学语言的功能

对于语文教师课堂教学语言的功能,笔者拟从如下两个方面分别阐述。

(一)教师课堂教学语言基本功能

传道、授业、解惑的媒介。"传""授""解"充分揭示了语言对教学的重要性。在教学中,教师通过语言向学生传授做人之道、做学问之法,帮助学生解决疑难问题。教学语言富有情感性和智慧性,教师通过教学语言使学生更加聪明有智慧,更加懂得做人的道理。苏霍姆林斯基说:"教师的语言是一种什么也代替不了的影响学生心灵的工具。"[1]教学语言能给学生产生多方面的影响,传道、授业、解惑的功能是其最基本的功能,也是教学语言存在的基本

---

[1] 刘守旗,丁勇,俞润生.教育的艺术.广州:中山大学出版社,2003:36.

价值。

沟通与交流的主要工具。教师在课堂中，主要运用语言与学生沟通和交流有用信息，并且由于信息的不同，教师所采用的方式也各种各样。如教师通过使用口语诉诸学生的听觉来与学生"对话"，这种方式成为音声讯道。通过教师的眼神、动作、表情、手势等体态语来交流消息，成为动姿讯道。其中最为有效、最为便捷的还是音声讯道，即通过语言来进行的交流，这种信息的传递最为准确、及时和灵活。教学过程的每一环节都离不开教学语言的存在，脱离教学语言，教学将不复存在。

有效调动学生学习积极性的推手。在教学过程中，教师的语言直接关系到学生学习的兴趣、动机和学习的积极性，进而关系到课堂的有效性。一堂课的开始，如果教师用能够吸引学生注意力的语言来进行导入，那么这堂课便成功了一大半。教师应巧妙运用教学语言，使学生打开心扉，激发出学生强烈的学习欲望，创设相应的教学环境，使学生快速融入课堂中，这样的课堂相信一定会是成功的课堂。

学生学习语言的示范。对于语文，教师的语言尤为重要，语文是工具性和人文性的统一。教师的语言对学生的语言起示范作用，如果教师的教学语言不够规范，或者不注意细节，不注意遣词造句，那么学生也会在无形中受到不良影响。教师要通过自己的语言形象，向学生们展示我们祖国的语言美，耳濡目染下提升学生的语言表达能力。

（二）教师课堂教学语言的特殊功能

古人曰："闻道有先后，术业有专攻。"课堂教学语言除了一般功能之外，语文教师还应该明白这六类教学用语各自对应的功能，从而更好地理解和改进自己课堂教学语言的表达艺术。

1. 导入语的功能。

导入语作为课堂的起始用语，具有以下几种功能：

集中学生的思维。上课开始时，教师要通过一定的手段和方法，给学生一些得当的、合适的、较强的信息刺激，去控制那些与教学无关的心理活动，尽快把学生的积极性与兴奋点转移到学习的任务之中，把注意力迅速导入学习之中，并使之在课堂中保持下去。

激发学生的学习兴趣。在课堂教学中，要激发和培养学生的兴趣，首先要抓住导入课文的环节，一开始就能把学生牢牢地吸引住。

明确本课教学内容。在新课导入时，都会直接或间接地预先让学生明确本节课的学习目的，从而激发学生的学习动机，使其有意识地进行自我控制和调节，以便形成良好的学习态度。

2. 讲授语的功能。

讲授语作为传统教学用语，其功能可归纳如下：

精当传授知识。精当传授知识是指将知识精炼、恰当、有效地传授给学生，一定程度上节约时间，提高学习效率。

系统概括知识。可以帮助学生有序地总结知识，理清思路，帮助学生快速、系统掌握所要学习的内容。

3. 提问语的功能。

"非学无以致疑，非问无以识广。"提出一个问题有时候往往比解决一个问题更重要。提问语，始终是一种古老而有效的教学用语，在推行新课程教育、培养创新思维和创新人才的今天，它的功能历久弥新。具体如下：

启迪拓展思维。提问语可以启发学生的思维，可以引导学生探讨结论，可以提高学生的自主学习能力。

提高分析能力。提问语可以帮助学生提高分析问题、解决问题的能力，可以培养学生的想象力。

激发创新能力。提问语可以促进学生对所学知识进行创新，有助于知识的系统掌握。

4. 点评语的功能。

点评语是一种重要的教学用语，它在课堂教学中常常犹如点睛之笔，为课堂增彩。其功能如下：

推动教学目标和教学意图的有效实现。教师对学生不论是表扬还是批评，都能加深学生对所学内容的理解与记忆。这样，教师的教学目标和教学意图才能有效实现。

促进学生的自我反省与自我认识。教师的点评能促使学生反思自己对知识的掌握是否准确、完整。日积月累后，学生对自己的学习情况也会有一定的认识。

辅助教学。教师课堂上对学生恰当的点拨能点醒启发学生，让学生跳出思维受阻的困境，从而利于教学活动的顺利开展。

5. 指令语的功能。

指令语作为教学用语，具有如下功能：

效率帮手。教师恰当使用指令语能够帮助学生又快又准地理解学习任务，提高学生的学习效率。

纪律伙伴。恰当地使用课堂指令语有利于老师形成一定威信，对维持课堂纪律起积极作用。同时也有助于学生端正学习态度。

6. 体态语的功能。

教师体态语是教师不可或缺的辅助教学手段，其主要功能如下：

教育示范作用。这是由教师"为人师表"这个社会角色的职责所决定的，教师的一言一行都是学生效仿的对象。

沟通师生情感的管道。教学活动是教师、学生两个行为主体互动的双边活动。师生之间的相互沟通，是教学正常进行的必要条件。沟通的方式很多，但在教师面对性格各异的学生时，最便捷有效的方法莫过于教师使用体态语言：一个微笑，一个眼神，一个手势，都能够起到交流情感、融洽心灵的作用，唤起学生对学习的信心。

吸引注意力和激发求知欲的作用。教师结合教学内容，通过肢体语言来表达的细节，会影响学生的学习情绪，恰当的体态语可以激发学生的学习兴趣，吸引学生的注意力。如果学生对学习产生了兴趣，也就能从内心产生强烈的求知欲，学习动力自然就会提高。

助力课堂管理。在教学过程中，教师使用体态语言来对课堂进行调节和控制，既能节省时间，又能保证教学活动的顺利进行，比如对破坏课堂纪律的学生，教师可以用眼神加以示意，使其意识到自己的错误，从而将注意力转移到课堂学习中来。

教师课堂教学语言的功能远不止笔者以上所列。教师课堂教学语言的每一种形态在实际教学活动中，会因教师的运用方式和学生的配合程度而出现难以预料的新的功能，并且随着社会进步、教育水平的提高，教师课堂教学语言的形态与功能可能又会有所变化。

结　语

　　笔者对语文教师课堂教学语言形态与功能的研究至此暂时告一段落。本文从对语文教师课堂教学语言的观察着手，查阅大量与主题相关的文献，同时结合个人及同期师范生们在实践教学中的观察，反复斟酌修改后将语文教师课堂教学语言分为六大类，并详述各自的含义、特征及分类，同时对语文教师课堂教学语言功能进行综述与相应的分析，力图通过语文课堂教学语言的形态与功能的研究对提高课堂有效性有所帮助。当然，这只是抛砖引玉，希望笔者的研究能对一线教师们的教学活动和教学科研略有启发。由于笔者的教学资历尚浅，不足之处在所难免，尚请有识之士指正。

　　　　　　　　　　（作者系第二届实验班学员，论文指导教师刘中黎。）

语文课堂教学媒介的开发与利用

朱敏瑞

摘　要： 新课程标准中明确要求充分发挥师生双方在教学中的主动性和创造性，为此就要转变传统"灌输—接受"的沉闷课堂教学现状。为了达到激发学生的学习兴趣，提高语文课堂效率，培养学生的主动意识和探究精神，真正实现自主、合作、探究式教学的目标，积极开发和合理利用教学媒介极为迫切和重要。

关键词： 语文课堂；教学媒介；开发与利用

捷克教育家夸美纽斯在《大教学论》中写道："一切知识都是从感官开始的。"建构主义也认为，知识存在于情境性的、具体的、可感知的活动之中，学习应该与情景化的社会实践活动结合起来。[①] 可是，现实中我们的语文学习还停留在45分钟、三尺讲台和教师三寸不烂之舌之间，美国著名教育学家、心理学家杰罗姆·布鲁纳曾指出："把教学限制在一成不变的课堂讲述中，仅仅辅以传统的、勉强过得去的教科书，则会把生动的学科弄得呆板沉闷。"[②]

如果我们能改变"教材为中心""课堂为中心"的语文授课和学习方式，达成"语文学习的外延与生活相等"的共识，那么语文教师就会努力突破课堂教学的封闭性，积极寻求课堂与社会、世界和日常生活相链接的媒介，充分调动学生的多种学习感官，把师生从"小语文"中解脱出来，树立"大语文"的教育观，将语文学习升华为知识、情感、思维、能力并重的教育。

[①] 陈琦,刘儒德.当代教育心理学.北京:北京师范大学出版社,2007:186.

[②] (美)布鲁纳.邵瑞珍译.教育过程.北京:文化教育出版社,1982:96.

一、语文课堂教学媒介的形态分类及使用

（一）根据出现的时间先后可分为传统教学媒介和现代教学媒介

教学媒介亦称教学媒体。伴随教学过程和科学技术的发展，先后出现了两个阶段的教学媒介：传统教学媒介，譬如教材、粉笔、黑板、挂图、报纸、标本、仪器等；现代教学媒介，譬如录音、投影、电影、相机、手机、多媒体等。[1]

传统教学媒介的某些教学功能是现代教学媒介无法代替的，如黑板随写随看，当场即可重现内容，可以展现即兴思维，方便修改，但完全使用传统教学媒介的语文课堂对教师的个人魅力有很高的要求，要想调动学生的学习兴趣和注意力基本靠教师的个人魅力。教师要凭借渊博的专业知识、声音的抑扬顿挫、精巧的问题设计、高超的朗诵技能才能调动学生的学习兴趣和注意力，这样的课堂根基是学生对教师的佩服和崇拜，其教法和学法不具有可复制性。现代教学媒介有图文声兼具、动态变化、信息量大等特点，在有限的空间和时间范围内为学生提供所需的大量信息，某方面技能不足的语文教师也可以借助现代教学媒介来规避自己的不足，顺利实现教学目标和任务，如诗歌朗诵技能欠缺，借助多媒体的范例朗诵就可以取到示范和感染的功效。

（二）根据教学媒介作用的感觉通道可分为四类

根据感觉通道的不同，可分为如下四类：（1）非投影视觉媒介，如黑板、教材、图片、模型、标本、实物、仪器、报纸、手抄报、挂图等；（2）投影视觉媒介，如幻灯图片；（3）听觉媒介，如录音、音乐等；（4）视听媒介，如电视、DV相机、手机、视频、电影等。

捷克教育家夸美纽斯在《大教学论》中写道："一切知识都是从感官开始的。"如果教学中只采用一种教学媒介，学生所接受的感官刺激是乏味单一的，课堂气氛是沉闷呆板的，课堂学习效率自然极低。如果使用多种教学媒

---

[1] 王世堪.中学语文教学法.北京:高等教育出版社,2005:1-5.

介，从视觉、听觉、触觉等各个方面去刺激学生，这样新颖、多样而又富于变化的课堂就会使学生的注意力、兴趣稳定而持久，课堂效率自然高。

（三）根据使用主体可分为以教师为主体和以学生为主体的教学媒介

教学媒介在教学活动中发挥传递信息和为教育者、受教育者搭桥铺路的重要作用，所以它并不是教师—教学媒介—学生这样单向的传播过程，教学媒介的使用主体也可以是学生。[①] 一切有利于辅助教师进行教学活动的媒介都可以称为以教师为主体的教学媒介，而可以让学生支配并辅助其学习的媒介就称为以学生为主体的教学媒介。以学生为主体的教学媒介既是教师联系和检验学生的一种媒介，更是学生自主学习、自由发挥的一种工具，譬如手抄报、相机、手机短信、博客平台和电影等。相较于书本，学生课余更愿意把时间花费在这些工具的使用上，那么何不引导学生正确地使用这些教学工具呢？

二、语文课堂开发和使用教学媒介的原则

教学媒介的开发就要注意学生的认知规律和心理，贴近学生生活，要做到正确使用和最大限度地使用。具体如下：

（一）语文教师要增强开发和使用教学媒介的意识，做个有心人

提高课堂教学效率的教学媒介不是粗制滥造、蒙骗学生的道具，不是窃取他人劳动成果代替自身思考的镣铐，而是要精心制作教学内容和学生接受状况之间的纽带，这样的功夫不是一朝一夕练成的。很多教师平时教学并不重视教学媒介的使用，在公开课或者特殊课上才考虑借助教学媒介，这样粗糙的准备往往会使教学媒介的选择有失恰当，比如音乐《春江花月夜》就不一定适合诗歌文本《春江花月夜》的授课内容和氛围。只有平时树立开发和使用教学媒介的意识，注重日常积累，才能"取法于课外，得益于课内"，使教学媒介契合教学内容。

---

① 赵立志.简论教学媒介及其软件制作.中国成人教育，2003，6：64.

(二)立足教学目标，使教学媒介服务于教学任务

1. 课堂教学目标。

教学媒介的选用要围绕具体的课堂目标这一中心，例如人教版初中语文教科书中《吆喝》和《罗布泊，消逝的仙湖》两篇课文，前者展现的是记忆中大街小巷那温暖而遥远的吆喝叫卖声，就需要借助听觉教学媒介；而后者表现的是人类破坏自然环境导致人间仙湖——罗布泊消逝，为了凸显对罗布泊消逝的惋惜和对保护环境的重视，就一定要借助视觉或者视听教学媒介去对比罗布泊昔日的美丽风景和今日的荒芜。只有根据课堂教学目标选择合理的教学媒介，才能"目的明确，讲究实效"。

2. 教师个人理念。

教师个人教学理念的差异会导致教学侧重点和具体教学实施步骤的不同，所以教学媒介的选择和使用就要因教师而异。譬如重庆一中的周鹏老师在多年的执教中形成了"语文学习的生活基础是多识物象"等一系列独特的见解，在这样的教学理念指导下，周鹏老师就借助多种教学媒介展示教材中所涉及的物象。在《致橡树》的教学中，借助投影仪展示出独立而高大的木棉树和其红艳的木棉花，女性的独立、妩媚和热烈的象征便不言而喻，学生也就明白了作者舒婷选取木棉这一意象时的用心和比喻的恰当。

(三)综合使用多种教学媒介时，注意其整体的配合效应

不同的教学媒介各有其独特的教学功能，又有相同的功能，所以综合使用多种教学媒介时，以展示各自独特功能为最佳，规避使用不同教学媒介展示相同功能的状况。视觉媒介中，挂图、投影仪中的图片展示和幻灯片中的图片展示这三者的功能就是一样的，在选择时就要考虑它们与其他教学媒介共同使用时产生的效果。如果采用背景音乐营造课堂氛围，就可以使用幻灯片播放图片，如果还要展示纸质报纸这种教学媒介，就使用投影仪展示图片。

(四)教师要依据所用的教学媒介来选择和调整教学方法

使用传统教学媒介，教师在板书、实物说明、朗诵甚至场景的描述方面都要花费许多时间，但是在借助现代教学媒介时，一张投影就可以代替长时间的

板书，一段录像便可再现当时的情景。在这种情况下，教学内容的整体结构必然要做出调整，相应的教法也要随之改变。比如，同样是一节写作点评课，相较于教师枯燥地讲解，使用多媒体的授课方式就可以将课堂活动的主体由教师转变为学生，让学生充分思考，得出写作规律。教师可以将优秀的文章和较差的文章展示在投影仪上，让全班学生集体审阅文章，既可以及时修改错别字、病句、调整段落结构，又可以让学生体悟优劣文章在各个方面的差异，分析优秀文章的写作技巧和特色，由经验上升到规律，由感性上升到理性。

（五）年级越高，教学媒介越要少

随着年级的递增，学生的认知逐渐由感性过渡到理性，意象的认知、场景的构想、情感的体悟、想象力的拓展等等对于高年级学生来说不再是教学的难点，培养高年级学生的理性思维则成为教学的重中之重。教学媒介的使用目的主要是激发学生兴趣，吸引学生注意力，所以，为了养成高年级学生理性思维的习惯，就要相应地精简教学媒介，为高年级学生养成理性思维的习惯提供合理的环境。

三、教学媒介的使用策略

（一）阅读教学中教学媒介的使用

阅读教学作为学生、教师、文本之间对话的过程，无论是在教材的比重上，还是在课堂学习中，它无疑都是课时最多、花费精力最多的教学活动。可是单一的课堂形式，僵化的"教师讲授、学生被动接受"的学习模式，不仅无法刺激学生的多种感官，引发语文学习兴趣，更远离了我们倡导的自主、合作、探究的学习理念。教学媒介进入语文课堂，就能打破课堂沉闷、机械的现状，在教学内容的导入、文章思想情感的升华、教学视界的扩展等方面起到锦上添花的功效，有力地提升语文课堂效率。

1. 音乐的使用。

重视音乐教化育人的功用，这是中国自古以来的教育传统。从先秦贵族教育的六艺到儒家的六经，从孔子的"兴于《诗》，立于礼，成于乐"到《礼记》中的《乐记》，无不彰显着音乐在教育中的地位，同时也证实音乐对教育有着非同一般的辅助功效。在时间和空间有所限制的语文课堂中，使用音乐会对短时间内创设教学情境、营造授课氛围、激发学生情感等起着良好的促进作用。

音乐使用方法之一是作为朗诵的背景音乐。有音乐衬托的朗诵课堂极具感染力，恰当的音乐可以为朗诵注入极强的情感，增强朗读欲望和表现力，深情的诵读声和富有感染力的音乐比人的单一朗诵更容易营造课堂氛围，也为学生深层次地理解文本奠定了情感和心理基础。

音乐使用方法之二是作为教学的一个欣赏环节，以此升华整节课。例如重庆市巴川中学邓永全老师在执教林海音的小说《爸爸的花儿落了》时，在深入赏析文章后进一步引导学生结合自身经历谈谈对父爱的认识。邓老师告诉同学们"爸爸的严格要求就像在悬崖边爸爸拉了你一把，把你拉痛了而已，我们要体谅我们的爸爸"，点拨学生读懂父爱。随后，开展课堂最后一个环节——欣赏刘和刚演唱的歌曲《父亲》，本意为欣赏歌曲，体悟父爱，可是全班同学以及所有听课老师都止不住流泪，最后大家都不约而同地合着音乐大声唱出了这首歌，课堂在刘和刚演唱的《父亲》歌声里结束，而父爱则久久回荡在师生心中。在本节课中，歌曲播放之前，师生已共同构建了一个有关父爱的心理效应场，这个效应场里有师生共同挖掘、营造的思想深度和心理高度，在此基础上再聆听这首关于父爱的歌，就很容易触动师生的心灵。这时歌声便成了授课内容的延伸，也成了授课内容另一种艺术化的阐释形式，既丰富了文本内容和授课方式，又增加了课堂分量和艺术的张力。①

音乐使用方法之三是作为巩固语文知识和拟写作文题目的途径。例如，可以通过分析歌曲名称拟写作文题目，《爱情红绿灯》《发如雪》的比喻，《哭泣的百合花》《寂寞在唱歌》的拟人，《挪威的森林》《闻鸡起舞》的引用，《爱你一万年》《当山峰没有棱角的时候》的夸张，《永远永远》《不怕不怕》的反复，将歌曲名称中使用修辞的手法迁移到作文题目的拟写上，可以在写作中起到画龙点睛之功效。

---

① 李梦桃.音乐在语文课堂教学中的运用例谈.http://www.pep.com.cn/gzyw/jsxx/jxyj/zhxxx/201008/t20100826_765189.htm,2005-11-15.

2. 录音的使用。

声音具有不可逆性，精力没有高度集中时就会很容易漏掉关键信息，但也正是因为声音这样的特性，使它能极大地凝聚学生的注意力。如在《再别康桥》的课文录音范读时，不清楚文章情感的学生会全神贯注地聆听录音，从范读的情感基调中体悟诗歌所传达的情感和心理变化。在对《水浒传》选段《林教头风雪山神庙》中的人物进行赏析时，可以将文章中最具有人物性格特色的对话制作成录音，让学生通过聆听对话录音辨别人物的身份，体悟不同人物用不同语气传达出的不同性格。这样的教学形式和学生自己简单地朗读相比较，效果自是不言而喻。

3. 图片的使用。

"生动形象的画面是学生展开深度思考的依托，深度思考依托画面又超越画面，是对具体画面的抽象概括和再度创造。"[①]语文教材中大量的文学作品涉及动植物、科技、建筑等形象，但是多数学生对这些形象并不熟悉，要么是从来没见过，要么是因为见过却没有认真观察过，这就需要借助图片欣赏来体会形象之美和文章语言的确切、生动。

例如，在教学《荷塘月色》时，学生对荷花的司空见惯导致他们对课文传达出的荷花的美有种麻木，展示特殊视角下的荷花图片，能够给不善于观察的学生带来新鲜感，"亭亭的舞女的裙"般的荷叶，"袅娜地开着的""羞涩地打着朵儿的"荷花，教师要善于引导学生通过这些美妙的图片来体悟文章语言的优美和意境。

4. 视频的使用。

视频集声、文、图、形为一体，色彩的速变，动态的画面，信息量的集中，能够极大地调动学生课堂注意力。重庆市巴川中学的郑海霞老师在教学《木兰诗》时，就使用视频这一教学媒介，布置学生观看花木兰从军事件的完整动画视频，这不仅适合初一学段的学生心理，而且能够让学生对花木兰从军事件有完整的把握，对事情的连续性、人物形象的生动性也能起到很好的阐释作用。

---

① 徐金奎,毛巧荣. 让语文课堂插上数字化翅膀. http://www.pep.com.cn/gzyw/jsxx/jxyj/jxzt/201401/t20140103_1178104.htm,2014-01-03.

(二)写作教学中教学媒介的使用

语文课程标准明确提出:"积极合理利用信息技术与网络的优势,丰富写作形式,激发写作兴趣,增加学生创造性表述、展示交流与互相评改的机会。"我们为触发学生写作灵感而提供的素材和平台,就不能仅仅局限在45分钟的课堂上和作文本上,而是要采用多种合理的教学媒介来锻炼学生文体表达能力,同时积淀属于他们自己的真情实感和真知灼见。

1. 报纸的使用。

报纸作为司空见惯的新闻媒介,却很少被运用到语文的学习中,更不用说在语文课堂上看到它的身影。报纸提供了大量新鲜的写作素材,单是新闻标题在语言修辞、立意等方面就可以给同学们带来无穷的启示。

例如,为了使学生更熟练地掌握借喻修辞,著名教师陈立雄就借助以下两个报纸新闻标题来辅助学习:2006年8月4日《解放日报》的《全国田径赛今揭幕——"翔飞人""眼镜侠"亮相》和2006年8月14日《解放日报》的《"秋老虎"发威:38.6℃》,"翔飞人"是指男子110米跨栏运动员刘翔,用他名字中一个字和跨栏运动项目的特点相结合来借代,恰当贴切;"眼镜侠"是指短跑运动员胡凯,戴着眼镜且成绩优异的运动员少之又少,所以"眼镜侠"借代胡凯让读者一目了然;"秋老虎"借代高温天气,简洁形象。[1]

语文教材中使用这些修辞手法的句例也不少,可是频繁地重复这些课文例句,容易使学生将某种修辞等价于课文例句,局限了学生使用修辞的思维,而报纸这样的教学媒介则如一股活水,源源不断地送来写作生命力。

2. 手机短信的使用。

手机短信会以诗歌、小说、散文、寓言、童话、歌谣、对联、谜语、启事、广告、笑话、小品等多种文体呈现,或优美或诙谐幽默的精彩语言,常常使用排比、拟人、夸张、对偶、谐音等大量的修辞手法。将这种为学生喜闻乐见的问候方式作为一种教学媒介,也可以很好地锻炼学生的写作思维和写作能力。

---

[1] 陈立雄.试论报纸新闻标题在语文学习中的应用.http://www.pep.com.cn/czyw/jsxy/jxyj/jxzt/201311/t20131122_1173319.htm,2013-11-22.

例如"不思量，互联网，明月夜，短信忙，电脑旁，正梳妆，相对总无言，唯有键盘忙，高举杯，低声唱，论英雄，笑沧桑，相见叹苦短，唯有情意长"和"国庆年年有，何必问青天！不知远方朋友，长假可休闲？我欲飞去看你，又恐驾照难考，高空好危险！赶紧编短信，抢个祝福先！"这两则手机短信分别化用了苏轼的《江城子》和《水调歌头》，仿照诗词的格式填写新内容，不仅重温了一遍诗词，而且以诙谐的格调，减少学生的写作恐惧，同时也会激起写作欲望。又如这则短信："舒婷：我要种棵木棉，将缠绵悱恻的爱情送你。茅盾：我要种棵白杨，将傲然挺拔的生命送你。鲁迅：我要种棵枣树，将繁星满月的美景送你。"这则手机短信将语文教材中课文内容和作者姓名言简意赅地呈现出来，表现出较高的语文修养和幽默诙谐的语言风格，对于学生整体把握课文内容，洞悉其写作思路，学习其修辞技巧，提高写作能力都会起到抛砖引玉的作用。

3. 博客的使用。

网络的多功能性、交互性、氛围轻松的优势能够为学生们搭建优秀的写作平台，可以说这是对写作教学进行了一场无形的变革。例如，四川阆中市城北初级中学张银老师就建立了班级网络博客，通过博客的升级、评论的增加、互相的留言、点评等刺激学生的写作欲望，满足学生内心强烈的认同感和自豪感。只有让学生体会到写作的成就感，才会激发他们内在的写作动机。

4. 电视栏目的使用。

"文章合为时而著，歌诗合为事而作"，语文写作不只是风花雪月、诗词吟咏，空洞地抒发个人情感，也可以并且也应该涉及时事，进行新闻述评的写作，电视这一教学媒介能够开阔学生视界，打破"两耳不闻窗外事，一心只读应试书"的封闭式学习模式，为学生提供了一个"家事国事天下事，事事关心"的开放式学习环境，不仅让学生的社会生活经验得到极大的提高，也培养了其社会责任感，而且学生作文"无米之炊"的难题也迎刃而解，极大地丰富了作文素材。

例如，利用央视《东方时空》电视栏目给学生开设别具一格的作文课。在高中三年的时间里，著名语文特级教师赵谦翔所任教的班级每天早晨7点到8点都会收看央视"东方时空"栏目，并且全班90名学生看后还要写下每天或每周的观后感给老师批阅。高中毕业前夕，不仅每个同学都自编了一本厚厚的

《<东方时空>感悟集》,而且学生参加比赛获奖并发表的各种佳作也已达到100余篇,诸如《黄河忧思录》《绿化文化沙漠》《京剧发展之我见》《巴以冲突之我见》等充分展示学生们对华夏兴衰、世界风云关注的优秀篇章。①

(三)综合性学习中教学媒介的使用

开展综合性学习活动,教师只充当指导角色,更多地让学生自己参与实践活动,采用合理有效的教学媒介联系师生、保证学生充分的自主就显得极为重要。学生作为使用者的教学媒介不同于教师所使用的教学媒介,例如 DV、相机、手抄报、电影。

1. 相机、DV 的使用。

重庆一中 2014 年初一年级的寒假作业是帮爸妈弥补儿时的遗憾,它要求学生借助相机、DV 去记录生活的全过程,并制作微视频。作为"文化传承"的一部分,这样的寒假作业在培养孝文化方面显得更贴近学生生活和学生的心理。用学生喜爱的自拍形式去表达他们对父母的爱,能更有效地保证综合性学习的完成。②

2. 手抄报的使用。

新人教版语文教科书中的另一个综合性学习板块——古诗苑漫步,这一板块学习的开展就可以借助手抄报的形式。古诗中的风花雪月、山水风光、名胜古迹等的专题整理任务比较繁重,仅仅依靠一个人完成任务比较困难,以小组为单位制作一份手抄报,每个人负责一个古诗主题,不仅可以减轻学生的学习任务,而且能够加强小组交流,互相学习,彼此监督,增进小组成员之间的友谊。

3. 电影的使用。

电影运用在综合性学习中。比如教材中的"名著导读"板块,可以通过观看电影弥补没有时间阅读原著的不足,如《昆虫记》《堂吉诃德》《老人与海》等。看电影不仅能够吸引所有学生的兴趣和注意力,也能达到短时间了解原著的高效目标,同时原著中远离学生生活的场景以电影的方式展现出来,便

---

① 刘中黎."阅读是写作的基础"之我见:语文教育名言纠错举例.语文建设,2012,6:35.
② 黄晔,刘冰鑫.另类寒假作业:帮爸妈弥补儿时遗憾.重庆晨报,2014-1-15(18).

于学生理解。

结　语

　　语文课堂无论采用何种教学媒介，都是为涵泳文本、激发学生情感、培养语文素养而服务的，"语文本身的特点决定了语文教学更多是指向艺术性，媒介工具更多是指向技术性，只有将语文学科特点、人文情感、人类思想与媒介工具进行组合、凝聚、整合才能实现这一目标。"[①]我们每一位中学语文教师既要不断提升使用传统教学媒介的能力，又要不断更新和开发现代教学媒介，让更多有趣、有效、有益的教学媒介进入语文课堂，进入语文学习的殿堂。

　　　　　　　　　　　　　　（作者系第二届实验班学员，论文指导教师刘中黎。）

[①] 陈秀琴.网络运用于中学语文课堂教学的调查与思考.http://www.pep.com.cn/czyw/jsxz/jxyj/jxzt/201008/t20100825_731093.htm,2006－07－19.

初中语文课前学习效率提高策略研究
——以重庆市三所中学为例

陈婷婷

摘 要：课前学习对提高中学语文课堂教学效率和学生的阅读能力都有举足轻重的作用。但在实际学习中，中学生的预习存在诸多的问题，主要表现为态度敷衍、目的模糊、方法不具体等等。本文尝试对中学生的预习提出具体可行的方法，让预习效率得到提高。

关键词：语文；课前学习；效率；策略

提高课前学习效率对提高课堂教学效率、训练学生的阅读能力都有巨大的帮助。具体表现在两个方面：

首先，有助于提高课堂教学效率。在课前学习时，学生先对课文进行了一定的熟悉与思考，在课堂上老师分析课文时，学生就可以跟上老师的思维，在老师的指导下对课文进行深入的理解。以往人们一说到提高中学语文课堂效率，就自然而然地把目光落到教师的身上。提出教师应该认真备课、精心设计教学内容、选择恰当的教学方式等策略来解决课堂效率不高的问题。学生作为课堂的主体，无论老师教授得多绘声绘色，若学生置若罔闻，可想而知，课堂效率没法提高。提高课堂效率，从学生学习的方面入手，其中一个重要的策略就是课前学习。学生通过课前学习，对课堂所学内容已有大致的了解，听讲时不至于云里雾里。通过课前学习，对课堂所学内容有过一定的思考甚至质疑，听讲时注意力就更集中、更有侧重。

其次，有助于提高学生的阅读能力。当学生掌握了一定的课前学习方法后，课前学习不再停留在解决生字词、标出段落的层面，而是会主动去思考文章的内容写的是什么、为什么要写这篇文章、怎么写等问题。长期坚持这样的训练，提高学生的阅读能力指日可待。

一、当前初中学生语文课前学习的现状

为了更深入地了解初中生语文课前学习的现状,笔者对重庆市巴川中学、重庆市第二十九中、奉节永安中学初中学生共 254 人及三所学校初中语文教师共 30 人进行了一次问卷调查,本次调查的问卷调查表分为学生问卷调查表和教师问卷调查表。学生问卷下发 254 份,回收 254 份,有效问卷 248 份。教师问卷下发 30 份,回收 30 份,有效问卷 30 份。具体问卷调查表和结果分析如下。

学生问卷调查表及结果统计

题号	题目	参考选项	结果统计
1	你重视课前学习吗?	A. 重视 B. 一般 C. 不重视	A. 37% B. 30% C. 33%
2	你课前学习的原因是?	A. 老师布置的任务 B. 自己有兴趣 C. 其他	A. 81% B. 11% C. 8%
3	你课前学习做的主要工作有?(可多选)	A. 了解课文大意 B. 标自然段 C. 给生字注音 D. 了解作者 E. 积累喜欢的词语或句子 F. 思考课后题目	A. 82% B. 79% C. 73% D. 68% E. 47% F. 35%
4	帮助你课前学习的工具是?	A. 字典 B. 资料书 C. 网络 D. 其他	A. 29% B. 71% C. 0 D. 0
5	你一般课前学习用时多久?	A. 10 分钟以内 B. 10~20 分钟 C. 30 分钟及以上	A. 34% B. 53% C. 13%
6	你课前学习时会做笔记吗?	A. 有,并且比较规范 B. 随便勾画 C. 没必要做笔记	A. 17% B. 52% C. 31%

续表

题号	题目	参考选项	结果统计
7	老师有没有进行过课前学习的方法指导？	A. 经常 B. 偶尔 C. 从不	A. 11% B. 73% C. 16%
8	老师会对你们的课前学习结果进行检查吗？	A. 经常 B. 偶尔 C. 从不	A. 23% B. 77% C. 0
9	你认为课前学习对你哪方面帮助最大？	A. 概括能力 B. 分析能力 C. 理解能力 D. 鉴赏能力 E. 写作能力 F. 掌握基础知识	A. 25% B. 9% C. 17% D. 4% E. 0 F. 45%

教师问卷调查表及结果统计

题号	题目	参考选项	结果统计
1	您认为学生有课前学习的必要吗？	A. 有 B. 没有 C. 无所谓	A. 100% B. 0 C. 0
2	您认为课前学习对提高课堂效率有帮助吗？	A. 有很大帮助 B. 有一定帮助 C. 基本没帮助	A. 60% B. 40% C. 0
3	您给学生布置课前学习吗？	A. 每天 B. 经常 C. 偶尔 D. 从不	A. 56% B. 23% C. 21% D. 0
4	您对学生课前学习进行过系统的指导吗？	A. 经常 B. 偶尔 C. 从不	A. 40% B. 60% C. 0
5	您明确学生课前学习要达到怎样的目的吗？	1. 很明确 B. 明确 C. 不太明确 D. 没想过	A. 20% B. 30% C. 50% D. 0

课程开发与教学论研究

续表

题号	题目	参考选项	结果统计
6	您对学生课前学习的结果进行检查吗？	A. 每天 B. 经常 C. 偶尔 D. 从不	A. 0 B. 33% C. 67% D. 0
7	您对学生课前学习的结果满意吗？	9. 很满意 B. 较满意 C. 一般 D. 不满意	A. 2% B. 24% C. 51% D. 23%
8	您的学生能自觉对课文进行课前学习吗？	A. 大部分学生能 B. 近一半学生能 C. 一小部分学生能 D. 几乎都不能	A. 7% B. 25% C. 42% D. 26%

学生问卷调查表的问题设计主要是围绕学生对课前学习的态度、目标和方法这三个方面展开。教师问卷调查表的问题设计则主要是围绕教师对课前学习的态度、目标、方法和对课前学习结果的检查这四方面展开。

对课前学习的态度，63%的学生是不够重视的，81%的学生之所以会课前学习是因为这是老师布置的任务，77%的学生课前学习一篇课文用时在20分钟以内，71%的学生完成课前学习作业的主要工具是参考书。不重视、花时少、依赖于参考书、完成教师布置的任务，从中不难看出学生对课前学习的态度是敷衍的。教师认为课前学习对于学生和课堂教学都非常有帮助，并且几乎每天都会布置课前学习作业。教师意识到了课前学习的作用和意义。

关于课前学习目标，从学生课前学习的内容来看，82%的同学是了解课文大意，79%的同学是简单地标出自然段，73%的同学给生字注音，68%的同学了解作者，而会去思考课后题目的只有35%。不难看出，学生的课前学习目标过于简单。课前学习在他们眼中基本等同于机械地积累字、词、句，将参考书上的内容搬到课本上，粗略地了解课文内容。所以，当问到课前学习最大的收获时，45%的学生认为是夯实了基础知识。近半数的教师对于学生课前学习应达到的目标是不明确的，主要是教龄较短的青年教师。

有关课前学习方法，69%的学生会做笔记，但能规范做笔记的只有17%。

近八成学生笔记不规范，可见学生缺乏课前学习方法。他们的方法有的甚至还停留在小学老师教的读读、查查、记记上。低于一半的教师会经常对学生进行方法指导，又从另一个方面看出学生欠缺课前学习方法的指导。

对课前学习结果的检查，尽管教师几乎每天都布置预习作业，但是，会每天对课前学习结果进行检查的教师几乎没有。大部分教师都只是偶尔检查，对预习的检查力度不够。

二、初中语文课前学习中存在的问题及原因分析

（一）学生课前学习态度敷衍

问卷调查的结果反映出超过60%的学生课前学习的原因是完成老师布置的任务，而是否认真去学习则取决于老师是否对结果进行检查。显然，学生对课前学习的态度是敷衍老师布置的任务，并没有意识到课前学习对自身的帮助。在布置课前学习时，超过一半的教师只是轻描淡写地说课前学习明天要学习的课文，并没有说明课前学习要达到的目标，也没有表明会对课前学习成果进行检查，可见教师对课前学习的重视是不够的。初中学生的学习自觉性不够高，对于教师都不够重视的课前学习作业，态度自然是敷衍了事。

（二）学生课前学习目标简单

在大部分初中学生眼中，课前学习就是完成了解文章大意、给生字注音等简单的目标。所以，调查课前学习他们做的主要工作时，82%的同学是了解课文大意，79%的同学是简单地标出自然段，73%的同学给生字注音，68%的同学了解作者，而会去思考课后题目的只有35%。这样简单的课前学习目标，能够帮学生夯实基础知识，但是对于学生的阅读能力、自主学习能力的训练是没有多大益处的。学生课前学习目标简单，主要是教师在布置课前学习时，只是笼统地说，并没有明确地告诉学生课前学习应达到怎样的目标。

（三）教师对课前学习方法指导不够

好的方法，会让学生课前学习起来事半功倍。目前，学生课前学习所有的

课文都采用一个方法：先了解作者、文章大意，标明段落，然后解决生字词等等。这样简单的课前学习方法达不到最佳的预习效果。不同的文体应有不同的课前学习方法。课前学习时做笔记也是一种方法，规范的笔记可以帮助学生养成良好的课前学习习惯。从中学生课前学习现状中可以看出，学生缺乏课前学习方法的指导。这其中的原因，既包括教师不够重视课前学习，还包括教师本身没有掌握系统的课前学习方法。

（四）教师对课前学习效果检查力度不足

教师几乎每天都要求学生课前学习，却只是偶尔对学习效果进行检查。这样，给学生的感觉就是老师不会经常检查，所以，课前学不学习都无所谓。笔者通过对教师进行访问，得知教师对课前学习效果检查力度不足的主要原因是没有时间。课堂短暂的时间要用于课文的教学，课后时间主要用于批改作业或对个别学生的指导，所以没有时间来进行检查。

三、提高初中语文课前学习效率的策略

（一）转变课前学习态度，重视效率

研究表明，当个体处于积极的情绪状态时，能促进其学习活动顺利进行。相反，当个体处于消极的情绪状态时，通常会干扰其正常学习活动的进行。[1]大多数中学生对课前学习的态度是敷衍的，学习时处于消极的情绪状态，机械地完成积累文学常识、注音、释义等任务。学生认为课前学习是枯燥乏味的，对它失去兴趣，导致课前学习效率无法提高。

要提高课前学习的效率，首先得转变学生对于课前学习的态度。教师应通过自己对课前学习效果的重视，引起学生对课前学习的重视。教师可利用初中生好胜心强、渴望表现自我、超越对手的心理，引入竞争模式，增加课前学习的乐趣，通过对表现优异的同学进行奖励，激发其他人的斗志，达到重视课前学习的目的。

---

[1] 沈德立.高效率学习的心理学研究.北京:教育科学出版社,2006:31.

（二）明确课前学习目标，有的放矢

简单地读两遍课文，查字典解决生字词，了解课文的大意，积累优美的句子，是远远不能够提高课前学习效率的。要提高课前学习效率，从而提高语文课堂教学效率，课前学习就应该有明确的目标，即明确课前学习应训练学生的哪些能力。

课前学习散文、小说和记叙文应训练学生的概括能力、理解能力、分析能力和鉴赏能力。课前学习训练概括能力应让学生达到能概括故事情节，能概括人物形象和性格特征的目标。课前学习训练理解能力应让学生达到能理解文章标题和结尾的含义的目标，能理解文中重要的词语、句子的含义。课前学习训练学生的分析能力应使学生能分析文中重要段落的作用，景物描写的作用，人物描写的作用和所运用的表现手法的作用。训练学生的鉴赏能力则应使学生能够鉴赏文中所用修辞的表达效果，能鉴赏人物描写的效果，能鉴赏文中富有表现力的字词的表达效果。

课前学习说明文应训练学生的分析能力和理解能力。通过课前学习说明文训练学生的分析能力，要使学生学会分析文章的说明顺序、文中运用的说明方法及其作用和文中的说明对象及其特征。通过课前学习说明文训练学生的理解能力，应使学生能理解文中的重点句。

（三）掌握课前学习方法，事半功倍

1. 规范课前学习笔记，有条不紊。

课前学习时学生应养成圈点勾画课文中重要信息的习惯。在初一上学期，教师就应给学生规范的示范，学生今后的课前学习就可按此习惯有条不紊地进行。

课前学习时所做的特定符号代表特定的含义，如：字下的"△"符号表示此字为生字，句子下的"〰"表示此句值得积累，句子下的"＿"表示此句在文中至关重要，句子旁画"？"表示此处尚有疑问，等等。

课前学习时需增加的内容应在明确的位置书写。如：关于作品、作者的增加内容书写在课文对作品、作者进行简介的注释下方，作为对此处的补充。对课文中出现的成语的解释，书写在课后"读一读，写一写"处。

课前学习时对课文的理解、分析和感悟旁批在相应的位置。如：将对标题的理解批注在标题旁边，对重要句子的理解和感悟批注在此句附近的空白处，对课文中景物描写的作用可批注在此描写附近的空白处，对课文中人物形象的分析或这对整篇课文的感悟、收获可书写在标题上方等等。

2.按文体来课前学习，对症下药。

课前学习课文，首先要做的就是定体裁，确定课文属于记叙文、说明文、议论文中的哪种文章体裁。

（1）记叙文的课前学习。

尊重初感，试探文章主旨。第一次阅读时，学生会联系自己已有的语文经验和阅读经验，获得与课文相符的语文经验和阅读经验。如巴川中学一学生曾在课前学习胡适的《我的母亲》时，由文中母亲为"我"舔去眼翳一情节，结合生活中自己母亲曾用嘴为自己吸出被虫咬后留下的毒液的经历，联系上下文，确定本文的主旨是表达母亲的爱子之情和"我"对母亲的感谢。后来该生还模仿《我的母亲》将自己的这一经历与感触写成一篇作文。初读课文时的感触是发自学生内心的真情实感，把这种转瞬即逝的感触记下来很重要。一方面可以成为日后写作中的素材，另一方面这也是训练阅读能力的方法。为防止学生偷懒，可以采取教师当堂检查的方式督促学生。

拟小标题，概括故事情节。拟小标题，必须用简短语言，这就能训练学生的概括能力。可以分别给事件的起因、经过、结果拟小标题来概括情节，也可以分别给事件的开端、发展、高潮和结局拟小标题来概括故事情节。预习《白兔与月亮》一文时，笔者让学生拟4个小标题来概括情节，且每个小标题中都需带月字。一学生拟的小标题分别是赏月、得月、守月、还月。学生拟出这样的小标题，已较准确地概括出了故事情节，基本达到训练目的。课文中有人物的，应要求学生课前学习时概括人物形象和他的性格特征。课前学习《好嘴杨巴》时，笔者要求学生用人物+事件的公式拟两个小标题概括出杨七、杨巴的性格。一学生拟：做茶汤憨厚杨七手艺好，巧解围好嘴杨巴胆子大。

逐步深入，分析重要词句。关系文章中心的、表达人物情感的、刻画人物性格的、体现语言特色的就是重要的词语、句子。学生在课前学习时应找出自己认为重要的句子，然后对其进行理解。一般采用本义+语境义的公式。如《走一步，再走一步》中这样写道："我提醒自己，不要想着远在下面的岩石，而要着眼于那最初的一小步，走了一步再走一步，直到抵达我所要到的地方。"这句话是对走下悬崖的经验总结，也蕴含着人生的哲理：要将人生中遇到的大困难分解成小困难，再逐个克服，终将取得成功。

抓住标题、结尾，其中妙不可言。课前学习时对标题妙处的理解可用作用+用词、修辞的表达效果的公式来理解。对标题含义的理解，先用文中所写的结合事实的表面意义，加上深层的含义来理解。标题的作用有：交代写作的对象、概括主要内容、透露文章主旨、交代文章的线索和透露作者的情感倾向等。如《走一步，再走一步》这个标题透露出了文章的主旨，也概括了文章主旨，而它的结尾又进一步点明了文章主旨。

分析景物描写，作用多多。景物描写的作用有：交代时间、地点等背景，渲染气氛，烘托了人物的心理，推动故事情节发展，升华主题，等等。

（2）说明文的课前学习。

确定说明对象，分析其特征。可以结合说明文的题目与说明文的中心句、中心段来确定说明对象及其特征。分析说明对象的特征，可以分析说明对象的形态、性质、形成原因、作用等等。

确定说明文的分类。说明对象若是具体可感的事物，则该说明文属于事物说明文。说明对象若是抽象的事理，则该说明文属于事理说明文。

把握说明顺序。说明文的说明顺序有时间顺序、空间顺序和逻辑顺序。

找出说明方法，分析其作用。说明方法包括：举例子、列数字、打比方、作比较、引资料、分类别、摹状貌、下定义、作诠释、列图表等等。

分析说明文语言的特点。说明文的语言在准确的基础上有的平实，有的生动。

（3）议论文的课前学习。

议论文的预习主要抓住议论文的三要素：论点、论据和论证。

首先确定论点，其次找出论据，最后分析围绕论点，作者如何运用论据来进行论证的。

（四）多种方式检测，及时反馈

课前学习过后，对其效果进行检测是十分有必要的。通过检测，可以了解学生各方面的课前学习情况，达到诊断课前学习的质量、成果和不足的目的，有利于教师全面客观地评价学生的课前学习是否实现了预定的目标。这样的检测中透露出来的信息可以使教师和学生知道自己教与学的情况，并根据这些信息修订计划。同时，对课前学习检测还可以起到对学生的督促作用，初中学生在学习上的自觉性不高，教师要检测，学生就必须课前学习。另一方面，通过检测课前学习效果，教师嘉奖效果好的同学，对于提高全班的整体课前学习效果有明显的激励作用。

对课前学习的检测包括教师对学生的测试和学生的自我检测。教师对学生的检测，可以是教师针对课前学习内容设计试卷，让学生在规定时间内独立完成，通过对试卷的批阅发现预习中存在的问题。也可以是教师在课堂上对学生进行提问的方式来检测。

学生自我检测可以通过完成《导学案》上相应部分的内容来检测自己的课前学习效果，也可以通过学生的自我反思来检测。通过反思自己课前学习中的不足，引起学生下次课前学习时的重视，从而提高课前学习的效果。

（作者系首届实验班学员，论文指导教师唐旭。）

以"拓展延伸"的理念沟通语文课堂内外

汪源远

摘　要：随着现代教育理念的发展，初中语文教学逐步打破传统文本知识的束缚，而更着重于学生人文综合素养的提高。语文作为一个比较广泛、开放的知识系统，提倡语文教学能够连接课堂内外，使文本知识充分与社会、生活相融合。在语文教学中，"拓展延伸"应该突破其约定俗成的板块式桎梏，作为一种教学理念沟通课堂内外，使语文学习中的理论与实践相结合。

关键词：拓展延伸；语文教学；课堂内外

目前，较常见的"拓展延伸"是以课堂教学过程中一个独立的教学板块为主要形式呈现的，主要出现在课堂的结尾，作用是对课内文本知识教学的补充和延伸。这是一个较好的联系课内外、扩展学生知识面的途径。但是，在活动范围上，这种板块式的"拓展延伸"只局限于课堂之内，其活动形式也受到一定限制。另外，"拓展延伸"如果只作为一个教学板块，根据实际教学案例和实践经验，并不是所有的语文课堂都需要这样的板块设计，那么，语文课程标准中提倡的"联系生活实际，培养学生语文综合能力和社会人文素养"的目标就难以更好地实现。

在日新月异的信息社会中，学校教学应该紧密联系社会，尽量使学生的课内外学习生活共融共进。在这样的背景之下，"拓展延伸"应该突破其固定板块的桎梏，充分地渗透到课堂教学甚至课外学习生活中，应该逐渐成为一种教学理念，贯穿于整个语文教学过程，从而充分地运用到语文教学中去。本文将对初中语文"拓展延伸"板块化的现状进行探究，提倡将"拓展延伸"作为一种沟通课堂内外的教学理念，科学合理地运用到初中语文教学中去。

一、初中语文"拓展延伸"教学板块的主要设计形式

目前的"拓展延伸"大多作为一个约定俗成的教学板块，同其他教学过程中诸如"新课导入""整体感知""人物探究""主题探讨"等几个教学环节相互联系。根据笔者自己的实践经验以及对诸多教学案例的参考，目前初中语文教学中"拓展延伸"在课堂教学中作为教学板块的主要设计形式有以下三种：

（一）材料补充式

为了更好地帮助学生理解新课，巩固新知，语文教师常常引入一些相关文本的课外资料。常见的首先有在讲解文本之前补充的背景资料，一般包括"作者生平事迹""时代背景""创作动机"和"他人评价"等等，以便学生深入体会文本情感内涵。其次，可补充与课文同类文章，对比阅读，参照鉴赏，以达到触类旁通的效果。再次，可补充相关教学内容，激荡情趣。或者补充相关情节，加深学生对文本的感悟。

（二）作业预留式

语文是一门工具性学科，其教学目的在于让学生们通过对语言文字的理解学习，全方位提高人文素养，从而实践于生活。然而，目前我国中学生面对的中高考制度下，考试成为教师教学、学生学习的重要目标，以至于很多语文课堂教学中"拓展延伸"环节演变成为作业练习的环节，直接以"拓展延伸"的名义进行导学案、课辅资料上习题的练习。或者布置相关阅读、写作的训练等。

（三）情境活动式

"拓展延伸"作为一个教学板块，除了补充文本教学的功能之外，很多语文教师把它看作一个活跃课堂的利器，大多在这个板块会精心设计一些以文本内容为主题的趣味活动。如课堂上的演讲比赛、辩论赛、情景演绎，或者是组织观看一些与文本相关的影片资料，让学生交流观后感等等。这些具体、简单

可操作的课堂活动，很好地调动了学生听课的兴趣，也很好地促进了师生间以及生生间的交流沟通。

二、初中语文"拓展延伸"作为教学板块的问题

（一）内容定向不明确

《听王荣生教授评课》一书中关于语文教学指示性的阐述如下："学生在语文阅读鉴赏过程中的现实情况，主要指向两个方面：一是学生在阅读鉴赏中遇到的困难；二是学生在阅读鉴赏中出现的问题。"[①]因而，"拓展延伸"板块内容的选择，必须根据具体的课程教学目标合理设计。教师应围绕每篇课文不同的训练目的和能力培养点，设计适合的、有密切联系的"拓展延伸"活动。而现在很多初中语文课堂上，教师只认识到"拓展延伸"对现代语文教学的重要性，而没有真正理解到"拓展延伸"真正的含义是对文本知识的深化巩固，并且运用于生活，达到语文学习学有所用的实践目标。如七年级下册第六课《黄河颂》，"拓展延伸"活动设计为让学生仿照课文写一篇《长江颂》。尽管这是一项写作训练，但是训练目的不明确，《黄河颂》不是诗歌，只是歌词的节选。另外，本篇文章乃至本单元的教学目标是增强学生的爱国情感，因此，这样的"拓展延伸"就是选材不当、背离目标，是为拓展而拓展的案例。

（二）评价标准单一

2011年版《全日制义务教育语文课程标准》中提出："综合性学习的评价，应着重考察学生的语文综合运用能力、探究精神与合作态度。主要着眼于学生在综合性学习过程中的表现，如是否能积极参与活动，是否能主动提出问题，还有搜集整理材料、综合运用语文知识探究问题、展示与交流学习成果等方面的情况。"我们追求的科学的初中语文教学"拓展延伸"应该是在教学过程中培养学生的人文素养，是潜移默化的过程。然而现在很多语文教师关于"拓展延伸"的教学评价只关注课堂趣味性如何，活跃度高低，以及学生完成

---

① 王荣生.听王荣生教授评课.上海:华东师范大学出版社,2007:173.

度怎样等，这样不免显得片面，失去了对"拓展延伸"长远发展意义的把握。因此，关于"拓展延伸"的评价应"尊重和保护学生学习的自主性和积极性，鼓励学生运用多种方法，从不同的角度进行探究。要充分注意学生解决问题的思路和方法。对有新意的思路和表达以及有特点的展示方式，尤其要给予足够的重视。除了教师的评价之外，要多让学生开展自我评价和相互评价。"

（三）形式陈旧，缺乏创新

在新课标的指引下，大部分语文教师越来越关注"拓展延伸"之于语文教学的重大意义，但是，从网上、实践教学中搜集的很多教学设计来看，目前的"拓展延伸"在形式上缺乏创新，最多的就是写作训练，诸如小练笔，包括拟写对联、颁奖词、人物传记、续写课文、改编课文等等。还有说话训练，如课堂演讲、辩论赛、分角色朗诵、情景演绎等。再次就是课外资料的补充，多是通过多媒体展示课文相关的影音资料。诸如此类的活动一定程度上达到了"拓展延伸"的目的，对课内文本作了一定的补充，但是，长期重复单调的活动形式不免使学生失去学习的兴趣和积极性。这对学生自主学习意识和人文素养的培养都会带来不良影响。

笔者认为，大部分缺陷的根本原因是对"拓展延伸"的理念认知有偏差，片面地认为"拓展延伸"只能在课堂内实施，并形成单独的教学板块，由教师单方面主导。而事实上，"拓展延伸"是渗透在整个教学过程中的，不只是课堂内文本知识的学习或者课外知识的引入，不只是由教师主导、学生被动参与的趣味性活动，而是涵盖课堂内外、师生任何一方都可以担任主导者的学习过程。

三、"拓展延伸"教学理念的含义

笔者认为，"拓展延伸"不仅仅是一个教学板块，语文教师可以把它视为一种教学设计理念，或者说，尽管是传统意义上的一个教学板块，语文教师可以在教学过程中将这项活动灵活穿插，渗透在整个课内教学中。一个导语的引入，字词的解说，内容的分析等，都可以是"拓展延伸"教学理念的渗透。这样不仅更好地融合了课堂，还紧密联系了课内外。

综合参考已有研究的观点，笔者认同这个理念："即是在原有教材文本基础上，在拓展教学范畴预设的前提下，适度地、有针对性地在语文教学的展开过程中，由教师和学生根据不同的教学情景和教学需要对语文教学做出机智性的调整，从而共同建构教学活动，最终培养和提高学生语文综合素养的教学过程。"①

在传统初中语文教学中，大部分教师把注意力主要放在对课内文本的分解和剖析上。这样就容易使师生都形成"只见树木，不见森林"的思维定式，使学生在课堂的语文学习中，仅止于对一篇文章的解读，而缺乏语文素养中最重要的文化积淀，也没有做到触类旁通，举一反三，逐渐增强鉴赏文学作品的创造性能力，这使学生难以建立起应有的语文知识框架。

课堂上的45分钟固然非常重要，但是语文教师绝对不能忽略另外一个更利于培养学生语文素养的平台——课堂之外。本文将从课堂之内与课堂之外来研究。

课堂之内的"拓展延伸"主要是作为一个独立的教学板块来单独设计、操作的。教师可根据整节课的教学内容、目标及教学重难点系统设计各个板块，而"拓展延伸"板块的实施目的主要是对文本知识的深化巩固和对课外资料的补充积累。另外，课内进行的"拓展延伸"会较多地受到时间及活动种类、规模的限制，其好处是能更自然、更紧密地与文本知识衔接、融会贯通，这样就更有利于学生对课内知识的接受和消化。

课堂之外的"拓展延伸"还是以课内文本知识为核心，其活动内容、知识训练点等都跟课内相同，其不同之处是活动形式、规模较课内的会更多、更大，比如说一些正规的演讲比赛、辩论赛、读书活动、写作训练等等，尽管课内可以适当穿插设计，但是要更系统、更深入、更有效地锻炼学生的语言表达能力和语文知识运用能力，还得借助课堂之外更大、更多、更充足的"拓展延伸"平台。

本文所探讨的课内与课外相结合的"拓展延伸"，是指以课内文本和课堂教学为基本出发点，以课外为主要实践运用平台，课内指导课外，课外补充课内，两者相辅相成，达到语文教学中基本知识和社会人文融会贯通的目标。

---

① 吴晓春.拓展延伸　道法自然——浅谈如何在初中语文课堂中进行拓展教学.中国校外教育,2011,23:19.

四、"拓展延伸"教学理念沟通语文课堂内外的设计原则

(一)立足文本,紧扣目标

尽管我们一直强调"生活即语文",但是初中阶段的语文教学中,根据课程标准的指导,基础字词的认知运用、文本鉴赏能力的培养仍然是非常重要的教学点。每一个"拓展延伸"教学活动的设计和操作,要在学生理解、吸收文本内容的基础之上,再通过对课外资料的补充和认知,达到巩固、深化文本基础知识的教学目标。因此,"拓展延伸"必须立足文本设计,紧扣教学目标,对学生进行有针对性的能力训练和培养。

(二)适度适量,切忌生硬

新课改背景下,初中语文教学更强调语文素养的养成教育。因此,语文课堂不再是单调的文本知识的灌输,而是提倡生活化语文教学。越来越多的中学语文教师不遗余力地开始研究、设计"拓展延伸"板块,通过多种形式,如"课前演讲""课文主题探究之'微型辩论赛'""情景剧"以及各种多媒体资料展示等,将课外材料大量引入课堂,这对拓展学生知识面有一定积极作用,但是把握不好度就会"本末倒置"了。因此,切忌为"拓展"而"拓展",拓展延伸的内容一定是与教学内容紧密相关、自然衔接的,并且一定要控制好活动内容的"量",切忌冲淡了课内文本教学内容的基础地位,让教学活动流于形式。

(三)坚持创新,培养自主

语文教学讲究"教学有法,教无定法,贵在得法"。语文课堂的教学拓展形式也应讲究多样,除常见的各类语言训练活动、情景演绎等,还可以根据不同的教学目标,设计不同的形式。如训练想象能力,可采用改编剧本;深化主题理解,可采用比较阅读;训练写作能力,可进行读写结合;锻炼学生实践能力,可布置课外实践活动;培养人文素养,可以人际沟通能力为切入点,比如布置课外作业"给妈妈洗脚"或是对家人的一次采访活动等等。中学语文教学

中,"拓展延伸"活动的设计和操作应尽量突破藩篱,与时代接轨,充分利用多媒体设施,将数字化引入课堂,增加课堂的丰富性。

五、"拓展延伸"教学理念沟通语文课堂内外的设计方法

目前初中的语文教学中,"拓展延伸"倾向于课内的板块活动。为了更好地将课内与课外联系起来,达到理论与实践的结合,文本与社会的融汇,我们将初中语文教学中"拓展延伸"的设计方法整合如下:

(一)立足课本,触类旁通,培养读写能力

叶圣陶先生将教材比作"例子"。综观初中语文教材,每个学年、每个学期、每个单元乃至每一课都有着鲜明的文本特点,明确的训练目标。但是每个训练目标必然是以"解读文本"为途径,同时亦是必然归属。而"拓展延伸"必须是针对教材和课堂教学而言的,离开了教材就无所谓课内外衔接,也就谈不上向课外延伸。因此,课本的学习是课堂教学的首要任务,语文教师必须用好这些经典的例子,然后由此及彼,触类旁通,以读导写,从而培养语文知识运用的基本能力——读写能力。

初中语文教学中"拓展延伸"的设计,关键在于教师在研读文本时要精心选点、设点,使要拓展的知识能力训练点与课文教学重点有机地联系起来,并做到课堂教学中能够恰到好处地实施。课堂教学中的拓展训练,我们可以从情节、主题、作家、文体四个角度着手。

1. 从情节角度中延伸。

情节是每篇课文的主要文本内容。师生互动研读文本情节时,应注重从情节中感知主题,探究形象,挖掘写作技巧。特别是初一阶段大量接触到的记叙文,我们通过对故事情节的延伸,更有助于对文本整体内容的把握。例如,初一上册中《皇帝的新装》这篇童话被学生熟知,因此,为激起学生的学习兴趣并训练想象力,课堂上我们可以展开"续写故事"的拓展延伸活动,问题可设置为:"游行完毕之后,皇帝回去后会怎样?"或者"骗子后来怎么样了?"等,都是对文本情节的拓展延伸,并且在延伸活动中,结合童话文本特点——丰富的想象进行能力训练,也可增加课堂的趣味性。

又如《走一步，再走一步》一文，原文情节是小主人公莫顿·亨特在父亲冷静而理智的劝导和指示下，成功克服了心理障碍，走下了悬崖。课下我们可以设计一个写作训练的"拓展延伸"，假如当时来悬崖解救小主人公的人是妈妈，又会发生怎样的故事。请学生结合生活实际，合理想象，改编故事。学生完成的母爱篇都是母亲的担心和安慰胜过理智，会爬上去解救孩子等等。这一拓展训练，不但训练了学生的想象力，又引导学生结合生活实际，感悟父爱和母爱的不同；明白面对困难要理智思考，学会剖析，将困难化整为零再各个击破的道理。

诸如此类的故事情节续编、改编活动，实际上就是对课文思想内容的有机延伸，使学生在加深对课文的理解的基础之上，增强他们的生活情感体悟。

2. 从主题角度延伸。

所谓"一千个读者眼中就有一千个哈姆雷特"，一样的对象在不同作家的笔下，也会呈现出不同的风景。这个时候，语文教师可以聚焦于教学目标，从某一点出发，指导学生收集相同或者相似主题的作品，然后进行比较分析、讨论思考。这样学生更易领会每一部作品的特色，推动其文学素养的养成。

例如，学习马致远的《天净沙·秋思》时，其主题句为"夕阳西下，断肠人在天涯"，为了使学生理解"黄昏与中国人的日暮情思"这一主题，教师可引用现代女作家张洁笔下《挖荠菜》里的日暮黄昏的情景描写；从《诗经》"鸡栖于埘，日之夕矣，羊牛下来"到陶渊明的"晨兴理荒秽，戴月荷锄归""山气日夕佳，飞鸟相与还"，让学生充分感受古往今来中国作家的笔下，夕阳黄昏的意象传递的是一种乡恋。另外，学习余光中的《乡愁》时，可以引入席慕蓉的《乡愁》；学习周敦颐的《爱莲说》，可以引入《诗经》《楚辞》中关于以香草美人喻高洁品质的诗歌，以辅助学生理解。

3. 从作家角度延伸。

读写能力的培养，是初中语文教学的主要目标之一，我们不妨通过课文的作者简介环节插入"拓展延伸"，抓住学生了解作家的学习动机，向学生推荐该作家的其他作品，以拓展学生阅读面，为写作积累大量素材。

例如《音乐巨人贝多芬》，通过文本研读，我们可以了解主人公内心深处深藏的脆弱与坚强的矛盾情绪。为了让学生更好地了解其主人公，教师可向学生推荐相关作品，如《名人传》《假如给我三天光明》《钢铁是怎样炼成的》

这几部著作，有利于学生对盲人心灵世界的了解，并通过读书活动启发其坚强的精神意志。

4. 从文体的角度延伸。

以记叙文为例，教师先从课文结构、内容、语言等方面设置几个主问题，引导学生以小组讨论的形式精读课文以解决问题。点拨阅读过程中，教师可以从记叙文的特点的角度点拨，即依据记叙顺序（包括顺叙、插叙、倒叙等），理清事件的主要人物和主要情节。这样的阅读思路，能帮助学生更快、更好地抓住文本线索，从而进行文本阅读赏析。而后可再选取另一篇记叙文，进行比较阅读，引导学生分析讨论两者的异同。在师生互动的教学过程中，学生经过反复讨论、总结、分析，也就逐渐理解、消化文本了。特别值得一提的是，在整个教学过程中，教师的设计和引导，都须从学生"学"的角度出发，合理处理"教"与"学"的关系，科学引导学生自主发现、自主探索、自主总结积累知识，培养学生发现问题、解决问题、总结规律的能力。这正是"拓展延伸"教学理念渗透于文本分析板块的体现。

（二）跳出课堂，沟通生活，培养语文素养

2011年版《全日制义务教育语文课程标准》中提出了新课程的基本理念："语文课程还应通过优秀文化的熏陶感染，促进学生和谐发展，使他们提高思想道德修养和审美情趣，逐步形成良好的个性和健全的人格。"

一堂优质的初中语文课堂的设计思路应该更多注重引导学生多读书、多积累，多引导学生进行语言文字运用的实践活动，在实践中领悟文化内涵和语文应用规律。

1. 拓宽"拓展延伸"的活动范畴。

目前初中语文教学中的"拓展延伸"大多局限于课堂之内或者以课后作业的形式实施。具体形式有说话训练，如演讲比赛、辩论赛、分角色朗读等；写作训练，如当堂拟写、课后练笔等；多媒体资料展示等，但是在操作过程中大多流于形式。 为了更好地调动学生参与学习的积极性，应尽量扩展"拓展延伸"的活动范围，打破板块式局限。如可以在一篇课文的预习阶段，教师与学生集体备课、讨论，甚至让学生参与讲解及阅读的过程，从而激发学生自主搜集课外资料，组织语言材料，发现一些感兴趣的、值得进一步探究的问题，让

他们以小组为单位进行研究性学习，培养学生的创新能力和自学能力。如学习《看云识天气》一文，有同学提问"这些科普知识真的可以运用到生活中吗？"。这时，教师就可顺水推舟组织学生课外观察，收集大量资料，撰写分析报告，然后进行课堂汇报。这样，一方面激起学生研读文本信息的积极性，另一方面做到了将课内理论与课外实践相结合。

2. 采用多种"拓展延伸"方式。

如果教师只给学生提供阅读文本，便限制了语文学习的范畴。语文教师除了提供阅读作品外，还有更多的延伸方式：让学生去了解校内外热点新闻；播放切合教学实际的电视、电影作品；让他们欣赏各种风格的名曲、名画，了解艺术名人，接受艺术文化熏陶；让他们就所见所闻，展开想象和联想的翅膀；让他们对某一现象尽情抒发自己的感慨，发表自己的见解；让他们放开手脚对课本或课外名著进行表演；引导他们学会思考、学会质疑、学会挑战权威；还可以让他们走近大自然，去体验生活等。

总而言之，教育的最终目的在于培养学生的语文能力和提高学生的语文素养，因此，形式上不必过于拘泥，只要是对实现教育目的有推动作用的，都可以因课制宜。如此多样的课堂教学活动形式，不但可以大大提高学生对语文的学习兴趣，而且培养了学生的语文综合素养，从而有效地把课堂语文知识技能与生活中人文素养的实践运用很好地结合起来。这样，不但培养了学生的语文素养，而且提高了课堂教学的质量。

3. 自主"拓展延伸"意识的培养。

"拓展延伸"除了尽可能让课内教学和课外实践相结合，还要逐渐培养学生自主"拓展延伸"的意识。教师通过课堂教学以及多种创新型"拓展延伸"活动的实施，着力引导学生自主发现生活中的语文现象，自主鉴赏社会人文知识。一个商店店名的拟写、一则新闻消息的评价、一段竞选发言的起草等，都是语文素养在生活中的体现。

在课堂教学中，教师可以组织学生进行收集生活精彩语录、评析商店店名、预设口语交际社会场景、编写短信等活动。这一方面激发了学生向课外延伸的兴趣，另一方面对"拓展延伸"的方向给予了合理指导。长此以往，积少成多，变不能为能，变少能为多能。以发展的眼光，让学生变被动为主动，将语文学习自然而然地融入生活。

结 语

综上所述,"拓展延伸"作为初中语文教学过程中一个最为贴近社会生活、最具启发意义的教学理念,其不仅对教师和学生互动起着重大作用,而且对学生的人文综合素养、创新能力、社会实践能力、情感态度价值观等多方面都起着非常积极的作用。初中时期是学生生理、心理成长发育的关键时期,因此,一节好的、成功的语文课,不仅要求学生对文本知识扎实掌握,也应让学生走出教材,走出课堂,走进生活,构建"向生活学习语文"的大语文观,拓展语文学习的空间。

所以,教师在语文教学中一定要创造条件,拓展语文教学的范畴,建立课内外联系的纽带,创设各学科融合的开放环境,拓展教学内容,使教学内容由单一走向丰富,使教学方式由封闭走向开放。培养学生主动发现问题、分析问题、解决问题的能力,使学生学有所思、学有所得、学有所创。

(作者系首届实验班学员,论文指导教师唐旭。)

阅读教学切入点选择策略研究
——从文体特征选择切入点

刘 美

摘 要： 阅读教学切入是阅读教学的重要环节，为了实现高效的语文课堂，阅读教学的切入点就必须遵循一定的原则，实现学生、教师、教材的完美结合。笔者从阅读教学切入的原则出发，根据不同文体的文体特征对散文、诗歌、童话、寓言、神话、戏剧、说明文等不同文体的切入点的选择策略进行研究。

关键词： 阅读教学；切入点；文体

"阅读教学是培养学生书面理解能力的重要环节。"[1]语文阅读教学切入点是指语文阅读教学的突破口，是教材、学生、教师的结合点。它是阅读教学的一个重要环节，寻找好了这个结合点，教师只需要适当地点拨，就能收到牵一发而动全身的效果，激发学生兴趣，实现教学目标。

一、阅读教学切入点研究现状及突破

语文阅读教学切入的途径有很多，常用的阅读教学切入点有以下几种。

一是从标题切入。标题是文章的"眼睛"，一篇好的文章，它的标题往往是作者反复揣摩、多次修改而得的。很多时候，通过标题我们能够知道文章的内容、线索、结构、情感、主旨。因此，对标题的解读在阅读教学中就有着不可低估的作用，又因为标题是文章首先呈现在读者面前的部分，所以，通过标题解读来切入阅读教学就成为阅读教学切入方法中不可缺少的一个重要部分。

---

[1] 薛晓嫘.语文课程与教学论.重庆：重庆大学出版社，2011:191.

二是从关键字、词、句、段切入。抓住文中的一个字、一个词、一个句子、一个段落，往往就抓住了一篇文章的文眼、主旨，理清了文章的结构。因此，文中的字、词、句、段是阅读教学中常用的切入点。

三是从线索切入。找准文章线索，从线索切入教学，就能顺藤摸瓜，使教学张弛有度，百变不离其宗。

四是质疑切入。文中的疑难问题或者是文章包含的矛盾，也是阅读教学中重要的切入点。

五是从文体切入。阅读教学切入不能眉毛胡子一把抓，不同的文体可以采取不同的切入方法。例如说明文就可以从说明的顺序、说明对象的特点或者说明文的语言切入。

六是从比较切入。从具有相同点的文章切入也是阅读教学切入常用的方法，运用这种方法会收到意想不到的效果。

对阅读教学切入方法的研究已经有很多，但是很少有论文从文体角度来研究教学切入点的策略。2011年版的语文课程标准在目标中提出，学生要"了解诗歌、散文、小说、戏剧等文学样式""学会运用多种阅读方法"，因此，教师在阅读教学时就必须结合课文的文体特征选择切入点，让学生掌握不同文体的阅读方法。所以，笔者在本文中着重研究阅读教学切入点应遵循的原则和不同文体切入点选择的策略。

二、阅读教学切入点选择的原则

（一）紧扣文本

文本是作为创作活动的结果和阅读活动的对象而存在的语言实体，在阅读教学中就是一篇篇的课文。课文承担着作者和编者的意图，学生和教师通过课文的研读能够熟知课文的内容，领会作者的情感，提炼文章主旨，提升自身的语文素养。选择阅读教学切入点，就是为了更好地帮助学生理解课文的内容、主旨、情感，因此阅读教学切入点要紧扣文本。

（二）关注学生，激发兴趣

语文课程标准指出：学生是学习的主体。阅读教学切入作为教学设计中的环节，也要体现以学生为主的教学理念。关注学生，以学生为主，首先要求阅读教学切入点要符合学生的心理特征、思维特征、智力特征，要实现与大多数学生的对话，而非与少数"精英"的对话；其次，要求教学切入点应选取学生感兴趣的人和事，激发学生学习的兴趣，启迪学生思维，让学生在学习中保持活跃的思维和极大的兴趣。

（三）结合重难点，简洁设计

一篇课文包含很多知识点，但是在一节课上不能贪多求全，要选择恰当的教学内容。选取教学切入点，就是明确了教学内容。教学切入点是阅读教学的突破口，借助这个切入点能够把教师、学生和教材这三者结合起来，能够让学生理解和掌握教学重点，攻破教学难点。因此，教学切入点在选取时应尽量简洁，充分发挥它的连接和沟通的作用，达到提纲挈领的效果。

（四）区分文体

不同体裁的作品有不同的特点。散文语言质朴自然，融记叙、描写、议论、抒情多种表达方式于一体。诗歌具有丰富的意象和强烈的情感。神话、寓言篇幅短小，通过小故事讲述大道理。戏剧有强烈的矛盾冲突和富有个性化的语言。小说有人物、情节、环境三要素，在初中教学中，小说一般当作记叙文来教学。因此，阅读教学应根据不同文体的特征选择切入点，散文可以从表现手法、表达方式切入，诗歌可以从意象切入，小说可以从情节、人物、环境切入，以此实现课堂的高效性。

三、不同文体切入点的选择策略

（一）散文

散文是用简练的语言表达对社会和自然的感受的一种文学作品，可以叙事，可以记人，可以写景状物，可以议论抒情。它语言精美，结构巧妙，内蕴丰厚。语文教材中常见的散文有叙事性散文、抒情性散文和议论性散文。记叙性散文以记叙为主要表达方式，按照记叙的对象可以分为叙事、记人、写景、状物等类型。抒情性散文以抒发主观情感为主，议论性散文则偏重于议论，在夹叙夹议中书写自己对人对事的感悟。笔者认为，在散文教学中可以用以下三种方式切入。

1. 从写法切入。

记叙性散文以记叙为主要表达方式，根据需要还可以适当运用描写、议论、抒情等，以增强文章的情感，深化文章主题。为了强调叙述重点，给人留下深刻的印象，作者通常会精心挑选材料，详略结合，突出叙述对象最鲜明的特征。"以写人为主的记叙文，应注意使用多种描写手法，使人物形象丰满；以写事为主的记叙文，应注意交代六要素，应该注意描写的先后顺序以及记事的相对完整；以写景为主的记叙文，应该注意景物的主要特征，景物描写的层次，以及人与物的情感交融；抒情性散文在写作上多采用托物言志、象征等手法。"①"议论性散文夹叙夹议，思想性与艺术性相结合。"②由此可见，散文的写作手法是丰富多彩的。因此，教师可以抓住课文显著的写法来切入教学。学生通过课堂上的学习，掌握课文突出的写法，并将这些写法运用到自己的写作中去，实现读写的结合。

现笔者着重对从文章的线索切入做探讨。线索，即文章的行文脉络。作者根据线索把材料按照一定的要求串联起来，将文章各个部分和谐地组合在一起。七年级至九年级语文教材所选取的叙事性散文，有的以时间为线索，有的以人物的行踪为线索，有的以人物的情感为线索，有的以某一物品为线索。有些叙事性散文还有两条或两条以上的线索，即明线和暗线。

教师在阅读教学中能够引导学生找出作者写作的线索，就相当于找到了那根串联珍珠的线。抓住线索，学生才能明确作者的写作思路，才能让学生在课堂上思路清晰地分析课文。《台阶》一文紧紧围绕"台阶"展开，写父亲盼望建台阶准备建台阶、着手建台阶，以及新台阶建成后的感受，刻画了一个勤劳朴实、吃苦耐劳、不甘人后的父亲的形象。在教学中，让学生跟随作者的写作思路：盼望建台阶、准备建台阶、着手建台阶、感受新台阶这四个部分行进，细细品味父亲的形象，体会作者对父亲的情感，整个教学过程井然有序，

---

① 李永红.七年级学生作文叙事能力培养研究.http://www.ht88.com/downinfo/326154.html,2010-07.
② 薛晓嫘.语文课程与教学论.重庆：重庆大学出版社,2011:205.

充分调动了学生的主观能动性。

2. 从关键句段切入。

文章的关键句段是指那些能概括文章内容、表达作者观点情感、揭示文章主题、承上启下的语句或段落。"常见的切入课文的'关键句'有起始句、主旨句、过渡句、矛盾句、总结句、蕴藉句等。"①在语文课堂上往往会出现老师提问过多过碎、学生思维零碎的现象,要解决这种问题,教师就必须精简问题,用一两个主问题贯穿教学。2011年版课程标准指出,学生是学习的主体,要积极倡导自主、合作、探究的学习方式。主问题教学给学生留下了足够的时间,让学生成为学习的主人,为学生创造自主、合作、探究学习的环境。有些课文标题中的关键字词是打开课文之门的钥匙,在阅读教学中教师不可忽视这把钥匙的作用。郑振铎的《猫》这篇文章中有三句表现作者情感变化的话:"'不要紧,我再向别处要一只来给你'""自此,我家好久不养猫""自此,我家永不养猫"。在教学中,教师可以从这三句话切入设置主问题:作者为什么这样说,包含了作者怎样的情感? 设置这个主问题,引导学生在课文中去寻找作者描写三只猫的内容,体会作者的情感,让教学有序地进行。

3. 从标点切入

标点符号是辅助文字记录语言的符号,是书面语的有机组成部分,用来表示停顿、语气以及词语的性质和作用。就因为它的辅助功能,所以教师在教学时往往忽视它的作用。 对于有些能够增加文章色彩的标点符号,教师在教学中可以以此切入教学。《安塞腰鼓》中作者多次使用感叹号,每一个感叹号都是生活在黄土地上的后生的搏击,都是安塞腰鼓的迸发,都是作者情感的宣泄。例如"痛苦和欢笑,生活和梦幻,摆脱和追求,都在这舞姿和鼓点中交织! 旋转! 凝聚! 奔突! 辐射! 翻飞! 升华!"反复使用感叹号增强了文章的气势,把安塞腰鼓演奏到高潮时的壮烈、广阔用文字书写了下来,使读者产生身临其境之感。

(二)诗歌

诗歌是文学的一朵奇葩,它有着强烈的情感,丰富的意象,跳跃式的结

---

① 李卫东.课堂导入语与教学切入点的设计策略.语文建设,2007,4:165.

构、富有表现力和韵律的语言。鉴于诗歌的这些特点，笔者认为在诗歌教学时可以把以下四个方面作为教学的切入点。

1. 从关键字词切入。

诗歌与其他文体比较而言，不同点之一就是语言十分简练。作者要用有限的语言表达出内心复杂的情感，这就要求语言凝练且富有表现力。因此，教师在诗歌教学中应该抓住其中那些关键的字词来作为切入点。这样的词语有可能是含蓄多义的，有可能是泄露作者心思的，也有可能是统领全篇的。刘禹锡在《酬乐天扬州初逢席上见赠》中写道："怀旧空吟闻笛赋，到乡翻似烂柯人。"这两句诗是写作者想象自己回到家乡后物是人非的悲凉。一个"空"字既说明与作者志同道合的朋友已经不在人世，人"空"了，同时也表现了作者心境的空寂。抓住这个字，学生对刘禹锡被贬后的凄凉就有更深的理解。

2. 从意象切入。

意象是蕴含着特别意义的艺术形象，作者在诗歌中借用意象来含蓄委婉地表达情感，同时运用意象来构成独特的意蕴，营造特定的意境。在中国古诗中被诗人赋予特定含义的意象有很多，比如月亮象征着思念，长亭象征着分别。学生如果能在诗歌学习中找出其中的意象及其特定的含义，就能很好地把握诗歌的意境和内涵。《天净沙·秋思》是人教版七年级上册的一首曲，教师在教学时就可以把曲中的意象作为切入点，引导学生理解作者选取的意象、情感，以及意象营造出的苍凉悲凄的意境。

3. 创设情境切入。

诗歌的语言虽然极其凝练，但是它所表现的意境却是无穷的。运用多种感官学习，更符合人类学习的规律，并且心理学研究表明，青少年对直观事物更感兴趣。因此，教师在教学时可以调动学生各个感官，把画、唱等活动引入课堂，创设教学情境，把学生带到教学中去，让学生在语言上受到感染，在情感上得到熏陶。

4. 从朗读切入。

诗歌具有音乐美，因此诗歌在教学中是很适合阅读的。在诗歌教学中，教师可以引导学生通过多次朗读完成不同的教学任务。首先通过朗读读准字音，读出节奏；接着通过朗读品析作品，理解作者情感；最后通过多种形式的朗读达到全班能背诵的效果。

(三)童话、寓言、神话

童话是通过想象、幻想、夸张等来塑造形象，讲述故事，情节曲折，引人入胜。寓言是用短小的篇幅来表现深刻的道理。神话是古代人民对自然现象和文化的解释与想象的故事，是一种原始的幻想性很强的、不自觉的艺术创造。童话、寓言、神话都是借助想象进行创造的，因此学生很喜欢。人教版七年级至九年级教材中的童话、寓言、神话有《白兔和月亮》《落难的王子》《皇帝的新装》《女娲造人》《盲孩子和他的影子》《赫尔墨斯和雕像者》《蚊子和狮子》《智子疑邻》《塞翁失马》《丑小鸭》，主要选编在七年级上册。这类课文的切入点可以选择下面这三种方式。

1. 从题目切入。

标题是著作和文章的题目，是读者首先从作品中获得信息的渠道。标题虽小，但是从标题我们可以知道课文的内容、情感、线索、结构等。教师在教学童话、寓言、神话时，可以根据需要从题目中提取信息，切入教学。在教学《落难王子》这篇寓言时，教师就可以提取题目中的"落难"二字，引导学生分析课文的叙事模式，即落难前——落难时——落难后，在叙事模式中再分析王子在苦难中的经历，经过这样的分析，学生自然而然就明白这篇寓言的寓意了。

2. 从复述切入。

童话、寓言、神话都是故事，情节引人入胜，是锻炼学生复述能力的非常好的载体，因此在教学中，教师可以在学生熟知课文内容的基础上，要求学生引用课文的关键语段或自己组织语言对内容进行复述，学生复述后教师再引导学生对课文进行评析阅读。《皇帝的新装》就可以让学生按照皇帝爱新装、骗子做新装、大臣看新装、皇帝穿新装游行、孩子揭穿假新装的顺序复述课文。

3. 比较切入。

所谓比较切入，就是在教学中寻找与课文主题对比明显的课内课外作品进行对比阅读，以深化课文主题，增强学生的阅读体验。

(四)戏剧

戏剧是集文学、音乐、舞蹈、绘画为一体的综合型艺术，最突出的特点是尖锐的矛盾和富有个性化的语言。人教版七年级至九年级教材中的戏剧安排在九年级下册第四单元，选入的戏剧有《威尼斯商人》《变脸》《枣儿》《音乐之声》。

1. 从冲突切入。

"戏剧冲突是指表现在戏剧中的、因矛盾双方的意志对抗或人的内心矛盾造成的、能够推动剧情发展的矛盾冲突。"[1]戏剧的冲突有人与人的冲突，人物内心的冲突，人物与环境的冲突。戏剧中的冲突可以展示人物性格，推动剧情发展，抓住观众的兴致。教师在戏剧教学中把冲突作为切入点，既有利于引导学生分析剧中人物，又能够很好地激发学生学习的兴趣。

2. 从语言切入。

戏剧是一门综合型的艺术，教材中的剧本呈现给读者的更多的是它的语言文字。戏剧的语言具有个性化的特点，剧中人物的语言会因为年龄、身份、职业、爱好等的不同而不同。因此，教师在戏剧教学中可以从剧中人物的语言切入，以便分析人物鲜明的个性。

3. 表演切入。

戏剧既然是集文学、音乐、绘画、舞蹈为一体的艺术，那么只有在舞台上它才能真正散发出魅力。在戏剧教学中，与其老师滔滔不绝地讲述，还不如让学生把剧本搬上舞台，切身体会剧中人物的悲喜。通过这样的表演，学生对剧中的冲突、人物的形象都有较深的理解和认识，同时也让语文课更加生动活泼。

（五）小说

小说是借助虚构等来表现社会现实的叙事性文学。在初中阶段，小说常当作叙事性散文来教学，适用于叙事性散文的切入方法很多都适用了小说教学。但是小说又有其自身的特点：人物、情节、环境是小说的三要素，并且小说以人物塑造为主。所以，小说教学切入点又有其独特的一面。

小说重点在于塑造人物形象、展现社会现实，人物置身于作者构思的故事和环境里，所以要读懂小说人物，就要梳理小说故事情节，分析小说描写的环境，在情节和环境中全面地解剖人物，揭示社会现实。

---

[1] 王先霈,孙文宪.文学理论导引.北京:高等教育出版社,2010:92.

（六）说明文

说明文是以说明为主要表达方式，以说明事物的构成、特征、功用等为主要内容的文章。说明文的结构清晰严谨，语言准确严密。

1. 从兴趣切入。

语文课程标准指出：语文教学应激发学生的学习兴趣，培养学生自主学习的意识和习惯，引导学生掌握语文学习的方法，为学生创设有利于自主、合作、探究学习的环境。说明文与其他文章相比，缺乏有趣性和开放性，很多学生常常会觉得说明文枯燥无味。这就要求老师在教学时要选好切入点，激发学生学习的兴趣。要激发学生学习的兴趣，教师可以这样做：一是充分利用各种教学媒体，生动展示说明对象；二是采取奖励机制，鼓励学生积极学习；三是让学生根据生活经验和阅读经验，猜测文章所写内容，激发学生好奇心。

2. 从说明对象的特征入手。

七年级至九年级学习的多是事物说明文，这些说明对象都有自己的特征。语文课程标准在这个学段的目标中要求学生阅读新闻和说明性文章，能把握文章的基本观点，获取主要信息。因此，教师在选择教学切入点时可以从说明对象的特征入手，引导学生获取说明对象的特征，再从说明对象的特征分析文章的说明顺序和说明文语言的特征。

当然，通过分析不同文体的特点来选择教学时的切入点，并不是说某种切入策略只适合一种文体，相反，有些切入点的策略适合很多文体，比如通过标题切入就可以运用于散文、诗歌、童话、寓言、神话和戏剧、小说等。也不是说一篇课文就只可以用一种方式切入，比如《爸爸的花儿落了》可以从题目切入，可以从线索切入，还可以从兴趣切入。

教师是课程资源的开发者，因此在教学中，教师要寻找最恰当的切入点，积极引导学生对课文进行创造性阅读和体验性阅读，实现语文课堂的高效。

（作者系首届实验班学员，论文指导教师唐旭。）

初中生概括能力训练策略探讨
——以叙事散文教学为例

王贤中

摘　要：概括能力是初中生重要的语文能力之一。初中生语文概括能力训练一直以来都有人关注，特别是处于教学一线的教师，但是目前为止还没有比较有影响力的专著或研究报告出现，只有小范围内的、比较零散的论文或教学随笔、课堂研究，教学实践中教师对学生概括能力的训练也存在许多问题。本文从当下现状出发，以叙事散文为例，尝试探索概括能力训练的方式。

关键词：初中生；概括能力；训练策略

语文综合能力具体表现为两个层面的素质：第一层面是语文知识素质和语文能力素质；第二层面是语文心理素质、审美素质和道德素质。语文能力素质中，概括能力是最基本的也是最重要的能力。当代心理学家林崇德说："概括是智力与能力的首要特点。因此，中小学生概括能力的发展，应看成其智力与能力发展的重要指标。"[①]

中考叙事散文类阅读题中，与概括能力相关的考查点主要是文章的主要内容、人物形象及特点、文章主旨等的概括，根据叙事性散文以叙事为主，叙事情节不要求完整但相对集中，叙事中的"情"渗透在字里行间等文体特点，笔者有意识地在课文概括上下功夫，进行课堂设计，用好、用活课文这个"例子"，认真筛选其中最有价值的概括点（或篇或段或句），启发学生思考，组织学生研讨，达到预设效果和目的。 上述几个主要考查点也能分布到课堂教学的各个环节当中，分层次、分阶段进行训练。笔者认为，概括文章主要内容应

---

① 林崇德.学习与发展.北京:北京师范大学出版社,1992:218.

该放在教学的整体感知环节，人物形象分析放在教学文本细读环节，而概括文章主旨则放在教学的最后，即课堂总结环节。

一、初中生概括能力训练的意义

（一）"概括"与"语文概括能力"

1. 概括的概念。

从认识的角度说，概括就是站在更高的层次上认识一类事物的共同本质特征及发展规律；从思维的角度说，概括就是从分析到综合，从具体到抽象；从表达的角度说，概括就是从含蓄到直白，从间接到直接，以简驭繁、化繁为简的语言运用过程；从心理学的角度讲，概括就是"把不同事物的共同属性（本质的或非本质的）抽象出来后加以综合，从而形成一个日常概念或者科学概念。"[1]概括是在抽象的基础上进行的综合，它在智力活动中的作用非常重要。

概括分为多种层次，苏联心理学家鲁宾斯坦就把概括分为初级的"经验概括"和高级的"理论概括"。初级概括是指对具体事物、事情进行分析、整理、分类、综合并初步归类，即在感知和表象水平上概括，如归纳段意或归纳主要内容；高级概括是指把事物、事情进一步归纳、综合到本质的概括，即根据事物内在联系和本质属性进行的概括。

2. 语文概括能力的概念。

"听、说、读、写"四方面构成语文基本能力的主要内容，"阅读能力"包括"认读、理解、迁移"三个要素，其中"理解"是最核心的要素。在"理解"能力中，概括能力又是最基本的智力能力。曾祥芹在《概括能力：阅读"理解"的基本功》一文中，认为阅读"理解"能力包含"阐释能力、组合能力和扩展能力"，"阅读阐释能力又包括解释（把抽象内容具体化）、概括（把具体内容抽象化）和开掘（使隐含内容明示化）三项操作技能。"[2]这里的概括我们可以理解为将课文读短，因此，深刻的理解能力在很大程度上取决于概括能力。

---

[1] 佚名.概括能力.http://baike.baidu.com/view/4118425.htm
[2] 曾祥芹.概括能力：阅读"理解"的基本功.语文教学通讯·初刊,2010,5.

结合概括的定义以及曾祥芹老师关于概括能力在语文能力素质中所占地位的分析，笔者认为语文概括能力指的是能够运用所学知识和已有经验将所浏览的具体形象化的内容以简明扼要的语言文字精确地表达出来的能力。

(二)概括能力训练的意义

1. 现实意义。

(1)对于学生来说，概括能力是较重要的语文能力之一，各类大小考试当中，与概括能力相关的试题都会占据一定的分数，"概括能力在阅读理解的能力结构中处于最基本的智力技能"。[①] 对于其他科目来说也是一种重要的学习能力。概括和学习的迁移关系密切。美国心理学家贾德认为，概括是产生学习迁移的关键，学习者只有对他的经验进行了概括，获得了一般原理，才能实现从一个学习情景到另一个学习情景的迁移，才能"举一反三""闻一而知十"。

(2)当今社会是信息的社会，没有一定的概括能力，就不能使信息的表达和传递做到快速、扼要、准确。学好语文是学好其他学科的基础，所以语文教学一定要重视对学生概括能力的培养。

2. 理论意义。

当下的语文教育存在泛语文现象，在教学过程中教师不知道该教些什么，特别是对于新教师来说，这种现象尤为突出。而训练学生的概括能力是语文教学比较重要的一个环节。在实习学校的听课过程中，笔者发现教师的教学方法单一，大多数教师都是通过段落大意、主题思想概括让学生形成一种概括意识，以期达到训练的效果，但是这仅仅是浮于表面的一种形式，教师对于阅读概括能力的训练没有一定的方法，缺乏一定的引导，课堂训练没有指导作用，学生则是盲目地概括。有些爱思考的学生基于自身经验能够摸索出一定的概括方式，但都只在少数。面对这样一种窘境，如果能够形成较完善的理论系统，此课题研究对教师来说能够起到积极的引导作用。

---

① 曾祥芹.概括能力:阅读"理解"的基本功.语文教学通讯·初中刊,2010,5.

二、初中语文教学对学生概括能力的要求以及考查的类型

(一)初中语文教学对学生概括能力的要求

新版义务教育语文课程标准虽未明确表述对中学生的概括能力的要求，但是仍能发现有"概括"的影子，例如"学段目标与内容"提出"在通读课文的基础上，理清思路，理解、分析主要内容，体味和推敲重要词句在语言环境中的意义和作用。"其中"理清思路，理解、分析主要内容"是建立在概括的基础之上的，概括是理解分析的重要前提；在"评价建议"中"关于阅读的评价"也规定中学生应达到的标准："精读的评价……第四学段侧重考查理清思路、概括要点、探究内容等方面的情况，以及读懂不同文体文章的能力。""略读的评价，重在考查学生能否把握阅读材料的大意。浏览的评价，重在考查学生能否从阅读材料中捕捉有用信息。"

(二)概括能力考查类型梳理

笔者分析了近几年全国各地中考语文测试部分试卷的阅读题，关于概括能力着重从以下几方面进行考查：

1. 对文意、层意、段意的概括；

2. 对文章主要内容的概括；

3. 感受人物形象、对象特点；

4. 把握论证观点，领会文章主旨；

5. 对文章的结构特征、感情基调等进行准确概括。

其中针对叙事散文类型的概括能力考查题型大致如下：

1. 概括文段内容：

(1)文章主要内容概括。

(2)压缩文段，如：用一句话概括本段内容。

2. 概括主题：

(1)给选文加个恰当的标题(如荆门市2009年中考阅读试题)。

(2)概括本文的主旨。

3. 人物特点概括。

4. 概括情节思路：

（1）本文叙事主要写了两个情节，请用简洁的语言概括（黄冈市 2008 年初中毕业生升学考试第 20 题）。

（2）通读全文，根据文章内容填空（济南市 2009 年中考题）。

三、概括能力的训练策略

"由于语文能力的基础是概括，所以我们在培养中小学生语文能力时，要自始至终地突出对其概括能力的训练。"[1]根据前文对于语文概括能力的界定，笔者通过调查、访谈、教学实践等方式，结合叙事散文的特点总结出以下关于概括能力训练的方法。

（一）提炼文章主要内容进行概括能力训练

在我们的课堂当中，大部分教学是将长文读短，这就需要我们理解文章的主要内容，因此，阅读教学中一般都会有"整体感知"环节，在这个环节当中进行文章的主要内容概括，是一个训练概括能力的重要环节。但是很多教师没有将这个环节合理利用，通常只是让学生进行了简单的囫囵吞枣式的概括，达不到训练的目的。概括主要内容是提高学生概括能力的重要途径。在学习课文时，指导学生整体感知，概括内容，是提高学生概括能力的一个重要途径。

1. 简单概括能力训练。

试卷中所列诸如"用自己的话概述文章的主要内容"的题目就是对简单概括能力的考查。简单概括只要求将文章内容用自己的话概括出来，没有其他限定性的要求，概括方式不明确，主要着眼于学生自己的理解和把握，而这基本上成为大多数教师课堂概括训练的主导。由于这种训练方式的长期存在，导致学生在回答此类问题时出现许多问题，比如所述内容不全、不准确，语言不简洁等等。

基于学生的实际情况，简单概括能力的训练应该放在初期，且时间不应过

---

[1] 林崇德.学习与发展.北京:北京师范大学出版社,1992:227.

长，这个时期主要是让学生形成概括的意识。简单概括文章主要内容，对学生的要求不高，主要训练学生的复述能力。结合叙事散文情节集中的特点，我们进行简单概括的时候就可以以这些相对集中的事件为支撑进行概括。例如杨绛写的《老王》这篇叙事散文，就可以进行简单概括能力训练。文章叙述了关于"我"们家与老王交往的几件事情，形成整个文章内容，只要引导学生进行搜索和思考，然后用自己的语言讲述出来就完成了这项任务。具体教学片段如下：

师：请同学们快速地浏览一遍课文，然后用自己的话简单地概括出文章的主要内容。

生（预设学生回答零乱不全）：……

师引导：本文是一篇散文，以叙事为主。同学们找找文章写了些什么事情，练习用自己的话来复述这些事情，然后用相关的连接词语将事件联合起来，得出本文的主要内容。

（注：教师应给出一定的时间让学生组织语言。由于一堂课的时间限制，为了不影响课堂任务的实施，练习时间肯定不能太长，因此，我们要在不同的课上进行类似训练。）

2. 精确概括能力训练。

精确概括是建立在简单概括基础之上的一种概括，指的是用简洁的语言概括文章主要内容的概括方式，有时候也可以指阅读考查中的"用一句话概括文章内容"。这类概括题型在中考阅读题当中屡见不鲜，但学生答题情况却不尽人意，因此，笔者在阅读教学中运用如下方式进行精确概括能力训练。

（1）以题目为出发点整合文章主要内容进行训练。

笔者所述从题目出发，就是从课文题目中获取文章信息。看到题目我们便会想：是谁？在什么时间？在什么地点？做了些什么事情？结果又是怎样的呢？这样，我们带着特定的问题去读课文，目的明确，效果颇佳。这种训练的关键在于怎么去提问题。叙事散文的叙事情节要相对集中，但又不需要特别完整，一些以中心事件为题的文章进行训练时效果明显，笔者认为将这种训练方式放在叙事散文中进行，能够达到良好的效果。莫怀戚的《散步》就是一个典型的例子。

《散步》从题目来看应该会有一个完整的事件。教师要做的就是引导学生围绕"散步"提出问题，最好是联系学生的实际情况进行。基于学生实际，笔者预设：有哪些人一起散步？什么时间、在哪儿散步？散步的过程中发生了什么事情？最后的结果如何？

学生带着这些问题文中去寻找答案，显然要比盲目地阅读效果好得多，而把这些问题的答案串联起来，我们便可以概括出文章的主要内容。但是这种方式要看具体的课文类型，还要求学生善于发现问题，并具有提出问题的能力。多进行类似练习，学生能够更加准确地概括文章的内容。

从问题方式可以推导出其他文体的内容概括，比如报告文学《罗布泊，消逝的仙湖》从题目"消逝""仙湖"两个词语发问：罗布泊现在是一种怎样的景象？过去的美景如何？消逝的原因是什么？给我们带来了怎样的思索？将这几个问题串联起来，也能得出文章的主要内容。

从问题内容还可以推导出记叙文内容概括的一种方式：人物＋事件。理清一篇文章当中的主要人物做的事情，将事情的起因、经过、结果叙述清楚，概括出全文内容，可以避免概括不全、语言不简洁等缺点。这种方式可以运用到一般的记叙文中，也能运用到小说阅读中。

（2）以段意合并的方式概括文章主要内容进行概括能力训练。

一篇文章一般可分为几个部分，每一个段落大意都概括了一个段落的主要意思，段意合并便是将各个段落的大意进行串联，达到概括文章主要内容的目的。准确地概括段意就能较快地抓住文章的重点，把握文章的主要内容。

第一，抓关键词进行训练。从段落里找出表示本段意思的关键词语，把它们适当串联起来，就可以表达段落大意。如何确定词语是否为关键词，是抓关键词进行训练的关键。分析部分文章，笔者发现在仔细阅读的基础上，划分出文章的段落结构，然后运用简单概括能力对这些内容进行概括，找出段落主体，然后确定哪些词语为关键词。比如《从百草园到三味书屋》一文，我们可以将文章分为两个部分，1～9自然段都在叙述"我"在百草园的一系列事件和所见，因此我们可以将它们分为一个部分，然后确定这部分的主题是百草园，文章开头就明确点出"相传叫作百草园"，而"我"对百草园的评价是"乐园"，因此，我们精确地概括文章第一部分主要内容为："我"在百草园的无穷乐趣。同样，我们用相同的思路得出第二部分（10～24）大意为：三味书屋的读书生活。由此我们便可以得出《从百草园到三味书屋》的主要内容为：鲁迅从百草园到三味书屋的生活，谱写幼年往事的优美乐章。

第二，抓重点句进行训练。阅读部分课文，笔者发现有一些文章在每段的开头或结尾，用一两句话概括了本段的大意，这一两句话便是段落的重点句或中心句。我们在概括段意时，可以摘引这个重点句或中心句作为段意。有的重点句在段首，有的重点句在段中，有的重点句在段尾。

当然，对各段的大意进行综合组织，并不等于各段大意的总和。概括时一定要注意区别重点段落与次要段落，做到有详有略，重点突出。因此，我们还要用取主舍次的方式进行筛选，筛选的主要标准是事件所占文章篇幅和事件的重要程度。例如《老王》中写了关于作者和老王的几件事情，我们在概括的时候不能够面面俱到地将所有事情都概括进来。阅读课文可以发现作者重点写了老送鸡蛋这件事，因此，我们在概括中就可以以"老王送鸡蛋"这件事作为例子放在我们概括的内容当中。

（二）抓住人物形象及特点训练概括能力

1. 以抓关键词整合的方式进行训练。

抓关键词概括人物形象是抓住与人物性格特征有关的词语整合出人物的性格特征。通过这样的形式进行概括能力训练，分解出来就是需要解决如何抓关键词、抓哪些关键词、如何整合等问题。对于一个人物形象，抓关键词的方式主要是外在方面的描述，内在方面一般都要分析文章的内容才能得出。从外在来说，我们所关注的词语应该集中在名词、形容词上面，如《老王》中的老王形象，文章有一系列的词汇，诸如"只有一只眼""没什么亲人""荒僻""踏败""车费减半""最老实"等等，都是对老王外在的描述。这样一些词汇我们该如何整合呢？笔者认为应该遵循以相似度高的词语相整合的原则，以上述词语为例：抓住"只有一只眼""没什么亲人""荒僻""踏败"等词语，我们可以看出老王的生活及精神的贫苦，从"车费减半""最老实"等词语看出老王诚实的性格。这种概括方式必须在认真研读课文的基础上进行。

2. 以分析课文内容、提炼人物形象的方式进行训练。

当然，在一篇文章当中一个人物形象肯定不是一目了然的，也需要我们对课文内容进行分析，才能够更加全面地概括出人物的形象。但是一篇文章有很多的内容，对于一个人物形象来说，哪些内容是需要分析的，哪些内容又能够提炼出所需信息，这对于学生来说是一个比较大的难题，也是本节内容的一个难点。这就需要我们根据课文的实际内容进行区分。我们仍然以《老王》为例，设计以下教学片断：

师：除了从文章中的关键词语看出老王的贫苦和实诚之外，我们通过分析老王做的事情，还能得出他还有哪些性格特征呢？

生：……

师：课文第6段，为什么老王送作者丈夫去医院却不肯拿钱？

引导学生对这个问题进行思考，从文章当中寻找答案。

生（预设）：课文中"他哑着嗓子悄悄问我：你还有钱吗？"、"他拿了钱却还不大放心"等内容可以看出老王不收钱是因为他的善良。

生（预设）：我们还可以从老王死前一天忍受病痛将鸡蛋送给作者一家这件事看出老王还是一个知恩图报的人。

师：作者一家给了老王一些帮助，因此他总想报答作者一家，老王即将死去，他送去了自己认为最珍贵的鸡蛋作为报答。

生（可能会找出更多）：……

师（总结）：通过分析我们可以概括出老王是一个非常贫苦，但却老实厚道、知恩图报的善良的人。

这种方式也可以运用到其他文体当中，比如小说《台阶》，笔者在教授本课时，也采用与此相似的方式对文中父亲的形象进行了概括。文中的父亲是一个非常要强的农民，有长远的生活目标，有坚韧不拔的毅力。他还是一个老实厚道、不怕吃苦的农民，以自己的劳动兴家立业，有着中国传统农民所特有的谦卑。

（三）整合文章主旨训练概括能力

这个环节的训练是一种综合性的练习。文章主旨的概括不仅需要我们概括出文章的主要内容，还要通过内容分析出作者的意图。这方面的训练有一定的难度，是前面各种方式有选择性地综合运用。一般我们概括文章主旨以"本文讲述了什么，通过什么表达了什么"的模式进行，要将我们前面讲述的方式综合运用，达到概括文章主旨的目的。笔者以莫怀戚的《散步》为例进行分析：首先，我们必须弄清楚"本文讲述了什么"，根据前文内容，我们可以运用精准概括能力训练的第一种方法，根据题目提炼文章主要内容，由此我们可得出《散步》讲述了一家四口郊外散步的故事；其次，我们应提取文章关于"通过什么表达了什么"的具体内容，认真阅读课文，抓住文章的重点句子，引导学生去发现最主要人物的心理变化和事件发展的转折点，分析散步过程中发生的事情，体会作者表达的愿望，即对尊老爱幼传统美德的弘扬。通过这样的整合，我们得出文章的主旨，即本文讲述了一家四口郊外散步的故事，通过父亲对散步过程中纠纷的解决以及最终的结果，表达了作者关于尊老爱幼的家庭伦理的理想。

结　语

　　以上训练方式是根据叙事散文的特点进行安排的，可以将某些方式运用到其他文体的阅读当中，也可以以此类推，举一反三，发现其他的概括方式，并将其运用到教学实践当中。但是，不管运用哪种方法，都必须认真阅读文章，分析理解，在此基础上，才能正确概括。同时，将各种方式综合运用，效果也许更佳。

　　研讨初中语文教学概括能力训练方式对于教师和学生而言都具有重要的作用。加强中学生概括能力训练，有助于他们在新世纪里更好地发挥潜能。总之，对于初中学生概括能力的训练策略的探讨，既有助于教师的教，也有利于学生的学，对语文教育的发展具有重要的实践意义。

（作者系首届实验班学员，论文指导教师唐旭。）

文本分类教学研究

WENBEN FENLEI JIAOXUE YANJIU

古典诗歌教学的"深度"与"温度"

向彬华

摘　要：古典诗歌是我国文学艺术殿堂里的一朵奇葩，它以独特的魅力和丰富的内涵滋养着人们，给人以多样化的生命体验和审美享受。但当前中学的古典诗歌教学还存在很多问题。语文教学要尽显古典诗歌的魅力，这要求语文教师在古典诗歌的教学中不仅要讲究"深度"，也要讲究"温度"。

关键词：诗歌教学；深度；温度

古典诗歌是通过形象思维，用凝练、形象和有韵律节奏的语言，集中地反映社会生活、抒发作者思想感情的一种文学样式。中学语文教材中所选的古典诗歌，内容丰富多彩，形式多种多样，是中学文学作品教学的重要内容之一。

但当前中学语文教学中，古典诗歌教学的现状很难令人满意。主要表现为三种不良倾向：

一是以朗读代替鉴赏，显得过于草率。一些教师以为只要让学生会背会写就算完成了教学任务。对于如何鉴赏诗歌，则是一带而过。他们整堂课都在训练朗读，老师读，学生读，录音读，分组读，集体读，单独读……"读"贯穿一堂课的始终，课堂气氛异常活跃，但读完以后，学生并没有实现"读书百遍，其义自见"的目的，而是一无所知。

二是以训练代替鉴赏，显得过于功利。当今大部分老师根据新课标标准下的中考和高考试卷上出现的诗歌试题的题型进行所谓"针对性的教学"。他们片面理解考试，仅仅针对诗歌鉴赏题的命题特点，做强化技术操作层面的训练，也就是所谓的应试教学。古典诗歌教学中长期流行思想、内容两分法，形成一种僵化的教学模式。

三是以拓展代替鉴赏，显得过于花哨。适当的拓展对开拓学生的文学视野、提高学生的语文素养确实能起到一定的积极作用。但当前的一些古典诗歌教学课，已被拓展得没了边际，是为拓展而拓展。《中学语文教学》上曾刊登一位教师的古典诗歌探究性学习的教学设计，短短一节课中，就引用了二十多篇古诗文鉴赏方面的名作。学生的思维是放开了，但我们的学生能理解这些知识吗？一节课上完后，他们有什么收获？

在21世纪信息爆炸的时代，各种文化纷至沓来，异彩纷呈，快餐文化倍受青睐。由于古典诗歌的时代距今久远，许多年轻人对其有隔阂。中国文化的精华——古典诗歌被束之高阁，成了一束装饰花，点缀成白纸黑字，留在中学教科书中。

如何解决古典诗歌教学的三种不良倾向？如何让学生喜欢古典诗歌，走进古典诗歌的世界，感受古典诗歌的魅力？这就需要语文老师在古典诗歌教学中打破长期的僵化模式，讲究古典诗歌的"深度"教学，注重古典诗歌的"温度"感染。

一、"深度"教学，走进古典诗歌的世界

所谓"深度"教学，即在教学实施中引导学生走进文本，走进古典诗歌中，去深刻品味诗歌的艺术语言、深入探究诗歌的意境以及深层次领会古代诗人的创作心理。

作为一种文学状态，艺术深度既是一种意蕴的深度，也是一种文体的深度，更是两者结合所带来的一种综合的美学深度。[①] 古典诗歌语言精练、形象生动、意蕴深远，要使学生超越通俗而看到精致，透过单薄而看到丰满，以至于对语境整体产生直接的审美体验，就需要在古典诗歌教学中，进行"深度"的探究。

（一）深刻品味诗歌的艺术语言

诗歌构思的精巧，形象的生动，意境的深邃，都是通过千锤百炼的语言表

---

① 彭斯远.浅显与深度——中国当代儿童文学悖论现象考察.重庆广播电视大学学报,2003,3:35.

现出来的。诗的语言，是最为凝练而富有表现力的语言，是一切文学语言中最纯粹、最具有艺术魅力的语言。① 因此，在诗歌教学中，应把语言的品鉴放在重要地位。

1. 引导学生分析富有表现力的关键词语。

所谓关键词语，并非指难懂的或少见的特殊词语，而是指那些在诗句中对表达主题、深化意境、突出形象起关键作用的词语。在古诗词中常称之为"诗眼"，它是我们探寻诗情的钥匙。如《敕勒歌》中"风吹草低见牛羊"一句中的"见"字，不仅写出了草的肥、深，展示出草原茂盛的辽阔境界，而且把无形的"风"写了出来，用"草低"的动态来显示风的动态。"见"牛羊的"见"字，写出了感情，使整个画面活泼起来，赋予草原以生机勃勃的景象，使人可以尽情畅想辽阔草原的丰饶美丽。

2. 引导学生分析诗的语言结构。

诗歌讲究押韵，要分行分节，又要注意音节的协调和配合，因此诗歌的语言结构有自己的特点。掌握这些特点是正确理解诗歌内容、学习诗歌语言的一个重要前提。诗歌的语言结构常常有如下特点：

（1）词类活用。中国古代诗人为了炼字、炼意的需要，常常改变了诗词中某些词语的词性，化腐朽为神奇，增强了诗词的表现力。如王安石《泊船瓜洲》诗中"春风又绿江南岸"一句中，"绿"本是形容词，在此活用为使动词，意为"使……变绿"（吹绿），诗句因这一字，动态感强烈。

（2）词序变换。由于古典诗歌对格律要求严格，为了适应格律，诗人在写诗时不得不对词序作一些调整，即变换词序。这样一来，语言产生了一种特有的韵味和风格，突出了运用上的灵活性，增强了诗的感染力。如杜甫《秋兴八首》（其八）中的"香稻啄余鹦鹉粒，碧梧栖老凤凰枝"这两句原本应该是"鹦鹉啄余香稻粒，凤凰栖老碧梧枝"。诗人为了突出"香稻"与"碧梧"两个意象，故意让主语和宾语易位，从而写出了京城风物的美好。

（3）句子成分的省略与压缩。古典诗歌要受格律形式的制约，还要以精练的语言、高度的概括力来反映生活、抒发情感、表达思想。因此，常会出现句子成分的省略与压缩，这已成为诗歌语言精练的一种重要手段。在教学中，对

---

① 曹明海,钱加清.语文课程与教学论.济南:山东人民出版社,2005:172.

被压缩与省略的部分须引导学生凭想象来加以补充、连缀。

(4) 品味诗歌语言的形式美和音乐美。分行排列和大体有规律的按节布局，是诗歌语言在形式上的明显特征。而诗歌的节奏如何在诗行和诗节上展现，往往取决于思想内容和感情抒发的跳跃性、流动性和波浪感。诗的节奏美还表现在诗句中有规律的停顿、音调的轻重抑扬和押韵和谐上，使人读起来朗朗上口，产生一种音乐的美感。

诗歌的语言是最精粹的，往往一个字、一句话就包含着深厚而丰富的内容。引导学生仔细品味，反复推敲，既理解字面之意，又理解字内之意。特别是那些关键性的词句，那些传神的"诗眼"，细细揣摩，对于引导学生深入理解诗歌的主题和意境是大有裨益的。故要深入探究诗歌，必须先探究诗歌的语言。

(二) 深入探究诗歌的意境

所谓意境，乃"意"与"境"在同一画面中的有机统一，是指诗里所描绘的生活图景和所表现的思想感情融合一致而形成的一种艺术境界。[①] 引导学生揣摩意境，就是通过欣赏诗人所描绘的生活图景去感受诗人的思想感情，使诗中的此情此景变成学生的我情我景，然后对意境做出恰当的评价。

引导学生深入探究诗歌的意境，教师首先要运用语言给学生描述诗中的画面，把学生带进诗的意境里。比如在执教唐朝杜牧的绝句《江南春》时，教师可以扣住诗题，描述一幅地域广袤的风景画：黄莺、红花、绿叶、水村、山郭、酒旗、春风、烟雨，还有楼台殿阁时隐时现，把学生带入艺术美的境界中。在意境美的欣赏中让学生领悟到诗歌的主旨：诗人在凄迷的景色中，寄寓着对王朝兴替的委婉讽喻，抒发着对国事衰微的无尽忧伤；统治者的腐败与祖国山河的美好，形成了强烈的对照。

其次，引导学生运用联想和想象再现诗歌的形象，把握诗歌的意境。诗歌通过形象反映生活，表达感情。形象是诗的本质。而诗歌的形象不同于造型艺术和表演艺术中的形象，直接作用于欣赏者的感官，而只能借助于语言，由欣赏者自己运用丰富的联想和想象，去感受和再现诗歌中所描绘的形象。同时，

---

① 周庆元.语文教育研究概论.长沙：湖南人民出版社，2005：351.

又由于它具有间接造型的特点,能从更多的侧面来提示形象的丰富内涵,给欣赏者提供想象和再创造的广阔空间。① 执教柳宗元的《江雪》:"千山鸟飞绝,万径人踪灭。孤舟蓑笠翁,独钓寒江雪。"可以让学生运用联想和想象,体会"千山""万径"的广阔背景下,孤舟独钓的画面,领会诗人不愿妥协、不肯屈服的顽强意志,从而把握意境,培养形象思维能力。

意境是诗歌艺术创构的主要特征,品鉴一首诗的高下与美丑,评赏一首诗的艺术效力和审美价值,最基本的审美准则就是看它有没有新奇、独特的意境。王国维说:"诗以境界为上,有境界自成高格。"故在古典诗歌的教学中,深度探究诗歌的意境是教学的关键。

(三)深层次领会古代诗人的创作心理

古代诗人的创作心理与古代诗歌之间有着密切的联系,它直接或间接地促成了古代诗歌的题材和意象上的许多特点。中国古代诗人的创作心理即心理性动机,主要分为成就动机、亲和动机。成就动机主要表现为对政治的渴望,亲和动机主要表现为一种依亲的需要,这种动机结构使古代诗歌的各种题材沿着从政与依亲的轴线而展开。

在古典诗歌的教学中,教师不仅仅让学生能背一背,更应该让他们尝试着写一写。让学生尝试着自己去创作古典诗歌,他们才能从骨子里感受到中华文化的精妙,从思想深处嗅到中国诗歌的醉人芬芳。在教学中要通过引领学生自创古典诗歌去体会古代诗人的创作心理,才能理解文本的深刻内涵,拓展学习的感受。这主要有如下方法:

1. 诗歌改写法。

所谓"诗歌改写法",即是指在教读古典诗歌时,教师布置学生通过再创造的方式对诗歌进行品读和美读,从而调动学生自身的理解感悟能力。学生在学习古典诗歌时,只有通过自己去改写诗歌,才能深层次地领会到诗人的创作心理。

比如有一位教师在讲析李清照的《声声慢》后,就鼓励学生根据自己对诗词的理解来改写这首古典诗词。这时,学生兴致很高,其中有一位同学很快写

---

① 周庆元.语文教育研究概论.长沙:湖南人民出版社,2005:351.

了一首《无题》：

无 题

——改李清照《声声慢》

黄花梧桐一飞雁，凄风苦雨几番秋。
风清人远时已逝，相思满怀独自愁。

学生在课堂改写好诗歌后，教师安排学生互相展示，然后再每个人谈谈自己对所改写诗歌的认识。这样不仅让学生进入文本，还能让学生更深刻地理解诗人的创作心理——国破家亡、天涯沦落的漂泊无依，即诗人无依无靠时，对依亲的强烈需要。

2. 反写诗歌法。

诗歌改写法是在原诗歌题材的基础上进行再创造的一种学习古典诗歌的方法，而反写诗歌法是抓住诗歌已有的句子，反其意写出新的诗词，以解读诗歌的主旨、内容、结构、语言、写法等。学生在学习古典诗歌时，往往不明白诗人的真正意图，当教师引导学生写出与原作诗歌刚好相反的诗词时，学生就能很容易地明白诗人隐藏在诗词背后的东西。所以，学生在学习一些古典诗歌时，需要逆向思维，反写诗歌，才能深层次地领会到诗人的创作心理。

执教曹雪芹《西江月》词二首时，怎样让学生弄懂诗人的意思，从而深刻领会诗歌的主旨呢？笔者采取"反写诗歌法"达到了很好的效果。

反写后的诗歌是：

寻愁觅恨有故，似傻如狂有常。
确实生得好皮囊，经济仕途不装。
求功觅禄不通，不读应举文章。
行为独特个性张，叫你莫不诽谤！

富贵不务家业，贫穷甘受凄惶。
岂曰辜负好时光，哪管严父期望！
轻视功名第一，悖父不官无双。
寄言官宦富家子：应效此儿形状！

曹雪芹的《西江月》词二首，写出了贾宝玉思想性格的叛逆。教师引导学生反写诗歌，就能让学生在两类诗歌的对比中，迅速准确地把握贾宝玉的性格特征。中国古代诗人大都出身于"士"阶层，这一阶层本身就是中国封建政治制度的产物，这种制度需要有一定教养、才能的人"从政"。曹雪芹的《西江月》词二首是从封建统治阶级的眼光看贾宝玉，笔者则反其意而行之，引导学生以平常人的眼光写贾宝玉。这样反写诗歌，学生不仅学习有兴趣，而且更深刻地了解了古代诗人的创作心理：像曹雪芹这样穷困潦倒的读书人，在内心深处无疑还是有一种成就动机——对从政的隐秘渴望。

二、"温度"教学，感受古典诗歌的情怀

所谓"温度"教学，即在教学中引导学生知人论事，触摸诗人情感的"热"；结合生活实际，感悟诗人情感的"暖"。

"热"和"暖"是诗人情感的流露，是诗歌的灵魂。托尔斯泰说："诗是人们心里燃烧起来的火焰。这种火焰燃烧着，发出热，发出光。"[①]"温度"教学就是引导学生体会诗中的"火焰""光和热"以及这"火焰"、这"光和热"带给人们一种人性的"暖"，从而激发学生的热情，培养学生对诗歌的悟性，让学生感悟到古典诗歌的情怀。

（一）知人论事，触摸诗人情感的"热"

古典诗歌蕴含着丰富的情感。陆机在《文赋》中说："诗缘情而绮靡。"有情才有诗，情是诗之根本，抒情乃是诗歌的重要特征。古人凭借诗歌形式，或抒发诗人个人的情感：思乡念远、爱情之喜悦、失恋之悲伤等；或抒发诗人对家国的情感：精忠报国、忧国忧民等。在古典诗歌的教学中，教师应该引导学生"披文入情"，触摸诗人的情感温度。

1. 走进诗人，触摸诗人个人情感的"热"。

一首诗哪怕只是藏着一滴眼泪，也应该具有诗人的体温。凡是优秀的诗作，都是"情动于中而形于言"的产物，是诗人内心情感的一种艺术化表现。

---

① 周庆元.语文教育研究概论.长沙：湖南人民出版社,2005：352.

"文(诗)如其人",故要了解一首诗歌,就必须了解诗人的个人生活,了解诗人的生活经历对他的心理状态和思维方式产生的影响。只有了解诗人的个人生活,才能更好地更深刻地理解他的作品;只有真正地走进诗人,才能触摸到诗人的"体温",触摸到诗人情感的"热"。

执教陆游的《沈园》二首,就需要走进陆游的个人生活。陆游年轻时经历过一段不幸的爱情生活,他的前妻唐氏不得陆母的喜欢,两人被迫离婚,不久唐氏即抑郁而死。在以后的50年间,陆游一直把悲痛深藏心底,偶尔也形诸篇咏。如《沈园》二首:

　　城上斜阳画角哀,沈园非复旧池台。
　　伤心桥下春波绿,曾是惊鸿照影来。

　　梦断香销四十年,沈园柳老不吹绵。
　　此身行作稽山土,犹吊遗踪一泫然。

陆游75岁时重游旧地,触景生情,无法压抑心中的哀痛,遂写下这两首"绝等伤心之诗"。诗以西下的斜阳和悲哀的画角开头,把人带进忧伤的情调中。沈园中曾经留有芳踪的旧池台,如今已不在;往事的再现,也成了不可能的奢望。"香消玉殒"已经四十余年,就连那些曾经点缀满城春色的沈园里的杨柳,也苍老得不再飞絮了。生命里那割不断的情思,使诗人对此遗踪泫然泪下。只有了解诗人的这一段个人生活经历,才能理解诗人为何对沈园既爱又痛;只有走进诗人的个人生活,才能了解"亘古男儿一放翁"除了有豪气冲天的情怀外,也有缠绵悱恻、痛彻心扉的儿女情长;只有走进诗人的个人生活,才能触摸到诗人对爱情矢志不渝的"热"。

2. 走进诗人所处的社会,触摸诗人家国情怀的"热"。

文论家别林斯基说过:"伟大的诗人谈着他自己,谈着我的时候,也就是谈着大家,谈着全人类……人们在他的悲哀里看到了自己的悲哀,在他的心灵里认识到自己的心灵。"(《别林斯基论文学》)勃兰兑斯说:"个人的哀伤仅仅是全民族哀伤的一个象征而已,它所体现的是当时举世存在的苦难。"

(《十九世纪文学主流》)①可见，伟大的诗人总是从自己的独特经历和感受出发，并跳出个人生活和情感的小圈子，将自己的情感提升为全人类普遍的情感，从而引起读者的共鸣。

在古典诗歌的教学中，要让学生了解诗人所处的时世环境，以及诗人是在什么情况下，受什么影响，针对什么写那首诗的，也就是把作品与写作的时代背景联系起来。如果不走进诗人所处的社会，就很难真切地感受到诗人的家国情怀，也就难以触摸到诗人家国情怀的"热"。

执教陈子昂的《登幽州台歌》："前不见古人，后不见来者。念天地之悠悠，独怆然而涕下。"就需要引导学生走进陈子昂所生活的社会。陈子昂写这首诗，是因他在武则天通天元年，任建安王武攸宜的参谋，跟随武攸宜东征反叛的李尽忠、孙万荣。武攸宜身为统帅，于军事一窍不通却又刚愎自用，前军很快失利，陈子昂积极进谏，自告奋勇"乞分麾下万人以为前驱"，但武攸宜认为他"素是书生，谢而不纳"。几天以后他再次进谏，这下激怒了武氏，将他贬为军曹。陈子昂满怀抗敌报国的愿望，一再进谏，均遭拒绝，因此他深感怀才不遇，报国无门。当他登上古老的幽州台时，纵观宇宙，横览人间，感慨自己生不逢时。满腔悲愤，无可告语，不禁潸然泪下。诗句无一怨字，却从时空上深刻地揭示了封建社会中正直、多才的知识分子遭受压抑的境遇，表达了他们在理想破灭时孤寂郁闷的心情。读这首诗，如果不了解诗人所处的时代和政治背景，也就很难理解作者深沉的忧患和如火山爆发一样的悲愤。如果不走进诗人所处的社会，就很难触摸到诗人对国家的赤子之"热"。

因此，在古典诗歌的教学中，教师应该引导学生走进诗人所处的社会，告诉学生诗歌反映了什么样的社会生活和历史事件，让学生用自己充沛的感情去感受诗人的家国情怀。只有真正地走进诗人所处的社会，才能真正地触摸到诗人家国情怀的"热"。

（二）结合生活实际，感受诗人情感的"暖"

古典诗歌中，除了有痛彻心扉、荡气回肠以及如火山爆发一样的热情外，还有一种充满温馨和爱意的温情，使人们在感伤中得到慰藉，在艰难中充满希

---

① 方智范.语文教育与文学素养.广州：广东教育出版社，2005：141.

望，在冰冷中感受到人性的温暖。

比如，执教孟郊的《游子吟》时，就可以让学生联想一下他们的母亲平时对自己的关心与爱护，回想母爱是如何在生活的点点滴滴中表现出来的。《游子吟》开头两句写"线"和"衣"，这是母子间情意之线及孩子依恋母亲的意象。"密密"既是指"衣线"细密，又是指母子感情的亲密。最后两句诗意一转，从母爱到子孝，表达亲恩难报之愧疚。"三春晖"也是对母爱的升华和颂扬，母爱有如温暖的阳光有恩于万物。孟郊一生穷困潦倒，在宦途失意的境况下，饱尝了世态炎凉。对于这位常年颠沛流离、居无定所的游子而言，温情的母爱一直抚慰着他的心灵。像《游子吟》"慈母手中线，游子身上衣"这样的场景几乎发生在我们每个人的身边，而温情的母爱也恩泽于我们每一个人。只要学生能体会到自己的母亲养育自己的艰辛，体会到母亲对自己的关爱，定能理解孟郊的这首《游子吟》所表达的深情。故在教学《游子吟》这首诗歌时，一定要联系学生的生活实际，唤起学生对母亲的感情，才能更好地理解诗歌中所蕴含的人性的"暖"。

以温情为纽带，沟通作品与生活的联系，把古典诗歌教学和学生的生活体验结合起来，才能让学生真正地理解古人，从而真正地走进古典诗歌里，体会到古典诗歌中人性的温暖。

结　语

古典诗歌语言精练，意象精美，文化内涵精深，往往是从广阔的社会生活中选择最动人、最能反映生活本质的场景、细节、感受加以提炼和抒发，从而引起读者情感的共鸣，其文学和文化的熏陶之功，是其他文学类型难以替代的。利用古典诗歌的教学来提升学生的语文素养，对语文教育工作者来说任重而道远。因此，在古典诗歌的教学中，教师一定要注重教学的"深度"与"温度"，引导学生走进古典诗歌中，读懂诗歌，读懂诗人，读懂社会，读出自己。

（作者系首届实验班学员，论文指导教师刘中黎。）

古诗词意境赏析常见教法梳理

陈 丹

摘 要：意境是中国古代诗学一个重要的审美范畴，它是一个情景融合、引人遐想的艺术世界，又是一个由诸多意象组合而成的含蓄蕴藉的整体画面。据笔者对初中语文课堂诗词教学的观察，兹归纳如下五种方法：字眼切入法；意象品析法；想象链接法；情感浸透法；比读欣赏法。

关键词：古诗词；意境；教法

王国维谈诗词曰："言气质，言神韵，不如言境界。有境界，本也。气质、神韵，末也。有境界而二者随之矣。"[①]意境是中国古代诗学一个重要的审美范畴，它是一个情景融合、引人遐想的艺术世界，又是一个由诸多意象组合而成的含蓄蕴藉的整体画面。2011年版义务教育语文课程标准在阅读上对7~9年级的学生提出要求，诵读古代诗词，要在有意识地在积累、感悟和运用中，提高自己的欣赏品位和审美情趣。笔者以为，引导学生学会品味诗词的意境是初中阶段诗歌教学的重要目标，也是诗歌教学的最高境界。只有将学生引入诗词的意境，才能培养学生对诗词的悟性，诗词教学才能获得应有的效果。

那么，如何进行诗词意境赏析的教学呢？据笔者对重庆市多所中学初中语文古诗词意境赏析教学的课堂观察，兹归纳如下五种方法。

一、字眼切入法

所谓"字眼切入法"，即是从关键字词品析切入意境赏析的一种教学

---

① 王国维.人间词话.北京：中国人民大学出版社，2005：24.

方法。

诗的语言是最精炼、最形象、最优美的语言，它应该像水晶一样通透，没有一点杂质。正如艾青在《诗论》中所说"诗是艺术的语言——最高的语言，最纯粹的语言"。而意境中的画面与形象是用诗的语言描绘的，诗的语言准确、生动、凝练、形象，往往一字千钧。因此，赏析诗歌，应抓住诗中的关键字眼，由语言着手赏析作品，理清事物的关联性，进而揣摩出作者的思想感情。这样，才能真正进入并领会诗的意境。

如宋祁《玉楼春·春景》一词以乐景写哀情，着意炼字，"红杏枝头春意闹"一句，着一"闹"字而境界全出[1]，历来为人所称道，宋祁也因此得到"红杏尚书"的雅号。为什么不说红杏枝头春意"生"或"浓"呢？用"生"字，繁华春意稍显不足；用"浓"字，又有过实、呆板之嫌。而关于"闹"字的问题，说得比较深邃的是钱钟书先生，他在《七缀集·论通感》中提到："'闹'字'形容其杏之红'，还不够确切；应当说'形容其花之盛（繁）'。'闹'字是把事物无声的姿态说成好像有声音的波动，仿佛在视觉里获得了一种听觉的感受。"总之，一个"闹"字，不仅涵盖了"生"和"浓"两个字的含义，而且视觉中有了听觉美，给人丰富的想象空间，表现了春意袭人的情景。

执教李煜的《相见欢》："无言独上西楼，月如钩。寂寞梧桐深院锁清秋。"在教学中我们应抓住"独""锁"二字。"独"表示只有一个人，而"西楼"是李后主降宋后被囚禁的地方，结合起来看，学生就可以理解"无言"二字。"无言"本是无话可说的意思，而在此却是并非无语可诉，而是无人共语。而"寂寞梧桐深院锁清秋"，一个"锁"字不只是锁住了深院，不只是深院被秋色笼罩，更是李后主自己被囚禁于深院，被寂寞深深锁住。由此学生便能理解无一处明写愁，却字字写愁，清秋月夜囚居生活的离愁滋味缠绵舌尖。

咬文嚼字，是通向诗歌意境的桥梁。因此，进行古诗词教学要善于抓住关键词句，让这些文字活起来，为学生通向诗歌意境铺路架桥。重点词句突破了，其他词句就迎刃而解，这样既突出了重点，也避免了教师进行繁琐的逐字逐句串讲。

---

[1] 王国维.人间词话.北京:中国人民大学出版社,2005:3.

二、意象品析法

所谓意象品析法，是指在教学中通过对诗词意象进行品析来赏析意境的一种教学方法。

意象是诗歌形象构成的重要元素，它不是纯客观的描摹，而是诗人主观情态作用于客观物象，并在融合转化中生成的具有特定情感内容的艺术形象，是"客观物象"与"主观情感"的有机统一，是诗人独特的发现。诗人通过意象抒发情感，其意象可以在情感的弥漫下奔向多极，呈现交叉、重叠、多元；也可融合而奔向整一，构成一个整体的、令人回味无穷的艺术境界，在后者，也就构成了诗的意境。诗人立象以尽意，观者辨象以会意。"象"既是诗词传达的重要媒介，也是诗词鉴赏切入的根本契机，整个鉴赏过程都以"象"贯通始终，所以我们要做的便是"按迹寻踪，窥象会意"。

笔者执教王维《使至塞上》"大漠孤烟直，长河落日圆"一联，有学生提出疑问："常说'炊烟袅袅'，也许那孤烟不是炊烟，但那孤烟又如何能直？"这时教师应指出这便是诗人意象创造的独到之处：边塞荒凉，没有什么奇观异景，烽火台燃起的那一股浓烟显得格外醒目，以"直"状烟，看似无理，然而却只有"直"方能使烟具有挺拔、刚劲、坚毅的阳刚之美，方能与塞北大漠的这种苍凉、雄浑、寂寞的意境构成一幅和谐的画面。

在创作中，由于思想修养、生活经历以及所取题材的不同，诗人们往往创造出异彩纷呈的意象。比如咏菊的诗句，有陶渊明的"采菊东篱下，悠然见南山"；有黄巢的"冲天香阵透长安，满城尽带黄金甲"；有李清照的"莫道不消魂，帘卷西风，人比黄花瘦"。在陶渊明的笔下，菊花蕴含着隐士的灵性；在黄巢的笔下，菊花是饱经沧桑的战士；在李清照的笔下，菊花又象征着闺阁女子身心的憔悴。

总之，很多意象具有传统文化的特定含义，若不认真品析这些意象的特定含义，就不能深刻地领会诗歌的意境。因此，教师在诗词教学中必须引导学生对一些常见意象进行文化分析。比如，月亮象征着超越时空的悲欢离合和生命的短暂及孤独，鸿雁常常被用来表达游子思乡怀亲之情和羁旅伤感，梧桐芭蕉大多表示一种凄苦之音，松是傲霜斗雪的先锋，梅是冰清玉洁的典范，柳是离人依依的情意，莲是恋人见怜的纯念……

三、想象链接法

所谓想象链接法，是指教师引导学生调动自身的思想、感情、知识、经验，通过激发他们的联想与想象，把物化的文字转化为鲜明、生动的生活画图，引导他们进入诗词意境的一种教学方法。

叶嘉莹在《迦陵论词丛稿》中指出："创造者所致力的乃是如何将自己抽象之感觉、感情、思想，由联想而化成具体之意象，欣赏者所致力的乃是如何将作品中所表现的具体之意象，由联想而化成为自己抽象之感觉、感情与思想。"这是对诗词创作与欣赏两个方面最简明的概括，说明了创作与鉴赏之间的辩证关系：作者立象以尽意，观者辨象以会意。但同时也指出了联想与想象在作者立象、观者辨象之时举足轻重的地位。诗歌创作中只有不为客观事物所囿，展开想象的翅膀，摆脱现实的拘泥，才能充分调动形象思维，营造新颖独创的意象，创造优美蕴藉的意境。意象是分散的、模糊的，所以在诗歌欣赏中同样需要展开想象将一个个意象进行"链接"。如果读者缺乏想象力，想象不能腾飞，那么对于作者感情的体会与理解就会大打折扣，也容易使诗歌中的"意""象"脱节，"意""境"混乱。

意境的把握需要激发学生丰富的联想与想象，从而展示出诗词的形象与画面美。这是一种创造性活动，教学时可以采用多种方式引导学生进入诗词的意境，如语言描绘、图画表现等方式。

想象就像是一个高明的工艺师，对分散的、模糊的意象进行"链接"，使它们集中起来，清晰起来，典型起来。但每个人都是独立的个体，所以每个人的想象都是不一样的，在这时教师就要引导学生将他们的想象一个个地展示出来。何其芳的诗歌《秋天》是人教版七年级上册第三单元的选文，这一单元的主要任务就是品味诗文的优美语言。笔者在执教这一首现代诗时就采用了语言描绘、图画表现的方法来引导学生进行想象，帮助他们领会意境。对于该诗第一节："震落了清晨满披着的露珠，／伐木声丁丁地飘出幽谷。／放下饱食过稻香的镰刀，／用背篓来装竹篱间肥硕的瓜果。／秋天栖息在农家里。"笔者在教学中选择让女生朗读，男生闭上眼睛，跟随女生的朗读进行想象，待女生朗读之后，便请男生来分享想象的画面。有某生回答道："我仿佛就身处于幽谷之中，品尝着香甜丰硕的瓜果。"而另外一生回答说："我仿佛看到了清晨的稻田里农人正用着镰刀在收割着稻谷，到处弥漫着稻香的气息。"

笔者对学生的想象进行了肯定，并向学生展示了自己收集的图片：森林幽谷、稻田丰收、瓜果采摘、田家欢聚等一系列关于秋收的图片。随后笔者便向学生展示了自己的想象："清晨朝露未晞的时候，农人来到幽谷，丁丁的伐木声震荡山谷；田野里发散出稻香的气息，金黄的波浪此起彼伏，稻田中有个身影在挥镰割稻，晶莹的汗珠湿透衣衫；果林中还有采摘瓜果的人，瓜果飘香，沁人心脾，摘下这些沉甸甸的秋天的礼物，放进背篓，这份喜悦要与亲友一起分享……"

一首好诗，往往就是一幅美丽的图画。通过运用想象链接法，学生就能更好地体会了这一节所展现的画面美。

用想象复活诗歌所表现的画面，这是欣赏意境的第一步。如果仅仅停留在复活性阅读上，还是不够的。古人讲意境，特别强调"言外之味""弦外之音"，因此诗人常常在直接的审美对象之外，巧妙地表现出另一幅相对含蓄的图画，把自己的思想感情更深更远地表现出来。所以，在复活性阅读的基础上，我们应自觉地集欣赏与创造于一身，运用创造性想象参与意境的创造。如王维的《送元二使安西》，诗人描绘的只是送别的场面和他对朋友远去边塞的关心，但其中也暗含了另一幅愁云惨淡、边塞远行、举目无亲的图画。第二幅画面诗人并未直接描绘出来，这就有待于我们欣赏时通过想象由隐而显、由虚而实地创造出来。

所以，调动学生的联想和想象，复活诗歌里所呈现的画面并进一步激发他们进行创造性想象，引导他们捕捉"象外之象""景外之景"，方能使他们更好地进入诗词的意境。

四、情感浸透法

所谓情感浸透法，是指在诗词教学中对学生进行情感激活与熏陶，来引导学生体会诗词意境的一种教学方法。情感浸透法有二：一入一出。具体操作如下：

（一）入

所谓入，即读者投入自己的情感，进入诗歌，领会诗歌意境。常见的教学方法是情感朗读法。

诗歌不是无情物，字字句句吐衷肠。正因为诗如鼓琴，声声见心，易唱动听，悦耳感人；又因为"俯而读，仰而思，熟读精思理自知"是传统的古诗教学方法，所以情感朗读法在诗歌意境教学中是奏效的。[①] 朗读不仅能充分体现诗歌的音乐美，而且随着声音的延续，还能使学生有时间去发挥想象来填补诗歌中的空白。随着朗读，每一个有声的词语在学生的头脑中还原为一幅可视的画面，一幅幅画面组合到一块儿，构成一个笼罩着浓重感情色彩、蕴含着无穷意味的整体意境。人们常说"只可意会，不可言传"，这不可言传的入微之处，往往可以凭借各种诵读方式（如教师范读、个别朗读、齐声朗读、配乐朗读、分角色朗读等）让学生在边读边听、边读边学、边读边思中领会。只有在深切了解诗歌的内容，并为诗人的感情所激励时，学生才能带着真情实感去朗读。恰当的感情加上有技巧的朗读，更有助于学生再现诗歌中的形象，让其受到感染和熏陶，进入诗歌的意境。

执教何其芳的诗歌《秋天》，笔者在教学中设计如下朗读训练：

朗读基调设计：轻声，女声清脆，男生厚实。

情感基调设计：第一、二节喜悦，第三节留恋。

配乐主体乐声：短笛声。

特别处理：最后一句三步轮读，声音渐慢渐小。

（女合：）震落了清晨满披着的露珠，伐木声丁丁地飘出幽谷。

（男合：）放下饱食过稻香的镰刀，用背篓来装竹篱间肥硕的瓜果。

（女领：）秋天栖息在农家里。

（男合：）向江面的冷雾撒下圆圆的网，收起青鳊鱼似的乌桕叶的影子。

[①] 江和平.引领学生走进古诗的意境.教学与管理,2010,17:39-40.

（女合：）芦篷上满载着白霜，轻轻摇着归泊的小桨。

（男领：）秋天游戏在渔船上。

（男领：）草野在蟋蟀声中更寥阔了。

（女领：）溪水因枯涸见石更清冽了。

（众合：）牛背上的笛声何处去了，那满流着夏天的香与热的笛孔？

（女合：）秋天梦寐在牧羊女的眼里。

当学生投入感情去朗读，一个个画面生动鲜明地浮现在他们的脑海，最后构成一幅绚丽多彩的乡村秋景图，学生也就更能体会诗人对秋天的喜爱与赞美之情。

（二）出

所谓出，即读者跳到诗歌之外，结合自身经验，领会诗歌意境。常见的教学方法是二度创作法。

所谓二度创作法，是指在原诗的基础上，教师引导学生结合自己的人生经验，使他们形成对诗词的独特理解，来引导他们进入诗词意境的一种教学方法。

执教李清照的《如梦令》，教师可以引导学生回忆自己曾经有过的郊游体验，想象词中的主角就是他们自己，耳边甚至还可能回响着迷路时惊慌失措的尖叫声，虚惊过后的欢笑声……从而使学生更真切地感受到李清照少女时代和伙伴们一起郊游时的天真烂漫，这更能激起学生对于往事的怀念。

笔者执教马致远《天净沙·秋思》，尝试由人教版语文教科书中的插图入手，把课堂留给学生。第一步，学生自由朗读品味全诗；第二步，学生仔细观察课文中的插图，思考这幅插图是否最好地体现了《天净沙·秋思》的意境，并提出自己的一些见解。该插图描绘的是在落日西斜的傍晚，一个满脸落寞的行人骑着一匹瘦弱的马行走在路上。（附图如下）

古道西风瘦马

　　教师组织学生针对这幅插图进行思考并讨论，往往会有许多出乎意料的结果：

　　有学生认为人不一定非得骑在马上，如果人牵着马走，就更能体现出鞍马劳顿的味道，因为连马都累得走不动了，画中人心情的落寞就可想而知了；

　　有学生认为插图中鸟儿们飞得很轻盈，根本就不是昏鸦，鸟儿可以画得更沉重、笨拙一些，最好让大部分鸟儿栖息在枯枝上，因为"秋思"的画面应该是凝重的；

　　有学生认为还可以在茅屋上画些淡淡的炊烟，炊烟袅袅，小桥流水人家的温馨气息更足，风的动感也就表达出来了，或者画中人可以不戴帽子，让发丝微微飘起，西风也就表现出来了；

　　还有学生认为插图中根本没有枯藤，如果能画出枯藤与古树的缠绕，植物的意象就鲜明了……

　　通过以上评点与修改，学生对这首诗的理解就更为深刻。教师还可以布置爱好绘画的同学在课后把不同的想法画出来，然后和课文插图比一比，看看哪一幅更能体现诗歌意境。这样就巧妙运用了教材中的资源，又将课堂留给了学生。

五、比读欣赏法

所谓"比读欣赏法",是指教师在诗词教学中将两篇或几篇主题、内容、语言表达、写作技巧等方面具有共同特点的诗词放在一起比较,引导学生找出其内在联系与区别,融会贯通,更深刻地体会诗词意境的一种教学方法。

任何事物都是相互联系、相互依存的,文学作品也不例外。由于作家所处的时代、环境、个人经历、思想认识的相关性以及文学发展本身的继承性等因素,作品与作品之间就可以从思想内容、风格特征、表现手法等方面加以比较,从中找出其内在联系和区别,从而把作品的分析由单向思维引入多向思维,获得一种纵深感和立体感。欣赏诗歌或教学诗歌亦是如此,须比较阅读,须融会贯通,方能更深刻地体会诗歌的意境。①

执教岑参《白雪歌送武判官归京》,就可以比读欣赏王维《使至塞上》、王昌龄《出塞》、王之涣《凉州词》等一组边塞诗。在教学中,教师应引导学生感受:同样是边塞诗,岑参着重从战争的现场写边疆将士感觉中的雪,给人一种以苦寒为美的豪迈感觉;王维着重描绘大漠孤烟、长河落日、天地相连的静态构图美;王昌龄着重表达对秦汉关月、龙城飞将的痛惜之感;王之涣着重表现黄河远上、何须怨柳的语言参差美。

至于具体讲解《白雪歌送武判官归京》最末一句"山回路转不见君,雪上空留马行处"时,可提醒学生古风歌行往往是直接抒情的,但这里并没有直接的抒情,诗人的匠心是用无声的画面来提示不可直观的感情,让学生明白诗人的感情不在画面本身,而在画面之外那凝神的眼睛,在友人消失之后仍然怅然凝视的心情。而追随着友人身影的目光被省略了,这才使马蹄印痕的静态表现出心绪中微妙的、难以察觉的微波。在这里便可以比读李白《送孟浩然之广陵》:"孤帆远影碧空尽,惟见长江天际流。"李白直接写了目送孤帆远影直到消失,仍然凝望着流往天际的流水,暗示自己为别离而怅然。李白强调的是"惟见",岑参强调的是"不见",雪上的马蹄是空的,但是情感却不空。这

---

① 何文. 揣摩诗歌意境方法摭谈. 文学教育,2011,9:46-47.

个"空"字,蕴含着艺术的匠心。①

  以上是笔者通过课堂观察梳理出的古诗词意境赏析常见教学方法。当然,诗词意境教学远不止以上五种方法,但无论采取什么方法,都必须符合诗歌自身的特点,必须以学生为主体,必须调动各种手段培养学生的想象力,最终让学生完成由虚到实的过渡,实现学生对古诗词作者情感的真切、深刻的理解。

(作者系首届实验班学员,论文指导教师刘中黎。)

---

① 孙绍振.月迷津渡:古典诗词个案微观分析.上海:上海教育出版社,2012:179-193.

古诗词的四种教学法
——对重庆市巴川中学苟怀海老师的课堂观察

孙亚玲

摘　要：中国是诗的国度，诗歌艺术是中华文化经典的一朵奇葩。一首首古诗词的教学成败与教师的创意有很大关联。着眼于诗歌文本的特征、倡导多元化的课堂教学方法，这是诗歌教学创意的不竭源泉。

关键词：古诗词；教法；四种

中国是诗的国度，诗歌艺术是中华文化经典的一朵奇葩。千百年来，古诗词由于语言生动凝练、意境清新深远、音韵优美和谐而脍炙人口。选入中学语文教材的古诗词，是历经锤炼的名篇。它们对陶冶青少年的高尚情操、培养青少年的审美情趣、鼓舞青少年奋发有为有重要的意义。

查阅相关的资料，笔者发现，对初中古诗词的教学研究主要集中在对其教学模式的研究。这种模式不是按古诗词的体裁而划分的，而是将所有的古诗词都按照统一的教学模式进行课堂教学。模式大致分为两种，一种是讲读式教学，一种是自主学习。

讲读式的古诗词教学大致可以分为以下几个步骤：（1）介绍诗人，所谓"知人论世"，主要包括介绍诗人的作品、诗风、其他人对该诗的评价、诗歌的创作背景；（2）解读诗题，古诗词的题目往往会透露一些信息，例如陈子昂的《登幽州台歌》，"幽州台"是燕国时期燕昭王为招纳贤才所建的黄金台。对这地点的含义弄清了，就能进一步理解诗人怀才不遇的苦闷之情；（3）创设情境，体味诗词的意境美，领悟诗人的感情；（4）拓展延伸，丰富学生的知识。

自主学习，主要强调以学生为主，教师只是辅助性地点拨、点评。大致分为以下几个步骤：（1）查，查询了解诗人，培养学生收集信息的能力；（2）释，介绍背景、解释诗题、培养学生处理信息的能力；(3)探，质疑讨论探诗意，教给学生探究古诗词深刻内涵的方法；(4)品，吟诵品味，培养学生的审美能力；(5)悟，迁移拓展，提升学生学习古诗词所获取的感悟。

纵观我国中学语文教学一线，古诗词的教学方法无外乎以上两种。无论是哪种教学方法，都相对僵化地框定了古诗词的教学形态，长此以往，会导致中学生厌倦古诗词的学习。

事实上，每首古诗词都包含了作者的一种诗性在里边，为了更有效地发挥这些古诗词对青少年成长的积极作用，我们有必要根据诗词的文本特点探寻每类古诗词最适合的教学方法。笔者在重庆市巴川中学调研期间，系统聆听了该校苟怀海老师的诗词教学。笔者认为，该教师的古诗词教学可以概括为四种方法：逐字翻译法、赏析构图法、记叙文还原法、主题班会法。

一、逐字翻译法

所谓逐字翻译法，就是在诗词教学中，引导学生通过理解重点字词，逐句疏通句意，从而理清文本的脉络，把握诗人的情感意绪。古代文论家刘勰说："情者文之经，辞者理之纬，经正而后纬成，理定而后辞畅，此立文之本也。"[1]抒情性的古诗词都有它们内在的情感经纬和思绪脉络，解读抒情性诗歌就必须探求本源、把握心声，重点字词则为心声之表。

(一)课例链接——李白：《行路难》

1.师：自由朗读《行路难》前两句，思考：你从中看到什么？

生：奢侈、名贵。

师：具体表现在哪些词语上？

生："金樽""清酒""玉盘"。

师：这是生活上的奢华。

(师补充背景——这表现了朋友为李白饯别时的奢华。)

2.师：照理说，嗜酒成性的李白会诗兴大发，心情十分好，但

---

[1] 郭晋稀.文心雕龙译注十八篇.兰州:甘肃人民出版社,1963:127.

是接下来的三、四句却说"停杯投箸不能食,拔剑四顾心茫然",这是为什么?

生:诗人要离开长安了,面对前行的路太艰难,他心情茫然,面对美食美酒也没胃口了。

师:怎样理解"拔剑四顾"?

生:因为李白当时十分生气。

师:勾画出"停""投""拔"三个动词,揣摩诗人当时的情感。

3.师:第五句的"冰"是什么意思?李白真的要渡黄河吗?

生:"冰"象征困难与阻碍。

师:再想远一点,李白进长安是要去干什么?

生:李白进长安是想为朝廷效力,但却得不到重用,所以心情郁闷,这里的"冰"象征阻碍李白为官的恶势力。

4.师:请同学用同理可推的办法,分析第六句"将登太行雪满山"。

生:在这里,诗人并不是想去爬太行山,这里的"雪"同样象征阻碍李白为官的恶势力。

5.师:面对困难,李白是否都已放弃?请看"垂钓碧溪""乘舟梦日",结合书下的注释,请同学讲解这两个典故。

6.师:姜太公80岁了,还能得到朝廷的重用,43岁的李白举这个例子有何意图?

生:是相信自己还有机会重返长安。

师:这里李白运用姜太公的故事,来表明自己的志向,这种手法叫"用典"。同理可推,请同学们分析"乘舟梦日"的意义。

7.师:运用这两个典故,诗人的心情稍稍得到了安慰,但却不得不面对现实,请看"行路难!行路难!多歧路,今安在?"——这里运用反复的修辞手法,两个感叹号加一个问号,有何作用?

生:表明诗人此时的心情又十分郁闷了。

（师富有表演性地读这两句，让学生体会诗人此时的心情。）

8. 师：如果就这样一直郁闷、颓废，就不是李白了。请看最后两句"长风破浪会有时，直挂云帆济沧海"，这表现了李白的坚定信念，唱出了时代强音。

9. 教师带领学生理清诗人的心路历程和情绪起伏：

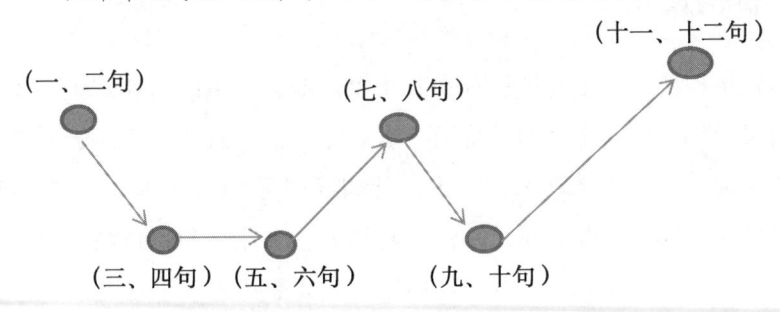

（一、二句） （七、八句） （十一、十二句）

（三、四句）（五、六句） （九、十句）

10. 全班同学看黑板上李白的心路历程起伏图，试着背诵全诗。

（二）文本解析

《行路难》一诗以李白的"情"为脉络，将整首诗串联起来。开头两句的"金樽清酒""玉盘珍馐"给人以气氛热烈的感觉。照理说嗜酒的李白会开怀畅饮。但诗人却笔锋一转"停杯投箸不能食，拔剑四顾心茫然"，情绪一下跌落下来，这到底是为什么？下面两句李白借"冰塞川""雪满山"来象征人生道路上的艰难险阻。想到仕途坎坷、报国无门，情绪一下子就跌落到低点。是不是就这样一直消沉下去呢？李白在惆怅中借用"垂钓碧溪上"和"乘舟梦日边"的典故来安慰自己，希望有朝一日能得到朝廷重用，于是心情一下子就好起来了。但想到仕途坎坷，出路究竟在哪里？心理不免又失落下去。李白不愧为语言大师，经过反复盘旋，境界顿开，唱出了高昂的时代强音，即："长风破浪会有时，直挂云帆济沧海"。这是何等雄浑壮阔的气概。

（三）教学艺术探究

这个课例以"情"为切入点，通过理解字词的含义，逐句梳理句意，把握了诗人的情感脉络，一切皆是水到渠成。诗中运用了两个典故，任课教师自己先讲解一个，同学们用同理可推的方法分析另一个，这打破了教师一讲到底的课堂风气,激发了学生的学习兴趣。理清文本的情感脉络,又有助于学生对整首诗的理解、背诵。在最后一个环节,全班已有 1/3 的人能看着黑板上的诗人心路历程起伏图来背诵全诗了。

二、赏析构图法

所谓赏析构图法,主要是针对字面比较浅显、文本的内在逻辑性不强,但诗歌语言又特别凝练、优美的古诗词。华中师范大学教授、诗词研究学者张其俊在《诗歌创作与品赏百法》中认为:"诗歌语言的美丽依附着多姿多彩的语言表现技巧。"也有学者认为,古典诗歌的语言有凝练和抒情的特点,往往一词一句就生动描摹出事物的特征,深刻地反映思想内容,生动地表达丰富的情感。[①] 因此,面对一首佳作时,我们应联系全诗主旨,从遣词、造句、修辞等层面来揣摩推敲作者炼字炼意的技巧,构思出该诗的意象特征与意境画面。

(一)课例链接——岑参:《白雪歌送武判官归京》

1. 师:"送"谁?

生:武判官。

师:武判官,岑参的朋友,诗人任职单位的离任官员。

2. 师:在哪里送? 怎么送? 送的结果怎么样?

生:轮台东门。

师:轮台,最远的边塞,人迹罕至。

3. 教师列举王维、王勃的送别诗。

师:好朋友要走了,当然要喝酒,此诗中有"酒"么?

生:"中军置酒饮归客"。

师:我们来想象饮酒的画面——"中军置酒饮归客"+"胡琴琵琶与羌笛",好一幅欢乐和谐的画面!

4. 师:送的结果怎么样?

[①] 刘建琼.语文方法论.长沙:中南大学出版社,2005:268.

生:"山回路转不见君,雪上空留马行处。"

5.师:全诗不仅仅写送别,题目中还有"白雪歌",请同学们勾画诗中写"雪"的地方。

6.师:诗中没有"雪"字的诗句跟雪有无关联?

生1:"散入珠帘湿罗幕,狐裘不暖锦衾薄。"

师:这是写飘飞的"雪"(意象),从侧面烘托出雪大、天气很冷。

生2:"将军角弓不得控,都护铁衣冷难着",这是写(冻得发硬的)角弓、铁衣(意象),其作用与上句相同。

师:同理可推,"瀚海阑干百丈冰,愁云惨淡万里凝"。

7.师:整首诗分为两个部分:送别和送别的背景——边塞的雪景。

8.教师出示较难的诗句,请同学们自行赏析:

①"山回路转不见君,雪上空留马行处"。

师:请同学们闭上眼睛,想象自己就是岑参,正在轮台送友人,在脑海中构建这个送别的画面。

生1:我迎雪站在寒风中,眺望远方,已不见友人的身影,低头只见一行行马蹄印。

师:你觉得诗人此时心里有何感觉?

生1:些许伤感,舍不得友人离开。

师:李白曾写过"孤帆远影碧空尽,惟见长江天际流",也是送别诗中的经典。请大家再次构图,想象这个送别的画面。

生2:我站在江边,友人已乘船远去,帆影逐渐模糊,消失在碧空尽头。回过头来,才注意到脚下的江水正浩浩荡荡流向远方。

师:这两幅送别图有何异同?

生:前者,诗人的视线是由远到近。后者,诗人的视线是从天上转移到水面。同样表达了不舍之情,两幅送别图有异曲同工之妙。

②"中军置酒饮归客,胡琴琵琶与羌笛。"

生：这是一幅"塞北风情图"，全诗为之显得婉曲典雅。"羌笛"是个特别的意象，它与塞北风情有天然的关联，如：

王之涣："羌笛何须怨杨柳，春风不度玉门关。"（《凉州词》）

范仲淹："羌管悠悠霜满地，人不寐，将军白发征夫泪。"（《渔家傲·秋思》）

——羌笛是塞北特有的风物（乐器）。

师：岑参送武判官，友人要走了，心里虽有千万个不舍，但也不能哭哭啼啼，要饮酒奏乐为友人饯行。

9.赏析名句"忽如一夜春风来，千树万树梨花开"：（雪树、梨花）图片＋文字（描述）。

（二）文本解析

《白雪歌送武判官归京》是边塞诗人岑参的作品，整首诗始于雪、变于雪、终于雪，以"白雪"为线索来表达送别之情。诗中描绘了边塞壮丽的雪景，有力烘托出作者的惜别之情。全诗语言凝练，"忽如一夜春风来，千树万树梨花开"更为咏雪的名句。最后一句"山回路转不见君，雪上空留马行处"意境悠远，成为对友人依依不舍的经典画面。这样一篇佳作，确实值得品味，可以培养学生的鉴赏能力、提高他们的审美情趣。

（三）教学艺术探究

这个课例中，教师先以题目的"送"字和"雪"字为切入点，赏析整首诗歌。"送谁？ 在哪里送？ 怎么送？ 送的结果怎么样？"等问题，让学生对整首诗有个大致的了解。其间，也顺带列举王勃、王维、李白、王之涣、范仲淹等人的诗句，丰富学生的知识积累。其次，让学生勾画出文中出现"雪"字的四个地方，并思考其他句子虽没有直接写"雪"，但跟雪有无关系？ 引导学生找出"散入珠帘湿罗幕，狐裘不暖锦衾薄""将军角弓不得控，都护铁衣冷难着""瀚海阑干百丈冰，愁云惨淡万里凝"几个句子，这些句子的特点都是侧面烘托出边塞的雪大、天气十分寒冷。然后，出示三个比较难的句子"将军角弓不得控，都护铁衣冷难着""中军置酒饮归客，胡琴琵琶与羌笛""山回路转不见君，雪上空留马行处"，让学生自行赏析，教师做点评。第一个句子，着重引导学生掌握互文这种修辞手法；第二个句子，重点引用了王之涣、范仲淹的诗歌名句，以突出"羌笛"这种边塞乐器，勾画出一幅塞北风情图，让人感受诗文的婉曲优雅；第三个句子，重点是引用李白的"孤帆远影碧空尽，惟见长江天际流"，该句与"山回路转不见君，雪上空留马行处"相比：一个是由天上到水面，一个是视线由远到近，都是以悠远空旷的意境展现了与友人惜别时的经典画面。最后，任课老师采用图片配文字的方式，赏析千古名句"忽如一夜春风来，千树万树梨花开"。整堂课以赏析构图为主，不仅让学生整体把握了诗歌的意象与意境，同时也引用多首相关的诗，以诗解诗，充满了语文味。

三、记叙文还原法

所谓记叙文还原法，就是将古诗词中的叙事诗处理成记叙文，按照记叙文的六要素（即时间、地点、人物，事情的起因、经过、结果）来分解诗歌与提炼主题。古诗词里有很多音节、格律比较自由的歌行体诗歌，尤其是叙事体。这些诗篇幅较长，大多采用平铺直叙的方式，语言平实。

（一）课例链接——杜甫：《茅屋为秋风所破歌》

1. 字词的梳理

①"安如山"：安稳。

②"布衾多年冷似铁"：被子；冰凉感，说明家里穷，被子用了很多年。

③"公然"：大庭广众之下。

④"沾湿"：联系"自经丧乱少睡眠"理解。

2. 概括每一段的叙事情节（教师示范第一段，学生概括其他几段）

师：文中有四个自然段，前面三段叙事，最后一段抒情。我用抓关键词的方法，将第一自然段概括为"风号卷茅"（板书），请同学们概括其他几个自然段。

生1：我将第二段概括为"孩童抱茅"

师：注意一下，文中写的是几个孩童？这个"抱"字没有突出事件的本质，再好好想想。

生1："群童盗茅"。

师：这就十分准确了。（板书"群童盗茅"）

生2：我将第三段概括为"屋漏衾冷"。

师：同学们，我们一起来看一下，第三段主要写了家里很穷，被子又薄又破，下雨了屋内还漏水。这些导致了什么后果啊？

生：诗人躺在床上睡不着。

师：那我们概括时就应该将"睡不着"这个结果加上去。

生："屋漏少眠"。

师：非常好！（板书"屋漏少眠"）

生3：我将最后一段概括为"期盼广厦"。

师：不错，这是诗人的心理愿望。（板书"期盼广厦"）

3.全体同学看黑板，跟老师一起按叙事情节复述课文。

第一段：风号卷茅。

第二段：群童盗茅。

第三段：屋漏少眠。

第四段：期盼广厦（心理叙事）。

4.重点句子的理解

①师：用"盗贼"形容小孩好不好？

生：这是表达诗人对社会的不满，并不是真的在骂孩子。

②师："沾湿"到底是指什么？

生：泪雨交加。

师：一方面是因为下雨屋漏；另一方面因为茅屋是朋友捐赠的，自己落得个要靠朋友施舍来度日的处境，所以很伤心。

③师：为何说"安得"？

生：这是诗人的愿望。

师：诗人本来就很穷，为什么得了广厦，首先想到的却是寒士呢？

生：因为他很关心民众。

师：诗人自己没有地方住，但联想到其他寒士也有相同的处境，他就宁肯"吾庐独破受冻死亦足，但愿天下寒士俱欢颜"。这是杜甫"推己及人"的悲天悯人情怀的体现。杜甫这个愿望在当时的环境下是很难实现的，所以他要超脱现实，用非现实的想象去获得"广厦千万间"，"安得"一词即表达了这种愿望。

（二）文本解析

《茅屋为秋风所破歌》是一首歌行体诗歌。整首诗既有"风卷茅屋"的记叙，也有"归来椅杖"的叹息，更有"安得广厦千万间，大庇天下寒士俱欢颜，吾庐独破受冻死亦足"的心理叙事(诗人的情绪波动与心理愿望)。其中，前面三个段落全是在记叙、描写，最后一段则抒发诗人的情怀。

（三）教学艺术探究

在这个课例中，任课教师一是分解了诗歌，二是提炼了诗人所要表达的感情。首先，他在讲解诗中的几个重点字词的意思后，以"风号卷茅"概括第一段，学生再仿照这种方法，概括其他几个段的主要内容，如第二段：群童盗茅；第三段：屋漏少眠；第四段：期盼广厦，训练学生对叙事性内容的概括能力。其次，任课教师在讲解背景之后，挑选了诗中的几个重点句子进行讲解，如用"盗贼"形容小孩好不好？ 从而引出更深层的原因是因为自己年老体弱，加上茅屋是朋友捐赠的，所以杜甫并不是真的在骂小孩，而是自己跟自己闹矛盾。何为"安得"？ 诗人本来就很穷，为什么得到了广厦要先想到天下寒士？从而引出这是杜甫"推己及人"的悲天悯人情怀的体现。杜甫的这个愿望在当时的环境下是很难实现的，所要他要超脱现实，用非现实的想象来获得"广厦"，"安得"即是这种心理的表现。最后，重点讲解最后两句，在"天下寒士"受庇与"吾庐独破受冻死"的强烈对比中，超越个人的困境和不幸，使杜甫悲天悯人的精神得到了升华。整节课概括段意、赏析重点词句的方法都是使用记叙文阅读教学的方法。

四、主题班会法

主题班会本是班级教育活动的形式之一,通过班会来澄清是非、提高认识、开展教育,有利于学生树立正确的人生观和价值观。所谓"主题班会法"的古诗词教学,就是将诗歌教学与班级教育合二为一,既完成诗歌教学目标,也对学生进行了思想教育。

(一)课例链接——李商隐:《无题》

1.师:你们从哪句诗,看出了《无题》一诗的爱情痕迹?

生1:"相见时难别亦难,东风无力百花残。"

生2:"春蚕到死丝方尽,蜡炬成灰泪死干。"

2.师:为什么"相见很难"?

生:因为李商隐的妻子死了。

师:为什么"别亦难"? 联系周末离家返校,你们对父母依依不舍的情境来体会。

3.师:"东风无力百花残",特指暮春时节,百花凋零,首联即给人一种凄美之感。

4.师:请同学赏析"春蚕到死丝方尽,蜡炬成灰泪始干。"

生:这句运用比喻的修辞手法,表达了对爱情的坚贞不渝,现在多用来比喻教师的无私奉献。

师:蚕要吐"丝"——人也要吐"思","丝"跟"思"谐音。"泪"指蜡泪,跟人的眼泪非常相似,比喻思念到了泪滴涟涟,思念不会随着时间的改变而改变,空间的变化而消失,强调一种坚贞不渝。古人都希望爱情能有一个完美的结局。

5.学生自学该诗的颈联、尾联,思考:诗中的主人公是谁?

生:一位女性——"云鬓"指青年女子的头发。

6.师:名著里的爱情故事是否都是一帆风顺的大团圆结局?

生:不是的,有的还是悲剧收场。

7. 师：回顾一下，名著里的经典爱情大多发生在主人公什么年龄段？

生：都在他们成年后。

师：因为爱情不是一帆风顺的，所以只有成年人才有能力去承担失去的痛苦。

8. 师：如果分别太久，心里会想念某一个人，这算不算爱情？

生：不算吧。比如说，周末离家返校，在那一周里都会想念自己的父母，这样的感情就不是爱情。

9. 教师列举"早恋"所带来的恶果，让学生领会"爱之深，恨之切"。

10. 教师列举如何拒绝别人过早给自己"情书"的办法，教会学生正确处理过早来临的"爱情"。

11. 教师小结："爱"字下面是一个"友"字，"爱"字在生活中也常指称朋友间的友谊。成年后，那种相互依靠、相互缠绵的感情才是爱情。友情跟爱情是不一样的，在初中生这个年龄段保持纯洁的友谊是最好的，不要过早地践踏美好的爱情。

（二）文本解析

此诗是李商隐"无题"系列中吟诵最广的一首诗。它意境深沉，格调高洁，凄美纯真，从头至尾都融注着痛苦、失望而又缠绵、执着的感情。对于初二年级的学生来说，生理发育逐渐成熟，对异性充满了好奇之心，神经较为敏感，容易产生爱情的萌芽。如果老师在课堂上大谈爱情是如何的缠绵悱恻、凄美纯真，这会加速学生早恋的倾向。对此，苟老师采用一个轻松的"主题班会"开展教学，引导初中生树立了正确的恋爱观，这有利于杜绝他们的早恋现象。

（三）教学艺术探究

苟老师花了少量的时间对整首诗进行解析，更多的是借此对学生进行班会教育。首先，苟老师直奔主题，让学生找出诗中露出爱情痕迹的句子。重点讲解"春蚕到死丝方尽，蜡炬成灰泪始干"，引导学生体会诗人那种缠绵悱恻的深情和生死不渝的执着。其次，让大家回忆中外名著里的爱情都发生在什么时候，引导学生明白爱情不是一帆风顺的，需要有能力去承担它所带来的痛苦，所以必须是发生在成年后。然后，让学生思考，如果心里时常会想起某个人，这是不是爱情？引导学生明白，这不算爱情，周末离家后自己同样也会想念父母。再者，举了一些早恋所带来的恶果，让学生明白爱之深，则恨之切。不要过早对异性倾注太多的感情。最后，苟老师以轻松幽默的语气，举例介绍如何拒绝别人过早给自己情书的方法，引导他们正确处理过早的爱情。整堂课在一个轻松幽默的环境中结束了，学生最终明白："爱"字下面是个"友"字，它应该包含朋友间的友谊；只有在成年后，那种相互缠绵、相互依靠的感情才是爱情；在初中生这个年龄段保持纯洁的友情是最好的，不要过早地践踏爱情。

综上所述，古诗词教学是一种极富个性、也最具创造性与情智性的语文教学活动。每一首古诗词都是"活"的教学资源，教师要善于根据古诗词的文本特性，选取最适合的教学方法，灵活运用，让学生在诗意享受中感受快乐。只有这样，我国中学的古诗词教学才可能打破长期形成的单一僵化的局面而大放异彩。

（作者系首届实验班学员，论文指导教师刘中黎。）

两个"我":回忆性散文的教学设计起点

张 勇

摘 要:散文教学是中学语文教学的重点,同时也是难点。从散文这个大类中细分出回忆性散文,是改进散文教学的一个重要尝试。回忆性散文的教学首先是要厘清散文中的两个"我",并以此为基础进行回忆性散文的教学设计。

关键词:回忆性散文;教学设计;起点

散文是一种自由、灵活的抒写见闻感受的文体,它独特的美质就在于:能够让我们通过一个十分精粹、亲切的形式,读到作者对于人生或自然的感悟。[①] 回忆性散文以散文的基本形态为基础,只是在叙述上用回忆过去的方式,对过去发生的事件进行阐述、回忆和描写,即:回忆性散文是作者在特定时期对过去的人或事进行回忆从而创作出的散文。作家创作回忆性散文的动机一般有两种:一是为了回忆而回忆,即纯粹地缅怀过去的人或事;二是借过去的人或事来表达作者当下的认识与情感。

现行各版语文教科书的选文中,散文占了很大比例。以人教版初中语文教科书为例:教科书共6册,有169篇课文,而散文有50多篇,近总数的三分之一。其他版本的语文教科书,如语文版、北师大版,散文所占比例也大致相同。语文教科书所选散文主要分为两类:古代散文和现当代散文,又以现当代散文为主。自然,散文教学也就成了语文教学的重中之重。在对散文进行教学之前,势必要对散文进行分类。通过文体细分选择合适的教学内容,可以细化教学内容。 笔者认为,厘清回忆性散文中的两个"我",以其为起点进行回忆

---

① 王海燕.中考散文阅读指导与演练.读与写(初中版),2007,11:30-32.

性散文的教学设计，可以取得比较好的教学效果。

一、回忆性散文中的两个"我"

　　回忆性散文多采用第一人称进行叙述。被选入教材的回忆性散文，如《风筝》《从百草园到三味书屋》《背影》《老王》等都采用了第一人称进行叙述。相信已有很多老师发现了，用第一人称叙述的回忆性散文里，并不是只有单独的一个"我"，而是存在两个"我"，即现在进行创作时的"我"和过去事件发生时在场的"我"，简而言之，即是过去的"我"和现在的"我"。再细分的话，有以下三个方面。

（一）时间层面的两个"我"

　　在回忆性散文里，读者可以很明显地感觉到有一定的时间跨度，这是因为作者创作时距之前经历时已有一段时间的差距，即存在一定的时间跨度。作者在创作时显然不能生硬地抹掉这一段时间的差距，要回忆过去的人和事，作者也必须回到过去。于是，作者就会在回忆性散文里还原出当时的自己，从而在回忆性散文里会有两个"我"：一个过去的"我"，一个现在的"我"。在鲁迅的《从百草园到三味书屋》里有一段话：

　　　　我不知道为什么家里人要将我送进书塾里去了，而且还是全城中称为最严厉的书塾。也许是因为拔何首乌毁了泥墙罢，也许是因为将砖头抛到间壁的梁家去了罢，也许是因为站在石井栏上跳下来罢，……都无从知道。总而言之：我将不能常到百草园了。
　　　　Ade，我的蟋蟀们！Ade，我的覆盆子们和木莲们！

　　在这段中作者写道："我不知道为什么家里人要将我送进书塾里去了"，想想已过不惑之年的鲁迅会不知道当时家里人为什么要送他进书塾去吗？答案是否定的，他肯定知道家人送他进书塾是为了以后的科举，以后的"学而优则仕"，而在文中却说"不知道为什么"，这岂不是自相矛盾？老师只要仔细想想就会明白：不知道原因的是孩提时的他，即是过去的他，不知道家里人为什么要送他进书塾也就很好理解了。就如同小时候的我们对大人的一些做法也不知道为什么，长大后也就明白了。鲁迅先生用孩童式的口吻道出自己孩提时的心思，那时的他肯定不明白为什么在百草园玩耍得很尽兴，却不得不听从家里人的安排要去三味书屋读书了。所以文中这样写，是鲁迅先生有意为之。他从时间的层面还原出了孩提时的自己，即过去的"我"。

在这段中又写道："Ade，我的蟋蟀们！Ade，我的覆盆子们和木莲们！"这句话看似简单。殊不知"Ade"是德语，还是孩提时的鲁迅的嘴里怎么会突然冒出这么一句德语呢？这岂不是很矛盾么？而在这看似矛盾的背后，就需要老师联系文章的写作背景了。《从百草园到三味书屋》写于1926年，此时的鲁迅已近45岁，读了不少外文书籍的他肯定知道德语"Ade"的意思了，从而用上了它。在写下"Ade"时，是鲁迅现在的"我"。

如此，我们不难发现，从时间的层面去分析的话，在回忆性散文里普遍存在着比较明显的两个"我"。

（二）认知层面的两个"我"

认知水平是指个体对外界事物认识、判断、评价的能力，认知水平的高低与实践经验、知识水平、思维能力、信息储量等因素有关，是影响人们思想形成的主观因素之一。

在回忆性散文里存在着一定的时间跨度，作者在当时经历某件事时和之后进行文学创作时的实践经验、知识水平、思维能力、信息储量等因素存在差异。作者在进行创作时（即回忆过去），会下意识地把自己对以前的某人某事的第一认识和看法表现出来，即作者会还原自己当时的认知水平，从而在回忆性散文里会出现两个"我"，即认知水平高的"我"和认知水平低的"我"。

比如说在人教版七年级上册第21课鲁迅先生的《风筝》一文里有几段话：

> 但我是向来不爱放风筝的，不但不爱，并且嫌恶他，因为我以为这是没出息孩子所做的玩艺。和我相反的是我的小兄弟，他那时大概十岁内外罢，多病，瘦得不堪，然而最喜欢风筝，自己买不起，我又不许放，他只得张着小嘴，呆看着空中出神，有时至于小半日。远处的蟹风筝突然落下来了，他惊呼；两个瓦片风筝的缠绕解开了，他高兴得跳跃。他的这些，在我看来都是笑柄，可鄙的。

文本分类教学研究

有一天，我忽然想起，似乎多日不很看见他了，但记得曾见他在后园拾枯竹。我恍然大悟似的，便跑向少有人去的一间堆积杂物的小屋去，推开门，果然就在尘封的什物堆中发现了他。他向着大方凳，坐在小凳上；便很惊惶地站了起来，失了色瑟缩着。大方凳旁靠着一个蝴蝶风筝的竹骨，还没有糊上纸，凳上是一对做眼睛用的小风轮，正用红纸条装饰着，将要完工了。我在破获秘密的满足中，又很愤怒他的瞒了我的眼睛，这样苦心孤诣地来偷做没出息孩子的玩艺。我即刻伸手折断了蝴蝶的一支翅骨，又将风轮掷在地下，踏扁了。论长幼，论力气，他是都敌不过我的，我当然得到完全的胜利，于是傲然走出，留他绝望地站在小屋里。后来他怎样，我不知道，也没有留心。

然而我的惩罚终于轮到了，在我们离别得很久之后，我已经是中年。我不幸偶而看了一本外国的讲论儿童的书，才知道游戏是儿童最正当的行为，玩具是儿童的天使。

鲁迅先生对于自己之前对放风筝的看法和认识，这样写道："我是向来不爱放风筝的，不但不爱，并且嫌恶他，因为我以为这是没出息孩子所做的玩艺。""他的这些，在我看来都是笑柄，可鄙的。"鲁迅先生的小弟周建人先生生于1888年，鲁迅先生比他年长7岁，照文中所说"他那时大概十岁内外罢"，可推断出鲁迅先生当时大概17岁。鲁迅先生17岁才离开家乡，进入金陵的新式学堂江南水师学堂，可见鲁迅先生当时脑子里满是"之乎者也"。所以鲁迅先生才会嫌恶风筝，认为风筝是"没出息孩子所做的玩艺"；才会对三弟建人看空中放风筝时而惊呼、时而跳跃的表现，认为"都是笑柄，可鄙的"。而多年之后，鲁迅先生对放风筝有了新的认识。他这样写道："在我们离别得很久之后，我已经是中年。我不幸偶而看了一本外国的讲论儿童的书，才知道游戏是儿童最正当的行为，玩具是儿童的天使。"文中的"我"是同一个"我"，都是鲁迅先生，没有发生改变。但这同一个"我"却对同一件事情有了不同的认识和看法，于是就出现了两个"我"。这就是作者鲁迅先生对自己17岁左右时的认知还原，从认知水平的层面还原出了当时的"我"，即认知水平低的"我"。鲁迅先生当时的认知水平还不能够意识到"游戏是儿童最正当的行为,玩具是儿童的天使",所以鲁迅先生才会粗暴地对待小弟的言行。后来对小弟心怀愧疚,则是认知水平高的"我",因为他后来接受了西方的儿童观,认识到游戏是儿童最正当的行为,玩具是儿童的天使。

如此,我们不难发现,从认知的层面去分析,在回忆性散文里存在着比较明显的两个"我"。

(三)情感层面的两个"我"

在一些回忆性散文里,由于时间的跨度和认知水平的差异,导致作者在之前经历某事时和现在进行创作时的情感也会出现差异,而作者在创作时会最大程度地在情感上还原,于是就会从情感层面呈现两个"我",即情感体验浅的"我"和情感体验深的"我"。

比如人教版八年级上册第九课杨绛先生的《老王》里有这么一段话:

> 有一天,我在家听到打门,开门看见老王直僵僵地镶嵌在门框里。往常他坐在蹬三轮的座上,或抱着冰伛着身子进我家来,不显得那么高。也许他平时不那么瘦,也不那么直僵僵的。他面色死灰,两只眼上都结着一层翳,分不清哪一只瞎、哪一只不瞎。说得可笑些,他简直像棺材里倒出来的,就像我想象里的僵尸,骷髅上绷着一层枯黄的干皮,打上一棍就会散成一堆白骨。我吃惊地说:"啊呀,老王,你好些了吗?"

这段文字被某位语文老师批评道:

> "这段文字,放在某些场合,描写某些人物,或许显得生动形象;若用来写老王这么一个苦命人,尤其是在作者知道了老王临终前一天,还强撑着给自己送去香油鸡蛋后,仍然这样表述,的确令人失望、不解。不管是否拿老王当朋友看,起码应当给予他作为一个人所应该获得的尊重。在这段描述临终之人的文字中,看不到丝毫的爱意、敬意,看不到点滴的人文关怀,只有调侃,仅此而已。"[1]

---

[1] 赵刚.《老王》之败笔.中学语文教学,2006,12:60.

杨绛先生在《老王》前面的文段里叙述了老王的"苦"和"善",可以从她那平淡如水般的笔触下体会到杨绛对老王的同情和关爱,而这一段文字却让人感觉到情感的突然断裂,看不到丝毫的同情与关爱。

这是一段冷漠的描写。在这冷漠的描写背后并不是一颗冷漠的心。因为此时老王病入膏肓,已失去了往日健康时的力量与活力,所以杨绛先生写道:"老王直僵僵地镶嵌在门框里。"

在这一段的后面又继续写道:"说得可笑些,他简直像棺材里倒出来的,就像我想象里的僵尸,骷髅上绷着一层枯黄的干皮,打上一棍就会散成一堆白骨。"这些描述受到的批评最多,很多人认为杨绛先生不应该写这样的句子来描述一个气息奄奄的苦命人。老王的境况并不像句子里写的那样可笑,而是可悲可怜的,所以有人认为杨绛先生这样写没有人文关怀。事实真的是这样么?我们不妨再细读这段文字,就会发现在这段文字中出现了另一个"我":一个跟前文相比格格不入的"我",一个情感体验很浅的"我",也正是情感体验很浅的"我"对老王当时的境况作了如实的描写。

笔者以为,这段文字正是杨绛先生的独到之处、宝贵之处。因为在这段看似冷漠无情的描写背后,正是杨绛先生对当时的自己的一种审视,一种情感的还原。《老王》写于1984年,距"文革"结束已有8年。杨绛从1966年8月到1970年期间在干校劳动,由此可以推断出杨绛先生写下此文时距老王去世已有十多年的时间。多年之后,杨绛先生才感受到"一个幸运的人对一个不幸者的愧怍",才深刻认识到老王始终如一的善良在那个泯灭人性的"文革"时代里是多么可贵,才明白自己对老王情感上亏欠得太多。这时杨绛先生的情感体验是之前所不能比的,是杨绛先生情感体验很深的时候,是情感体验很深的"我"。

多年之后写下此文纪念老王,杨绛先生选择了毫不隐瞒地把自己当时的情感体验用文字表达出来,从情感上还原出当时的"我"。那一段对老王的冷漠描写就是作者当时对老王最初的情感体验,所以她会有些害怕,有些不知所措。因为她以前没有这样的经历,从没见过老王这个样子,也不知道这将是老王最后一次到她家来,不知道这是最后一次告别,所以她才会觉得老王的形象可笑,像个僵尸。杨绛先生用冷漠的文字把自己当时的情感原始地表现出来,还原出了当时的"我",一个情感体验肤浅单一的"我"。

试想，经历过"文革"的那些人里，又有多少人能够像杨绛先生这样毫不保留地剖视自己呢？杨绛先生百岁生日之际接受记者采访，说了这么一段话：

> 我今年一百岁，已经走到了人生的边缘，我无法确知自己还能往前走多远，寿命是不由自主的，但我很清楚我快"回家"了。我得洗净这一百年沾染的污秽回家。我没有"登泰山而小天下"之感，只在自己的小天地里过平静的生活。细想至此，我心静如水，我该平和地迎接每一天，过好每一天，准备回家。①

杨绛先生这样毫不保留地剖视自己，又何尝不是在"洗净这一百年沾染的污秽"呢？她不怕沾染了多少污秽，她把她所沾染的污秽用文字记录下来，把过去的"我"还原出来，再通过审视自己的灵魂去洗净沾染的污秽，干干净净"回家"。

如此，我们也不难发现，从情感的层面去分析，在回忆性散文里比较明显地存在着两个"我"。

二、回忆性散文的教学处理

（一）案例链接：《背影》教学设计批评

如何对回忆性散文进行教学处理？不同的教师有各自不同的处理方式。笔者在这里将阐述自己对回忆性散文的教学处理。先看案例，有语文教师这样处理朱自清先生的《背影》：

教学目标：

1. 父亲说了哪四句话？包含了怎样的思想感情？
2. 我流了几次泪？如何理解？
3. 文章一共几次写到背影？作者想表达什么样的中心？

教学过程：

---

① 周毅.坐在人生的边上.文汇报,2011-07-08(11).

……

课文写背影,一共有几次呢? 四次。我们一起来分析第一次:"我与父亲不相见已二年余了,我最不能忘记的是他的背影。"概括一下,就是:怀念父亲,惦记背影。这次写背影,有什么作用呢? 开篇点题。 这句话引发我们思考:为什么与父亲不相见都二年余了,作者还是不能忘记父亲的背影呢? 留下悬念。第二次是在哪里写到父亲的背影呢? ——第六自然段,是写父亲为自己买橘子的时候,然后作者对父亲的背影进行了详细的刻画,即:望父买橘,刻画背影。第三次呢? ——第六自然段,这一段最后写父亲的背影混入来来往往的人群里,即:父子分手,惜别背影。最后一次写背影是在哪里? ——文章的结尾,儿子读着父亲的来信,在泪光中再次浮现了父亲的背影,也就是:别后思念,再现背影。[①]

对《背影》的处理,几乎每个教师都会讲到四次背影,再重点分析买橘时的背影,最后得出父子之爱。当然,这样的处理并没有错,但这样的处理不能让学生深刻理解文章所蕴含的认识与情感。

对以上教学设计,笔者以为:这位语文教师没有把握好《背影》作为回忆性散文的文本特质。 在该文中,"背影"只是文章表层的线索,深层的线索是蕴藏在文字背后的作者对父亲的情感变化,即为人子时的叛逆,对父亲不理解,到为人父时的成熟,对父亲的理解和感恩,而情感变化的原因则是时间跨度和认知差异。如果片面地向学生讲述四次背影,一篇感人至深的经典美文留给学生的只是四次背影,谈不上有深刻的人生认识与情感体验,无非是在一堂语文课上玩了一个文字游戏而已。

(二)回忆性散文的教学设计思路

回忆性散文多是写人记事的,其中蕴含了作者深刻的认识和深厚的情感。要比较好地对回忆性散文进行教学处理,关键在于把握好作者的认识与情感。

[①] 王爱珍.《背影》教学设计.文学教育,2010,4:75.

而作者的认识与情感是有变化的，不是一成不变的。笔者在上文谈到，一般的回忆性散文中存在着两个"我"。这是两个完全不同的"我"：进行创作时的"我"和过去事件发生时的"我"，这两者之间隔着一条时间的长河，两个"我"的认知水平是有差异的，从而导致了两个"我"的情感体验也是有差异的。所以，在对回忆性散文进行教学处理时，需要厘清文中的两个"我"，明确"过去的我"到"现在的我"在人生认识和情感体验上的差异，以及由此产生的变化。在实际课堂教学中，就要通过教师的引导让学生去发现文中的两个"我"，从时间、认知和情感三个角度去厘清隐含在文中的两个"我"。

因此，回忆性散文教学设计的思路如下：

首先，抓两个"我"之间的时间跨度。

其次，抓两个"我"之间的认知差异。

最后，抓两个"我"之间的情感变化。

笔者认为，一篇回忆性散文的教学设计是否成功，就在与执教者能否找出并厘清回忆性散文里的两个"我"。所以，回忆性散文教学设计的思路应该围绕两个"我"的寻找和厘清。

1. 第一步：抓两个"我"之间的时间跨度。

回忆性散文的第一个关键因素就是时间，作者所叙述的内容（人或事）在过去的时间，而写作则是现在的时间，所以回忆性散文教学设计的思路第一步便是抓两个"我"之间的时间跨度。在绝大多数回忆性散文里，都能找到作者提示时间的字眼或词句。比如在朱自清的《背影》中：

我与父亲不相见已二年余了，我最不能忘记的是他的背影。

那年冬天，祖母死了，父亲的差使也交卸了，正是祸不单行的日子。

近几年来，父亲和我都是东奔西走，家中光景是一日不如一日。

文中的"已二年余了""那年冬天"和"近几年来"，都是作者提示的时间。教师在处理时应该联系朱自清先生的生平，弄清楚具体的时间，在课堂教学的时候可以以时间轴的形式表现，学生就一目了然了。

当然，有些回忆性散文没有明显的时间提示语，这就需要教师从散文的内容中去发现。

2. 第二步：抓两个"我"之间的认知差异。

在回忆性散文里，作者的认知水平在前后是存在着差异的，对回忆性散文进行教学设计的第二步便是找出两个"我"之间的认知差异。当找出作者的认知差异之后，便可比较容易地理解作者在事情发生时的一些行为举动或是看法。比如在朱自清的《背影》中：

> 我们过了江，进了车站。我买票，他忙着照看行李。行李太多了，得向脚夫行些小费才可过去。他便又忙着和他们讲价钱。我那时真是聪明过分，总觉他说话不大漂亮，非自己插嘴不可，但他终于讲定了价钱。

当朱自清看到父亲为了小费和脚夫们忙着讲价钱时，他写道"总觉他说话不大漂亮"。作者毫无保留地把自己当时对父亲"讲价"这一行为的看法写了出来，从文中可以得知，当年朱自清只有二十岁，而二十岁正是一个叛逆的、涉世未深的年纪。作者二十岁的认知水平和他后来创作《背影》时的认知水平肯定是存在差异的。二十岁的时候，对一些事情的认识和看法只是表面的，所以作者才会觉得父亲说话不大漂亮。而七年后，当他作为一位成熟的学者再回过头来看这件事情，认识和看法就会变得深刻些。所以作者才会写道："我那时真是聪明过分。"这体现了现在的"我"对过去的"我"的反思与批评。

3. 第三步：抓两个"我"之间的情感变化。

基于时间跨度和认知差异的因素，在回忆性散文里，作者的情感不是始终不变的，而是有变化的。抓住两个"我"之间的情感变化便是回忆性散文教学设计的第三步，也是最重要的一步。比如在朱自清先生的《背影》里：

> 他嘱我路上小心，夜里要警醒些，不要受凉。又嘱托茶房好好照应我。我心里暗笑他的迂；他们只认得钱，托他们只是白托！而且我这样大年纪的人，难道还不能料理自己么？
>
> 唉，我现在想想，那时真是太聪明了！
>
> ……
>
> 我北来后，他写了一信给我，信中说道："我身体平安，唯膀子疼痛厉害，举箸提笔，诸多不便，大约大去之期不远矣。"我读

到此处，在晶莹的泪光中，又看见那肥胖的、青布棉袍黑布马褂的背影。唉！我不知何时再能与他相见！

当父亲托茶房好好照应"我"的时候，作者却在心里暗笑父亲的"迂"，认为自己能够料理好自己。这些都是作者当时的情感体验，而在后文中，作者笔锋一转，写道："我现在想想，那时真是太聪明了！"从这儿就可以看出作者情感的变化，之前是不理解，到现在终于理解了父亲当时的做法。再到后文中写的"我读到此处，在晶莹的泪光中，又看见那肥胖的、青布棉袍黑布马褂的背影。唉！我不知何时再能与他相见！"这个时候作者才真正读懂了父亲，读懂了父亲的背影。年轻气盛时不理解父亲，以致父子之间产生许多隔阂，但父亲的一封信让这些隔阂瞬间消失，剩下了浓浓的父子之爱。这个情感变化的时间不是短短的一年两年，往往是几十年。所以教师在抓情感变化的时候，并不只是找出变化的结果，重要的是找出两个"我"之间的变化过程。

总之，对回忆性散文进行教学设计时要厘清文中的两个"我"，从时间跨度、认知差异和情感变化这三个角度去厘清文中隐含的两个"我"，从字里行间去发现并体会作者的情感变化过程，深刻地理解作者在思想立场上所发生的重大变化，准确把握作者的行文态度和写作目，从而确定教学内容并设计教学主问题。

（作者系首届实验班学员，论文指导教师刘中黎。）

散文语言鉴赏教学研究
——以人教版高中语文教科书为例

郑文瑜

摘 要：散文是高中语文学习的重点和难点，从语言鉴赏入手学习散文文本，不仅能从根本上突破散文文本鉴赏这一难点，而且有利于培养学生的语感、提升学生的应试能力和为他们的终身学习打下基础。散文文本的语言鉴赏首先要从不同类型的散文中选择出具有代表性的语言教学内容，其次要运用有效的策略进行语言教学，这样才能使散文教学这一重难点得到突破。

关键词：散文文本；语言；鉴赏

散文文质兼美，无论外在的形式还是内在的思想，都值得我们细细品味和学习。也正因其外在形式优美，内在思想深邃，深入理解散文并不容易，因此散文教学成为高中语文教学中的重点和难点。从语言鉴赏入手去解读散文、品味散文，不仅有利于培养学生的语感，为他们的终身学习打下基础，也能提升学生的文本解读能力，提高他们的语言表达能力，激发学生的创造能力。

一、散文语言鉴赏教学在高中语文教学中的价值和作用

首先，对散文文本的语言鉴赏是解决散文教学这一难点的根本。散文因其文质兼美受到人们的青睐，但又因其文质兼美、思想深邃，表达方式、表现手法灵活多样，加大了学生理解散文的难度，也增加了散文教学的难度。语言是文章之本，只有具备良好的语言理解运用能力，才能理解文章，创作文章。虽然先有语言后有文章，但是文章又是对语言不断超越创新和发展的结果，所以学习语言首先要从鉴赏经典文章开始，而鉴赏文章又必须从文章的语言文字入

手。《文心雕龙》中说:"夫缀文者,情动而辞发;观文者,披文以入情。"意思就是说,要读懂作者隐藏在作品中的思想感情,就需要从文本的基本单位语言文字入手。我国著名的文学家、教育家叶圣陶先生说:"鉴赏文艺的人,如果对语言文字的意义和情味不很了了,那就如入宝山空手回,结果将一无所得……文艺鉴赏还得从透彻地了解语言文字入手,这件事很浅近,却是很根本的。"[1]语言文字是文学的载体,文学要表达的一切都靠语言文字来传达,想学好散文就必须先掌握好语言文字的规律,这是解决散文教学难题的根本。

其次,语言鉴赏本身就是高中语文学习的重要内容。人教版高中语文必修课本中散文选入量非常大。人教版高中语文必修课文共79篇,其中现当代散文21篇,古代散文17篇,现代诗歌14篇,古诗14篇,词8篇,戏剧3篇,科普文6篇,小说6篇,比较而言,足见编者对散文的青睐,而且所选入的散文篇篇都是经典。它们在思想深邃的同时,特别重视语言的运用,通过优美细腻、富有内涵的语言文字来传达作者内心深处独特的感悟和人生经验。像朱自清的《荷塘月色》、郁达夫的《故都的秋》、鲁迅的《拿来主义》等,这些文本中优美、深邃、生动的语言值得我们学习。散文是语言的宝库,为我们提供了丰富的语言学习资源,切不可浪费。

第三,对散文文本的语言鉴赏是学会解读散文文本的基础。从人教版高中语文教科书必修一到必修五的课文选择上,可以看出散文是按照由易到难、由形象到抽象的顺序来编排的。必修一主要是记叙性的散文,必修二就选入了难度较大的抒情性散文,其后选入的都是更难更抽象的议论性散文,因此高中语文必修中,散文文本的理解难度是逐步加大的。如果一直忽视散文文本的语言鉴赏教学,学生越到高年级就越难读懂散文。因此,无论是难度较小的记叙性散文还是难度较大的议论性散文,都应该以语言鉴赏为抓手,引导学生解读散文,品味散文,提高散文文本的鉴赏能力。

第四,从功利的角度来说,鉴赏散文文本的语言能够提高学生的应试能力。散文阅读在高考语文中出现的概率很大,而在散文阅读测试题中,考语言文字理解类型的题很多。因此,无论是从解决散文教学的困难着眼,还是从培养学生的语文能力着眼,或者是从提高学生语文高考的应试能力着眼,散文阅

---

[1] 中央教育科学研究所.叶圣陶语文教育论文集.北京:教育科学出版社,1980:226.

读中的语言鉴赏教学都有非常重要的作用。

二、散文语言鉴赏教学的内容选择

不同类型的散文，语言鉴赏教学所选择的语言侧重点也不同。如抒情性散文语言鉴赏的重点应放在作者是如何通过语言来营造声、色、情完美统一的意境，通过意境来抒发自身情感的；议论性散文语言鉴赏重点应放在作者是如何运用准确有力的语言来达到说理抒情的；记叙性散文语言鉴赏的重点应放在作者是如何运用质朴的语言化平凡为深刻的。

（一）叙事性散文教学中语言鉴赏内容的选择

叙事性散文动人之处在于其真实，因真实而能更细腻，因细腻而能更真实，因细腻真实而动人，如《庄子·天道》中所说"朴素而天下莫能与之争美"。叙事性散文正因其语言的朴素、细腻、庄重，在事物描写、事件记叙以及情感表达上极尽细致，才让叙事性散文得以细腻真实。语言的朴素、细腻和庄重又由语言的音韵节奏的搭配、词语的选择、修辞的综合使用来实现，因此，鉴赏叙事性散文文本的语言，就要鉴赏冷静舒缓的叙事节奏和记叙语言的细腻。

要鉴赏叙事性散文文本冷静舒缓的叙事节奏与情感传递的关系。叙事性散文讲究叙事的客观真实，而这种客观真实反映在语言上就是叙事节奏的舒缓。舒缓的叙事节奏主要由语言音韵节奏的舒缓和庄重冷静的叙事语调构成，它往往表达了作者内心强烈的情感，如李启荣所说："音韵节奏看似一种语音的表现形式，其实乃是艺术家内在流动着的一种情感与情绪的节奏。"[1]叙事性散文文本通过多用散句、插入少量的整句形成音韵节奏的舒缓，通过句子或长或短、或整或散的随意搭配来表现作者情感的流转，将平凡的记叙通过语音的节奏感、韵律感转化为作者情感的立体外化。"语调的实质是一种情调，是构成文本言语行为整体给人的特殊感觉。文学语言不同的调性直接关联着各种情感

---

[1] 李荣启.文学语言学.北京：人民出版社，2005：43.

的传达。"[1]每一篇文章都有它的调性,叙事性散文通过写人叙事来传递情感,写人叙事为达到真实的效果,作者往往表现出冷静客观的写人叙事态度,隐藏自己的主观倾向。看似非常客观不带情感的叙事,却能给读者的情感造成强烈的冲击,因为读者透过这冷漠的叙事所感受到的冷漠和激起的某种情感,就是作者情感的表达,只是他的情感表达借用了冷漠的言语。庄重冷静的叙事语调的形成,可以通过避免对"我"的一切描写,包括思想情感、声音、感受,而对客观物象进行冷静细致的描述,同时要借助句式的变化、语言节奏的舒缓以及冷漠词语的运用来形成。叙事性散文音韵节奏上的舒缓如鲁迅的《纪念刘和珍君》文中第一部分、第三部分、第五部分运用散句将事件、人物记叙清楚,叙述完之后在第二部分、第四部分、第七部分插入整句,自然而然地将自己内心的强烈情感抒发出来,如第一、二部分的搭配,第一部分记叙了刘和珍君死这件事,回忆了刘和珍君生前的事,第二部分便用整句抒发了自己因这件事引起的强烈的内心情绪:"真的猛士,敢于直面惨淡的人生,敢于正视淋漓的鲜血。"短短一句,结合文本前面的叙事自然流露出作者内心强烈的愤怒之情。长短句的搭配使用不仅将叙事与抒情完美结合,而且能将作者的情感起伏表现得淋漓尽致,如鲁迅的《纪念刘和珍君》第五部分中"我没亲见;听说,她,刘和珍君,那时是欣然前往的。自然,请愿而已,稍有人心者,谁也不会料到有这样的罗网。"这里作者恨不得一个字一个字地写,去控诉这让人无法相信的残忍事实,表现了作者内心强烈的愤怒。

对叙事性散文文本语调的鉴赏如罗森塔尔的《奥斯维辛没有什么新闻》整篇文章都是冷静客观的记叙,避免"我"的参与,只记叙奥斯维辛周围的景色、天气,记叙奥斯维辛集中营中的陈设,以及去那里参观的人们的表情动作,不掺杂作者的主观情感,也没有作者的评论,形成一种冷漠的叙事语调,让读者在冷漠中不寒而栗,体会到集中营的残忍恐怖。记叙语言的节奏,即句子的长短搭配、段落的划分,都不徐不疾,形成一种舒缓冷静的叙事节奏,营造了一种阴森恐怖的氛围,同时又尽量避免对声音的描写,更增加了冷静庄重的氛围,让读者如亲历奥斯维辛集中营,感受到它的阴森恐怖,这样的宁静和庄重也是作者对纳粹者无声的谴责。这就是冷静庄重语调的魅力,能化无声为

---

[1] 李荣启.文学语言学.北京:人民出版社,2005:118.

有声，让客观事实赤裸裸地直击读者心灵深处，给读者强烈的震撼。又如夏衍的《包身工》中对包身工的描述，极尽细致客观，连对包身工的称呼都引用老板对她们的称呼"猪猡""懒虫"，但就是这样的冷漠语调更能让读者感受到包身工悲惨的遭遇，用事实剥削者的丑陋残忍暴露无遗，这种揭露便是一种至深的谴责。

要鉴赏叙事性散文文本语言在记叙上的细腻，包括叙事性散文文本用词的精准细腻、修辞的使用以及留白的叙事艺术。鉴赏用词的精准要通过散文文本中的某些虚词、动词、数量短语的使用，作者时常将自己特别的情感暗藏在文本中几个韵味深厚的字词中，有时只需细细咀嚼文中的一个字就足以领会作者特别的情思。鉴赏叙事性散文文本中修辞的使用，就是要鉴赏点到为止的修辞所起到的强化情感的作用。叙事性散文的细腻真实，有时还表现为语言留白的艺术，让读者去完成那份未言说的真实。

赏用词的精准细腻，如鲁迅的《纪念刘和珍君》中第二段"我也早觉得有写一点东西的必要了，这虽然于死者毫不相干，但在生者，却大抵只能如此而已"。一个连词"却"、一个模糊的程度副词"大抵"和一个限定的范围副词"只能"的连用，体现了生者在死者面前是何等卑微，表达了作者面对这件事、这个社会的痛苦无奈，也是对黑暗现实的深深控诉。又如夏衍的《包身工》中，"十二尺深的工房楼下，横七竖八地躺满了十六七个猪猡"、"一共八十户一楼一底的房屋，每间工房的楼上楼下，平均住着三十二三个'懒虫'和'猪猡'中的数量短语的罗列，不仅准确反映了包身工住宿条件差，而且还能直观地告诉读者，过着这样悲惨生活的人很多，不得不让读者为之震撼，让人心生恐惧。该文中第33段中的"单就是这福临路的东洋厂讲，光绪二十八年三井系的资本收买大纯纱厂而创立第一厂的时候，锭子还不到两万，可是三十年后，他们已经有了六个纱厂，五个布厂，二十五万锭子，三千张布机，八千工人和一千二百万的资本。"结合全文看这些数字，给人一种胆战心惊的感觉，因为这些数字告诉了读者，每增加的一个数字都是无数包身工用生命换来的。

鉴赏叙事性散文文本恰到好处的修辞，就要鉴赏文本中用比喻、类比、对比、反衬、反讽、排比等修辞手法。修辞的运用将人或事立体地刻画出来，细致入微的刻画展现出外在的真，通过外在的真来传达内心情感的真。如《奥斯维辛没有什么新闻》描写美好的环境来反衬恐怖的过去,用大自然和儿童的天真、不记仇的特性,来彰显连大自然和儿童都无法抹去人类共同的心灵深处的创伤。

所谓语言的留白,就是在文本表述中不言或少言。在文学表达中自古以来便有"言不尽意"之苦,叙事性散文文本的叙述中也常常运用留白的艺术来弥补叙述的不能尽意之苦。在叙述中,留白可以引发读者去填补未言的真实。如罗森塔尔《奥斯维辛没有什么新闻》第 7 段最后一句"导游也无须多说,他们只消手指一指就够了",第 10 段"解说员快步从这里走开,因为这里没有什么值得看的"以及第 11 段"解说员试着推了一下门——门是锁着的。参观者庆幸他没有打开门去,否则他会羞红了脸的",这些地方作者留下了语言的空白,没有叙述完整,让读者自己发挥想象去填补这些语言的空白,从而无限制地扩大了集中营的恐怖,使叙事性散文更真实细腻。

(二)抒情性散文教学中语言鉴赏内容的选择

抒情性散文以抒情为主,作者用语言文字,借景物将抽象的情感生动形象地表达出来。因此,鉴赏抒情性散文的语言,就是要品味作者如何运用语言文字来营造意境、传递情感,以及作者如何将主观的情感赋予客观物象,将一切景语化为情语,达到物我两忘的境界。

首先要鉴赏通过意境的营造来传递情感。意境的营造,从语言角度来说主要是通过音韵节奏的变化、语言的色彩、修辞的综合运用而形成的。抒情性散文特别注重语言的节奏韵律,通过语言的音韵来使意境有声,调动读者的听觉感官,形象地感悟抽象情感。音韵节奏的变化主要是通过音节、停顿、押韵、声调的抑扬、整散句的搭配、虚词以及联绵词的运用而形成丰富变化,通过文章外部音律节奏的变化来体现作者内部情感的变化。如朱自清的《荷塘月色》第 4 段中的"曲曲折折的荷塘上面,弥望的是田田的叶子,像亭亭的舞女的裙。层层的叶子中间""正如一粒粒明珠""微风过处送来缕缕清香""叶子本是肩并肩密密地挨着""叶子底下是脉脉的流水"等句子中,"曲曲折折、田田、亭亭、层层、粒粒、缕缕、脉脉、密密"这些叠字词和联绵词的使用,不仅将事物形象地展现出来,还使音韵整齐,节奏舒缓,通过语言音韵的这种舒缓将荷塘月色的朦胧之美展现无遗,也表现出作者那份忘我的宁静。

冯骥才认为："绘画是把瞬间变为永恒，文学是文字的绘画，所有文字都是色彩。"[①]抒情性散文在意境营造中特别注意色彩的选择和搭配，通过色彩来营造某种画面的同时，也借色彩来传递作者的主观情感。对语言所描绘的色彩进行鉴赏，也是对作者内在情韵的品味，如《文学语言学》中所说"色彩与人的心理、情绪、情感有着密切的联系"[②]。语言的色彩有两种表现方式：第一种是直接运用表示色彩的词汇，给读者直观的色彩感受；第二种是借物象的组合来反映色彩。如郁达夫的《故都的秋》同时借用有关颜色的词和物象来表现色彩，传递情感。文中的"芦花""柳影""夜月""浓茶""碧绿""蓝朵""淡绿微黄""残荷"等物象的选择都呈现出冷色系色彩，加上直接的冷色系色彩词的使用，形象地传达出了秋天清冷的特点，也传递出作者内心的悲凉。

修辞手法的综合运用是抒情性散文营造意境的重要手段。语言本身是平面的，要通过语言来营造立体灵动的意境就必须借助于修辞。像陆蠡的《囚绿记》对常春藤的描绘，就多用拟人和比喻的修辞手法，赋予常春藤人的特性，具有人的情感，塑造了一个有声、有色、有情感的灵动的生物，将作者自身的情感蕴含于其中。

其次，要鉴赏将主观情感赋予客观物象。抒情性散文文本常用的表现手法有托物言志、借景抒情等，作者使物有志，使景有情，从语言的角度来说，就是将本该运用在有思想、有情感的人身上的词语运用到物象的描绘上，使物我、景我融为一体。如郁达夫的《故都的秋》第1段中的"可是啊！北国的秋，却特别地来得清，来得静，来得悲凉。"这其中的"清""静""悲凉"其实不是秋的"清""静""悲凉"，物象是不具有任何情感因素的，是作者内心感觉"清""静""悲凉"，特别是"悲凉"带有非常强烈的主观性，将描绘人的情感的词语用在描绘物象上，将人抽象、内隐的情感形象化，从而达到物我相融的境界。又如陆蠡《囚绿记》中的"植物是多么固执啊！它不了解我对它的爱抚，我对它的善意。我为了这永远向着阳光生长的植物不快，因为它损害了我的自尊心"，还有"我渐渐为这病损的枝叶可怜，虽则我恼怒它的固

---

① 赵玫.艺术天空的闪电.光明日报,1993:28.
② 李荣启.文学语言学.北京:人民出版社,2005:240.

执，无亲热，我仍旧不放它走"。常春藤是没有情感也没有品格的植物，作者将形容人的词语"固执""无亲热"用来形容常春藤，通过词语的化用使人的主观情绪刻画在客观物象上。这里的常春藤不仅和人一样有脾气，而且它还有主动性，它能"损害我的自尊心"，将作者内心对绿色的超乎寻常的渴望体现到了极致，也体现出常春藤的天性使作者暗自叹服，词语的异化使用明显地起到将作者内心情感外化的作用。

（三）议论性散文教学中语言鉴赏内容的选择

议论性散文说理性比较强，思维逻辑严密，讲究准确性和思想的深刻，但因其形象性和抒情性，又有别于纯粹的议论文，这一切要靠语言来缔造，只有掌握了语言才能理解作者暗藏在语言背后的深刻思想。在人教版高中语文教材中，选入的议论性散文有演讲词、随笔、杂文，它们有着自己的语言特色，如演讲词的语言具有鼓动性、通俗性、口语化、形象性、观点鲜明、逻辑严密等特征，而随笔的语言具有形象性、逻辑严密、思想深邃等特征，杂文的语言又具有形象性、讽刺性、犀利性等特征。在鉴赏议论性散文的语言时，要注意它们各自的语言特征，但它们又有区别于其他散文的共同特征，如思想的深刻性、严密清晰的逻辑以及语言铿锵的节奏和语调。因此，鉴赏议论性散文文本的语言就要鉴赏它思想的深刻性、严密清晰的逻辑以及语言铿锵的节奏和语调。

首先要鉴赏议论性散文语言思想的深刻性。从散文语言的角度来讲，议论性散文语言的深刻性主要是通过语言的陌生化手法、运用本身内涵丰富的词语以及运用丰富的譬喻实现的。思想的深刻离不开语言的张力，语言张力主要靠运用语言的陌生化手法来实现，如颠倒词序、词性的变化、词语的超常规搭配组合以及悖论词语的搭配，使语义产生隐喻性、象征性、非逻辑性，打破语用常规的束缚，使语言的表达呈现出一种陌生感，引起读者注意的同时，也能在语义和语境上形成巨大的张力，给人想象和思考的空间。如蒙田的《热爱生命》第3段中的"这倒不是因生之艰辛或苦恼所致，而是由于生之本质在于死"，"只有乐于生的人才能真正不感到死之苦恼"，其中"生"和"死"从词义上来说本是一组完全对立的词语，但这里作者却用"死"来解释"生"，说"生的本质在于死"，超常规的词语搭配，使词义从一个极端流向另一个极端，扩大了语义空间，给读者思考的空间。

议论性散文文本的深刻有时在于文本中运用了内涵丰富的词语，如蒙田《热爱生命》中所提及的一些词语如"生命""生""死""日子"等等，都是内涵十分丰富的词语，作者利用了这些词的丰富内涵，来勾起作者自身的生命体验，因为没有人能阐释清楚这些词语的具体含义，读者要体悟到这份感受，必须调动自己对这些词的感受。读者融入了自己的生命体悟，便使文本有了更广阔和深刻的内涵。又如鲁迅的《拿来主义》第1段中对嘲讽者的称谓是"大师"，把他们做的事称作"发扬国光"，"大师""发扬国光"从词语的属性上来说都是属于褒义词，一般是用来表示称赞的，文章中给这两个词加了一个引号，就将褒词贬用了，形成深刻的嘲讽。

在议论性散文文本中，运用丰富的譬喻也能丰富文本的内涵。譬喻在借彼喻此的过程中，使阐述更加形象，还能通过另一事物丰富本体的内涵。如《拿来主义》第1段中的"自从给枪炮打破了大门之后，又碰了一串钉子，到现在，成了什么都是'送去主义'了。"这里将清政府被外国打败后签订的一系列不平等条约比作"碰了一串钉子"，表现了清政府在和外国较量中所遇到的打击和失败之多，揭露了清政府的腐败无能。

其次，要鉴赏议论性散文语言严密清晰的逻辑性。议论性散文语言严密的逻辑性主要表现为观点鲜明，文本结构清晰；连词的运用，关键词的反复。用简洁的语言表达出鲜明的观点，使议论性散文逻辑清晰，散而不乱。像演讲词，它通过语音传递，转瞬即逝，更要求语言表达简单明了。观点的鲜明，首先是用简洁的语言放在显眼的位置，如蔡元培《就任北京大学校长之演说》中将所有的观点都清晰地罗列在句首，使文本的结构非常清晰，让听者一听便知。观点的鲜明还表现为观点的直接陈述，在文本中直接将观点用一两句话表述出来，其他文字都是围绕观点来进行论述，如蔡元培《就任北京大学校长之演说》在第1段就提出了这个演讲"以三事为诸君告"，然后就在接下来的每一段的段首说了这"三事"就是"抱定宗旨""砥砺德行""敬爱师友"，观点明确，文本结构清晰。

议论性散文严密的逻辑性还要依赖大量连接词的使用以及关键词的反复来实现。连词的运用能够使表达更加丰富，而且显得条理清晰。如林庚的《说木叶》中大量的顺承、转折的连词的运用："至于、则、就是……也就是、可是、却、其实、但是、因为、而是、可见……那么、于是、乃、岂不、又、从……到、其中、也、虽然……也、而、难道、然则、首先、要是……就、此后……都、这当然、才、所谓、然而、因此、至于、不但……而且、尽管。"作者运用这些连词，能对观点进行多方面阐述，而且让文本思维清晰，逻辑严密。关键词的反复出现也能起到思维清晰、逻辑严密的作用，如蒙田的《热爱生命》中"生命""生"的反复出现，使文本围绕"生命"来展开，思维清晰，逻辑严密。

要鉴赏议论性散文语言铿锵的节奏和语调。议论性散文在表达强烈情感的同时，还必须有说服力，这就要求语言有铿锵的节奏和语调，在气势上具有压倒性，特别是演讲词和杂文。语言铿锵的节奏和语调依赖句式。在议论性散文中，多用短句和简单句以及整齐的句式来形成明快急促的节奏，迫使读者或听众接受作者的观点。如马丁·路德·金的《我有一个梦想》，多用整齐的排比句、排比段、短而简单的句式以及简短的段落，使文本节奏明快，给人强烈的语音冲击。如文本中的第 10 段到第 13 段，不仅是排比句也是排比段，用相同的句式列举黑人受到的种种不公正待遇，这样声势浩大的排比句、排比段的运用，通过铿锵的语音形成一种不可抗拒的气势，表达了演讲者内心对黑人受到不公正待遇的愤怒，也传达了作者内心对获得自由平等权利的强烈要求。又如鲁迅的《拿来主义》多用短句，节奏快，语气决绝，读起来铿锵有力，不容辩驳。议论性散文要通过语音给人震慑力，还离不开犀利坚定的语调，特别是批判性十分强的杂文。音韵节奏和虚词的巧妙使用能形成议论性散文坚定犀利的语调。议论性散文坚定的语调依赖于语言节奏的划分，比如标点的运用，在《拿来主义》中多用"！"来表示语气不容辩驳。感叹号多用于抒情，而在《拿来主义》中感叹号的运用就是用来表示绝对的不容争辩的肯定，如第 2 段中的"但是我们没有人根据了'礼尚往来'的仪节，说道：拿来！"，还有"所以我们要运用脑髓，放出眼光，自己来拿！"，"我想，首先是不管三七二十一，'拿来'！"这些感叹号的运用都形成一种铿锵有力的语音，形成一种坚定的语调，表达出作者强烈要求中国人一定要鼓起勇气去拿的愿望。议论性散文犀利语调的形成，还要注重虚词的运用，比如语气词、副词的运用。在《拿来主义》中"了""得""罢"的运用，使文本节奏变缓。这样的故意放慢节奏，能够凸显句子内容，结合语义便形成一种嘲讽的语调，来犀利地嘲讽愚昧的国人。

三、散文语言鉴赏教学的策略

(一)美点渗透

高中生已经具备基本的语言理解能力,但发现挖掘的能力还不足。散文文本中语言的美点,也就是散文语言使用精妙之处,意蕴丰赡、耐人寻味之处,具体而言,如散文中用得准确传神的字词,像副词、连词、动词、时间词、语气词的准确生动的使用与情感表达的精妙关系;散文中物象、色彩、意境与情感的契合;陌生化、创意性的语言运用与情感传递的关系;语音节奏和作者情感的传递;修辞手法的运用与作者情感表达的关系等。如果老师指出来,稍加引导,学生就能体味得到,并能有自己的见解。我们在散文文本语言鉴赏教学中,就要有美点渗透的过程。所谓美点渗透,就是在教学中老师以提问、质疑、引导发掘、自主感受的形式,将散文文本中语言的美点寻找出来,引起学生的关注,然后教师提供相关的背景资料作为辅助,让学生自己去感悟思考,让学生在感悟思考中形成自己的见解,教师再做一定的引导和点拨,然后总结归纳。有的散文可能有一个美点,有的散文可能同时兼具几个美点。在语言鉴赏教学中长期地渗透,能让学生掌握散文中的语言美点,久而久之自己就能发现文本中的美点,自行品鉴。比如在鉴赏记叙性散文文本语言时,要让学生知道记叙性散文靠精细真实的刻画来传递情感。如教学记叙性散文《小狗包弟》就可以用提问法来引导学生关注其中表示时间点和时间长度的词、短语以及它们与作者情感的密切关系。可以这样提问:"在文中多处有表时间点和时间长度的短语,这些短语可不可以省略,为什么?"通过问题让学生关注作者对时间的描绘,然后对这些短语进行品鉴,从而向他们渗透表时间的短语也有非常深刻的内涵。《小狗包弟》里面,作者记录了很多的时间点,如"1959年""1963年""1962年""1966年8月"。这些看似单调无趣的时间短语,结合文章可以发现是有深厚内涵的。这些时间短语所表达的时间点距离作者写作的时间有十几年了,可是作者却能清晰地罗列出这些时间点,表达了作者对所写的这件事是多么刻骨铭心,确切地说就是表达了作者对小狗包弟深深的怀念和歉意。通过发现这些时间短语和鉴赏这些时间短语,让学生知道在记叙性散文中时间短语不可小觑。同样，在教学必修一第四单元的"新闻和报告文学"时，再次将这个知识点渗透其中，让学生发现时间短语的使用与作者情感表达的关系，知道在记叙性散文中表时间点、时间长度的短语具有十分丰富的含义，不仅能体现事情的真实性和过程性，作者也经常运用表时间长度的短语来传达自己某种特殊的情感。在散文鉴赏教学中将不同的美点不断地进行渗透，在渗透的过程中强化了语言的美点，而且能让学生发现这些美点与情感表达的关系，从而让学生在语言鉴赏中学会美点迁移。

（二）以读会意

俗话说"读书百遍，其义自现"，对于情意丰赡的散文更是需要通过多种形式的读，在读中品味出作者蕴含其中的情思。散文语言流动的音韵也是作者情思的自然流露，散文虽不像诗歌那样要求严格用韵，但也不是完全不讲究韵律。要让学生领会语言音韵中潜藏的情思，就要组织读的活动，通过多种形式的读去体会作者的情感。不同的散文用不同的读法，像朱自清的抒情散文《荷塘月色》中的第4、5、6段就要美读。美读难度较大，老师可以先范读，让学生在听读中感悟文章营造的画面美，然后让学生自己去读，把文章的节奏语调读到位，将作者藏在音韵节奏中的情感，通过声音准确传达出来，学生便能通过外化的声音去体会作者内隐的情感。对于议论性散文中的演讲词，不仅要让学生读，还要让学生扮成演讲者把演讲词还原为演讲，学生便能以演讲者的身份去反复揣摩、体会演讲词如何借音韵节奏来传递情感和达到宣传鼓动的效果。像非常经典的马丁·路德·金的演讲词《我有一个梦想》，就应该让不同的学生去扮演马丁·路德·金的角色，将演讲词还原为演讲，训练学生读出作者蕴含其中的情感。而读鲁迅的杂文《拿来主义》就要让学生从语调、语气的准确表现入手，通过准确再现文章的语气、语调展示杂文批判和讽刺的艺术。学生在读的过程中将讽刺批判的语气、语调抓准了，那么鲁迅藏在语言文字中的尖锐批判、强烈呼吁和愤怒便清晰明朗了。学生难以体会和理解的句子，老师可以把语言进行一定的转化，再进行比读，通过比读将作者表达的情思外化。可以把句式进行一定的调整，如化散为整，化整为散，化短为长，化长为短，或变化停顿，也可以换词，或去掉一些语气词、助词，再将这些被转化的句子和文本中的原句进行比读，这种比读使原句的精妙和蕴含的情感更清晰地呈现出来，这就是以读会意的品读方式。

以读会意还必须让学生对语言的音韵节奏和作者传情达意的关系有一定的了解，这样学生在以读会意的训练中才能举一反三，读而会意。语言的音韵节奏要依赖句式的灵活运用，句式的灵活能使文章整体韵律和谐，轻重缓急恰到好处，从而使文章的音韵节奏与情感、意境相契合。句子中某些词语本身具有音韵美，这些词语的组合、运用也是作者传情达意的关键，如叠词、联绵词、双声叠韵、单字、语气词的使用，都是形成语言音韵美和表达作者情感不可或缺的因素。散文语言的韵律美还包括篇章的韵律安排，也就段落的节奏，或长或短、或紧或密的段落安排都影响着整个文章的韵律美，这些韵律也是作者情感起伏变化的外现。

（三）转化比较

散文以情动人、以思想深度动人，然而这些动人的情感和思想很多时候却潜藏在质朴的语言之中，寄托在某几个关键词上，蕴含在未言之处，暗含在陌生化的语言运用中，不易被学生关注和察觉。要让学生关注这些不易察觉却又有着深刻内涵的词句，就要用转化比较的方法，将它们不易被察觉的优势外化出来。转化比较，就是运用换词换字法、省略字词法、填补空白法、修正异处法、改变秩序法将文章中的句子进行转化，再将转化后的句子与文本中的原句进行比较，使原文中比较隐晦的意义变得直露明了。比如巴金的叙事性散文《小狗包弟》，作者运用难以引起人们注意的时间词表达了自己对包弟的愧疚和思念，这就需要教师利用转化法将这些时间词凸显出来，引起学生的注意。可以用省略法或换词法，将时间词去掉或者换掉；可以将准确的时间词换成大概的时间词，然后将转化后的句子与文本原句进行比较，这样学生便不难发现潜藏于言语背后的秘密。又如，有的散文文本通过几个关键词来表达深刻的意蕴，这种情况就可以用换词法，再用转换后的词与原句中的词进行比较，在比较中让学生体会到原句中词语的精妙。如鉴赏鲁迅的《拿来主义》，文本中有几个动词意蕴十分丰富，但不仔细品读，就不容易察觉，这时便可用其他意思相近的词将原词替换，如"还有几位大师们捧着几张古画和新画，在欧洲各国挂过去，叫做发扬国光"，其中的这个"捧"字可以换成"拿、提、带、携、背"，把"挂"换为"贴、展、铺"，再将置换之后的句子与原句进行比较，通过比较便可以让学生明显地体会出"捧"字那极奇形象的勾勒和刻画——勾勒刻画出所谓"大师"们那一副唯唯诺诺、毕恭毕敬、亦步亦趋的奴才模样。"挂"又刻画出"大师"们自鸣得意、不可一世的无知丑陋之态，表现了作者对这些人的嘲讽和不屑。如果散文文本将深厚的意蕴寄托于那未言之处，就可以用填补空白法来鉴赏：首先带领学生发现文章中的空白，然后让学生结合全文发挥想象去填补文章的空白，在填补过程中体味作者藏在文章未言之处的情蕴。如鉴赏罗森塔尔《奥斯维辛没有什么新闻》，文本中的"导游也无须多说，他们只消手指一指就够了"，"解说员快步从这里走开，因为这里没有什么值得看的"以及"解说员试着推了一下门——门是锁着的。参观者庆幸他没有打开门去，否则他会羞红了脸的。"这些地方都留有空白，让学生根据全文充分发挥想象把空白填补出来，再将学生填补的内容进行比较，体会出作者在文中那份无言背后的强烈情感。

　　作者在散文文本中使用变异的陌生化的语言也经常含有作者特别的用意，学生对语用不敏感，也不易察觉到它的妙处。要让学生察觉到它的妙处，就要把变异的语言转化出来，用修正法将变异之处修正过来，再将修正后的句子和文本中的原句进行比较，在鲜明的对比中察觉作者的用意。如鲁迅的《纪念刘和珍君》中有这样一句话"我将深味这浓黑的悲凉"，这句话中用"浓黑"去修饰"悲凉"，浓黑本是用来形容具体可感、客观存在的事物，而这里却用来形容抽象的悲凉，是有违语言使用规律的，这里就是运用了语言的陌生化手法。在教学中就可以将异化的修饰修正过来，将"浓黑"换为表程度的词"深深"，再让学生对比，在对比中就可以发现，和"深深"比起来，"浓黑"能将抽象的不可感的悲凉形象化，表达出作者内心深深的压抑、痛苦。可见运用转化比较法能将含蓄的散文文本中深刻的意蕴外化，让学生理解起来更加容易。

（四）学以致用

　　散文语言意蕴深厚，形式优美，音韵和谐，不仅值得我们细细品味，也是学习语言的优质素材，在鉴赏完成的基础上再尝试运用文本中的语言，不仅能让学生进一步理解文本，而且可以提高学生语言运用的水平。将散文文本中的语言学以致用，要通过多种多样的形式来实现，如仿写精致的段落、补写空白之处、续写结局、选词拓展、同题异文等，根据散文文本的特色选择不同的学以致用内容，如鉴赏朱自清的《荷塘月色》的语言时，可以模仿第四段综合运用多种修辞手法和意境的营造。又如鉴赏鲁迅的杂文《拿来主义》就可以模仿文本语言的讽刺性以及犀利的语调让学生任选主题写一段文字，而鉴赏罗森塔尔《奥斯维辛没有什么新闻》中的语言空白，就可以让学生发挥想象填补空白。鉴赏随笔就可以用选词拓展的方法，让学生从随笔中选择意蕴深远的词语，围绕选择的词进行写作，如鉴赏蒙田的《热爱生命》可以让学生从文中选择"生命""人生""生""死"这些意蕴深远的字词来进行拓展写作练习。学以致用不仅能提升学生的语言表达能力，而且可以加深学生对文本的理解。

散文文本的语言鉴赏教学是突破散文文本教学这一重难点的关键，鉴赏内容的选择和教学策略的选择同时决定了语言教学的有效性。因此，散文的教学要从散文的语言入手，而语言鉴赏要重视语言教学内容的选择和教学策略的运用，只有将两者同时做好了，才能实现散文文本语言鉴赏的有效性，突破散文教学这一重难点。

（作者系第二届实验班学员，论文指导教师刘中黎。）

文言文朗读教学的层次推进

石正勇

摘 要：文言文在初中语文教科书中所占的比例较高，目前对教师教授文言文提出了更高的要求。文言文教学离不开诵读，本文对文言文的朗读教学框架的构建、课堂教学的推进，提出了初步的构想，寄望借此提高学生学习文言文的兴趣和学习效率。

关键词：文言文；朗读教学；层次推进

"文言文教学在中学语文教学中占有举足轻重的地位，在教科书中的比例较大，七、八年级占总篇目及课时量的1/4左右，九年级占总篇目及课时总量的1/3左右。这一比例很容易看出文言文在语文教学中越来越受到重视。"[①]在中考试题中，文言文知识又是中考命题必不可少的考查点，越来越多的地区既考课内文言文，又考课外文言文，且分值大都在15分以上，题型相对以往更加灵活多变，因此，对学生学习文言文提出了新的要求。

在《全日制义务教育语文课程标准》（2011年版）中也明确提出要求：用普通话正确、流利、有感情地朗读课文。背诵优秀诗文80篇。这些都是社会重视文言文教学的体现。

一、文言文教学的现状与突围

中学语文教科书精挑细选收录了大量中华民族的文化瑰宝——历代名家美文。这些倾注了无数古人心血的佳作，脍炙人口，传唱千古。然而到了今天，

---

① 刘加秋.文言文教学的常用方法.考试（教研版），2008，1.

一部分中学生对文言文的学习开始排斥,甚至感到枯燥无趣。文言文本身的特点有语言艰涩,古奥难懂,又和现代中学生的语言习惯、社会经历、价值观念的契合度不高,学生要在课堂上跟上老师的教学节奏确实存在着不小难度。

与此同时,表现在教师身上的原因就是教法简单陈旧,"填鸭式"地刻板灌输。在现代文阅读中,教师大都能把主动权交还给学生,而在文言文教学中,"字字落实,句句清楚"一直被一些教师奉为圭臬。教师因为担心学生不明白,不管三七二十一,"一味地死输硬灌,一字字地讲,一句句地译,面面俱到;学生不停地做笔记,生怕漏掉一个词语解释,生吞活剥,囫囵吞枣,来不及思考,被动地听着"。还要掌握一些语法知识,导致学生学法单一。教师尽管讲得口干舌燥,可学生听起来索然无味,昏昏欲睡,效果很差,渐渐地失去了学习文言文的积极性,不能触类旁通。并找到行之有效的学习方法。再就是教师要求背诵的内容多,学生感到学习压力太大,一部分学生还认为背诵文言文今后无多大用处。

"语文教科书所录篇目,有的豪迈奔放,有的静穆闲适,有的委婉含蓄,有的深沉凝重,都是作者心灵的产物和情感的结晶。"[1]所以无论从继承传统文化的角度,还是从积累古人字、词、句、章和写作技巧的角度,文言文朗读教学都占有极特殊的地位。可以说,"文言文朗读教学关乎着学生语言习惯的培养、语感的形成、思想意识的引导、人格的塑造、审美情趣的提高。"[2]

加强文言文朗读教学,引导中学生有感情地诵读一些经典文言文显得尤其重要。所谓诵读,就是有表情地以记诵为目标的朗读。其特点是诵读注重一个"熟"字。不是读一遍两遍,而是要读好多遍,即所谓"熟读成诵"。"诵读更注重声调的抑扬顿挫。要知道,声调也是一支无形的'笔',也可以绘形绘色。不过它不是用线条、色彩,而是通过声调的轻重疾徐、抑扬顿挫来达到效果。"[3]

诵读是学生对文章进行整体感知的重要环节,它能够使学生克服语言障碍,消除时代隔膜,领会其思想感情,加强对文章的理解。"文言文字少而意

---

[1] 袁媛.浅谈文言文的有效教学.新课程(教研版),2008,5.
[2] 黄翠梅.文言文朗读教学探究.中学教学参考,2009,28.
[3] 王赛云.趣教文言文.语文天地,2006,15:27-28.

思深，单音而韵味长，需要通过放声诵读，才会记得牢靠，有利于进一步理解。"[1]诵读还有利于提高中学生学习文言文的兴趣，有利于克服目前中学教学一线普遍流行的机械式读背、完成任务的模式。

古人强调"读书百遍，其义自见"的学习方法，在今天依然有借鉴意义，尤其是文言文。文言文比现代文更讲究韵律，古人常采用"吟唱"的方式来诵读诗文，文言文学习的经验就是大量地诵读（朗读和背诵）。中学阶段学生学习文言文，没有很好的文言语感，文字较为生疏，也没有丰富的停顿断句常识，而通过对文言文的有效诵读，可以在一定程度上弥补这一方面的不足。

二、文言文五步朗读法教学初探

中学生要学好文言文，最恰当的方法应该是把"读"摆在首位，因此，教师在教学中要突出朗读教学。其问题的关键所在就是如何有效组织好朗读教学？怎样有序地展开推进朗读教学？下面笔者就结合前辈的研究成果和自己的一点教学体会，浅谈对文言文朗读教学的层次推进的构想。

（一）读正字音

该环节的主要目标是读准字音，初步感知课文内容。

读准字音应当是文言文朗读的第一个步骤，是诵读的最基本的要求，也是进一步开展文言文教学的前提和基础。这不仅是初中生必须积累的知识点，更是关乎学生能否跟上课堂节奏的大事。学生只有先将生疏的字音字词读准了，才能更好地进行后面更为复杂和深入的学习。

文言文要读准字音，除了一般意义上的给学生字纠正读音外，还必须重点注意三个方面：一是要分辨古今异读的情况；二是强调多音字在这里的准确读法；三是要弄清现在不常见字的读音。

在该环节的开展上应当做到形式各异，避免单调重复，不仅仅是教师单纯地指出、学生勾画的模式，应该做到让每一个学生都积极地参与进来。可以是开展预习检测，抽选某一位同学先朗读全文，同时要求其他学生仔细听，找出

---

[1] 金国海.重视文言文朗读教学 回归语文教学的本真.中学教学参考,2010,15:25.

朗读同学有无读错字音的地方，有则指出，这样一方面加强了学生课堂学习的积极性，另一方面也是对学生有效预习的督促；无则加以肯定表扬，激发学生学习文言文的动力。也可以采用完成注音练习或小组注音比赛的方式来完成这一教学环节，其目的就是真正做到让学生重视读准字音这一项文言文学习的基本功。

有两点要强调，一是教师要督促学生做好生字词在课本的注音标记，让学生养成注音标记的良好习惯。二是无论以哪一种方式开展这一环节，之后都应当有一个强化训练，让学生学有所获，以求达到初步感知文意的效果。"所谓初步感知，即在文本信息的获取过程中，首先形成一个大致的或者零散的感觉。初步感知的内容是表面的、浅层次的、不求甚解的，甚至是各不相同和难于言表的，但初步感知强调第一印象，是培养学生语感的有效途径。"[①]

（二）读明节奏

该环节的主要目标是疏通文意，准确划分文句的节奏，能够有节奏、有停顿、有古文味道地朗读课文。

节奏，《现代汉语词典》解释为"音乐中交替出现的有规律的强弱、长短的现象"。古典诗文的节奏指的是为了表情达意的需要，在诗文适当的地方所做的短暂停顿。语文试卷上也屡屡出现这样的试题。这类题型涉及文字、词义、语法以及古代文化常识，综合考查了学生的文言语感，是文言文命题的一种好形式。因此，能够准确划分节奏，对于提高学生朗读水平，增强应试能力也是十分必要的。

对文句节奏的把握也是学习文言文必备的技巧，读准文言文的节奏有利于培养学生敏锐的文言语感，同时将自己真正带入咀嚼文言文句的境界中去，从而获得精神上的美感。

在划分节奏之前必须要做的一个教学工作就是疏通文意，这是确定文言文停顿节奏的前提。疏通文意应当是文言文教学最重要的工作之一，它是后面品读文章的基础，是考试中所必须考查的。所以这一环节的工作一定要做好做扎实。作为对疏通文意效果的反馈，可指导学生复述课文，这一方面可以促使学

---

① 凌丽.以朗读为利器探古文之幽径——小议初中文言文朗读教学.中学教学参考,2009,11:78.

生在整体关照的基础上把握文章轮廓,另一方面可以培养学生对信息的筛选能力。

继有效的疏通了文章大意之后,学生对文章主要内容有了一个比较全面的了解,开展节奏划分的工作就变得水到渠成,文言文节奏的划分是一项十分复杂的工作,语文新课标中规定"浅易文言文,能借助注释和工具书理解基本内容"。要准确理解文言文的内容,除了弄清字词的含义、掌握古今词义的异同、通假字,准确把握文言文朗读节奏也是重要的一环。"句读之不知惑之不解",不能准确划分朗读节奏,会直接影响对文句、文篇内容的理解。疏通文意与划分节奏两者之间是相互影响的,两者不可偏颇。

划分节奏的方法多种多样,在划分时应当遵循文言文节奏划分的一般规律。如:

一是根据文言句子语法结构确定朗读节奏(主、谓、宾)。

二是根据发语词、句首的语气词、关联词等虚词或总结性的词语来确定朗读节奏。

三是语句倒装之处要停顿等。

还有一些特殊用法,如:句首语助词(又叫句首发语词)、关联词后面应有停顿。古代是两个单音节词而现代汉语中是一个双音节词的,要分开读。对古代的国号、年号、官职、爵位、史实、地名要了解,否则易导致朗读停顿错误。句式整齐的四言、五言、六言、七言等,朗读时可用相同的停顿来读,使语气语调一气贯通。

(三)读品情感

该环节的主要目标是,深层挖掘作者的内心世界,品味作者所抒发的情感,达到与作者的心灵共鸣。

一篇文章的精粹在哪里? 在笔者看来,就在于它所要传达的精神思想。学生在学习课文时,就不能只是应付式地学习几个生字词,几句千古名句,更应该学习作家在文章中流露的思想情感,获取丰富的社会经验,以求增长个体的人生成长经验。因而品味作家情感的工作变得尤为重要。

"语文课中'文'的理解往往与'情'交织在一起,即所谓'披文入情',抑或'披情入文'皆言于此。"①"文人状物关乎情","一切景语皆情语",作者在他的文学作品中总是会有意无意地寄托自己思想情感的,有的很直白,有的很隐晦,需要老师一步一步地引导学生来发掘。在此过程中,因为学生的知识面毕竟很小,不管是文学常识还是历史常识都不够丰富,就要求老师充分备课,及时、适时地补充穿插作者简介、写作背景、历史典故等有关知识,以便更好地让学生理解文意,品味情感。

另外,品情感是一种鉴赏性的诵读,也就相当于"美读",美读是使学生感受文旨文情,进入角色内心,激起情感流动的鉴赏手段。学生在对文章进行了充分理解的基础上,再次进行美读,并且认真咀嚼,品出文章的"真味",获取更丰富的形象美感。这时的美读还可以帮助学生吸收、积累语言,培养语感,从而提高语言能力。这需要老师极力去营造一种"美"的课堂气氛,可以音频伴读,让学生跟着优美的旋律朗读,上课伊始,充分利用多媒体课件,向学生展示了美丽的星空,把学生带进了一个新奇梦幻的世界。这也就相当于创设情境,在情境中引导学生品味文章情感。在全面推进实施新课程的今天,我们不仅要注重向学生传授文化基础知识,还要注意培养学生的想象力。爱因斯坦曾经说过:"想象比知识更重要,因为知识是有限的,而想象力概括着世界上的一切,推进着进步,并且是知识进化的源泉。"那么,教师就要在教学中多给学生想象的空间,不失时机地培养学生的想象力,让学生在想象中理解,在想象中创造,这也是进行文言文情感品读的不错方法。通过创设情境,让学生仿佛置身于与作者一样的环境中,自然而然有利于学生获得与作者相似的情感。另外,学生对文章的思想感情的了解,还要通过语气语调体现出来。"充分地调动目、耳、口、心,做到目观其文,耳闻其音,口诵其声,心通其意,真正达到'口而诵,心而惟'的境界。"②

也可以由教师做丰富的语言渲染,或者做一些作者和背景资料的补充,这能帮助学生较好理解文本及作者所要表达的情感,让学生切实地走进文本。

同时,教师要善于从"美"的角度,引导学生进行"美点寻踪",无论是用词、写句、层次、结构,还是音乐、画面、形象、思想等,都可让学生用自

---

① 王守刚.文言文诵读教学浅谈.中国教育技术装备,2010,13:24.
② 杨霞.浅谈高中文言文的教学.文理导航(上旬),2011,6:79.

己审美的眼光去追寻和探究，发现其美的所在。"让学生充分联想日常生活中的体验，来帮助理解课文，贴近学生的生活，才易为学生接受，间接地培养了学生语感的敏锐性。"[①]也只有很好地理解了，读书才能读出真感情。

（四）读熟成诵

该环节的目标就是学生能够背诵文章。

学习文言文的目的之一就是要能够背诵，新课标中也明确要求初中生要能够背诵优秀诗文80篇。

学习文言文不仅要求在课堂上读了几遍，对于那些言辞优美、脍炙人口的名家美文，更要求学生能够背诵下来，不是因为应付考试的需要，而是因为语言是今古相通的，不断地诵读有助于提高学生现代汉语水平。教材中的文言文作品布局严谨，行文简洁，诵读这样的文言作品，对提高学生现代文的写作水平是很有帮助的。

在朗读领悟了作者的感情、文章的寓意之后，就戛然而止地结束教学，其实也不是最理想的课堂。如果教师能够在全体同学深刻领悟了文本之后，再次回到朗读上来，让大家进一步带着理解和感情再读文本，则既能与初读首尾相呼应，又能进一步巩固朗读指导的成果，真正达到"以读促思、以思促读"的目的。

通过前面的正字音，明节奏，品情感，学生对文章已经很熟悉了，要背诵全文应当来说是比较容易的。初中生有了一定的理解能力，所以要逐步减少机械记忆，学会理解记忆。

背诵应该以了解课文内容为前提，在此基础上，根据文章的思路来背诵。背诵的方法很多，略举几个。

记叙性文字可按事情发生发展的过程或抓住时间词语来背诵；说明性文字可按内外、远近、上下、左右、由主（次）到次（主）等说明层次记忆；议论性文字可抓论点、论据或中心句、分承句来记忆。

具体方法有：

（1）还原式。很多学生不愿背诵古文，是不理解语意，感受不到古文之

[①] 傅建荣.重视文言文教学中的传承关系.科教新报(教育科研),2009,6.

美，加之读来拗口，易脱句。针对这种情况，可将文言文译成片段美文，然后让学生尝试着还原成课文原句。如是几番，学生在理解的基础上很快便能熟记课文，又能更深一层掌握文意，还能从中领略到文言文不同于现代文之美。

（2）问答式。即教师设置与课文紧密相关的问题，要求学生用课文原文回答。

（3）连贯式。此法常用于骈文或诗句，因为其句式对偶而连贯，教师诵出上句，学生很自然地接出下句。

（4）联想式。这种方法多用于背诵复习时，能起到归纳总结的作用，比如可以出这样的作业题：请在三分钟内默写五句古诗文中写"月"的诗句或文句。

在文言文教学中运用多种记诵法，既可帮助学生有效记诵课文，又能使学生从中找到乐趣，不再把记诵课文视为苦事。

（五）齐背收束

文言文朗读教学，有必要在学习完新课之后有一个成果的验收。

以全班齐背结束一堂课的形式，一方面，学生张口齐背，能够让学生切实感受到自己学有所成，有一种获取知识的成就感在里面；另一方面，能够提振精神，表现出良好的学习风貌。

总之，通过上述五个层次，就构建了一个立体的朗读模式：

一、读正字音，学习积累基础知识，厚打地基。

二、读明节奏，在此过程中疏通文意，相当于架梁。

三、读品情感，穿插介绍作者及写作背景，是为内部"精装修"。

四、读熟成诵，最终达到理解文意、背诵课文的目的，层层推进，造成"大楼"。

五、齐背收束，学有所成，心有满足，是质量的验收。

结　语

周振甫先生曾说："立体的懂，它的关键就在于熟读背出，把所读书的全部装进脑子里。假如不是熟读背出，把所读的书全部装进脑子里，读了一课书，记住了多少生字，记住了多少句子，这只是点线的懂。"[1]大量地熟读、背诵，让学生"入乎其内"，如入无人之境地诵读，学会摇头晃脑地尽情朗读，读出文言文的抑扬顿挫，读出文言文的原汁原味，进而把握课文基本内容，筛选出课文的相关信息，从而达到"立体"的效果。

笔者认为，建立这样的五步朗读法对于开展文言文教学有如下三个方面的意义。

第一，有层次的文言诵读，有利于提高学生的课堂学习效率。文言文教学的难度一般会比现代文教学更大，学生学习起来会感到更加枯燥无趣，因而学习的主动性会降低，课上走神开小差的现象增多。通过调查，我们发现学生在朗读课文，特别是在有目的地诵读时，一般精力会比较集中，能够和大部队一起去张口朗读，从而能够在朗读中获取课堂知识。因此，文言文朗读教学是能够提高学生课堂学习效率的一种方式。

第二，文言文教学重视朗读，也是提高学生学习成绩的一种有效方式。每一次的语文考试少不了有古诗文默写，分值的比例较大，照理说像这么简单的题目，大多数同学都应该拿满分的，但是效果却不尽如人意。笔者以为，提高得分率的有效方式非多读多识记莫属了。因为文言文默写成绩提高了，也就能够在一定程度上提高语文成绩。

第三，语言是今古相通的，不断地诵读有助于提高学生现代汉语水平，提高语言表达能力。教材中的文言文作品布局严谨，行文简洁，诵读这样的文言作品，对提高学生的表达能力和写作水平都很有帮助。

总之，层层推进式、挖掘式的文言文朗读教学，有利于学生学习思路清晰，有利于学生有序、有步骤地深入理解作家的写作内涵，能够降低学生学习文言文的难度，提高学习文言文的兴趣。

（作者系首届实验班学员，论文指导教师刘中黎。）

---

[1] 温秀兰.寻觅文言津梁 感受经典魅力.科技信息,2010,5.

文言诗文教学中的语言品析和鉴赏

孙 琴

摘 要：语言教学是文言文教学的重点，同时也是难点。对文言诗文语言的品析和鉴赏需要从文本中的字、词、句入手，通过咬文嚼字法、诵读法、文化因子探究法来品味文言诗文所蕴含的语言表达之美、文学之美和文化之美。

关键词：文言诗文；语言教学；鉴赏

文言诗文作为古人运用语言文字的一种表现形式，是历代名篇佳作的荟萃，是中国传统文化的载体。古人在创作时，注重语言的锤炼和章法的考究，使行文具有严密简洁、典雅工整的特点，在字里行间中彰显着作者的思想情感，"蕴涵着丰富的民族文化精神，闪烁着一个文明古国的光辉和智慧，厚积着一个古老民族的情感和精神，潜存着汉民族生命的根基和热情"[①]。学者王荣生指出：文言文教学的要点集中体现在"章法考究处，炼字炼句处"[②]，并要求通过具体分析鉴赏，领略文言诗文的"所言志，所载道"[③]。可见，语言的品析与鉴赏在文言诗文教学中占据重要地位。

一、文言诗文中语言艺术的存在形态

我国文言诗文的语言运用艺术通常表现为三种形态，即：炼字、选词、锻造句子。

[①] 曹明海.语文教育文化学.济南：山东教育出版社,2005.
[②] 王荣生.语文学科知识与教学能力.北京：高等教育出版社,2011:207.
[③] 王荣生.语文学科知识与教学能力.北京：高等教育出版社,2011:207.

（一）炼字

古人作诗写文特别注重炼字。清人戴震说："经之至者道也，所以明道者词也，所以成词者字也。由字以通其词，由词以通其道，必渐。"并主张"由文字以通乎语言，由语言以通乎古圣贤之心志"。[①] 他认为，理解文字的运用之妙是理解文章旨意的必经之路，是通达圣贤心灵的桥梁。可见，品味文言诗文的语言就必须了解和鉴赏该文本中的炼字艺术。

首先，何谓炼字？ 简单而言，即是作者在写作时对文字的反复推敲和琢磨。它并不是随意地对文字的运用，它有着一个共同的境界追求，即"一字传神"。在作诗写文中，为了使行文更加严密凝练，思想和情感更加深邃，古人往往会对句中或诗歌中的某一字的运用进行反复考究、琢磨，而这样的字，被称为"文眼"或"诗眼"，这样的字也往往一字传神、一字见意，有着"着一字而境界全出的艺术感染力"。

其次，炼字亦是有法的。南朝刘勰在《文心雕龙·炼字》中强调"缀字属篇，必须炼择"，可见炼字即是选择、取舍。而古人在作诗写文时，对哪一类字需要反复锤炼和推敲也是有潜在的规则。古人在作诗写文中特别注重意境与篇章结构的和谐性和完整性，基于这一点，炼字则从整体出发，注意篇章的浑然天成。正如刘熙载所说："字句能与篇章映照，始为文中藏眼，不然，乃修养家所谓瞎炼也。"（《艺概·经义概》）同时，古人亦常在极具表现力的动词、表修饰限制的形容词以及具有艺术感染力的虚词等文字上下功夫，力求达到"一字传神"的艺术效果。

关于炼字的文坛佳话多不胜数。如清代著名学者王国维特别欣赏"红杏枝头春意闹""云破月来花弄影"这两句诗，他认为，着"闹""弄"两字，诗篇境界全出。当代学者钱钟书也曾评价，"闹"字使无声的姿态表现出了一种有声音波动的动态美，让读者的眼前呈现出一幅繁花缀枝、随风摇曳、相互挤簇的动态的画面，仿佛在视觉里获得了听觉的感受。而一个"弄"字，细致地描绘出淡淡的月光透过薄薄的云层洒下，花枝和着清风摇曳，影影绰绰的影子轻轻晃动的美好夜景，展现了一幅灵动的月色之景，同时暗暗透露出诗人的爱

---

① 张岱年.戴震全书.合肥:黄山书社,1994:370.

春惜春之情。"闹"字与"弄"字,便是作者突破一般的经验感受,经过反复的推敲和琢磨,锤炼出如此新奇的字句,从而唤起读者美好而丰富的联想与想象。由此,炼字的艺术魅力可见一斑。

(二)选词

从语言运用而言,斟酌、挑选富有意蕴内涵和表现力的语词是扩大文言诗文表现张力的重要途径。总结古代文言诗文的选词艺术,有如下表现形式:

第一,精选名词。这些词往往形象鲜明,意蕴丰富,很多词就是一个个的散文意象、诗歌意象,其中也不乏作为传统文化意象而存在的词。如"红藕香残玉簟秋"中的"红藕",从字面理解,即是荷花,或者说颜色为红的荷花而已。然"红藕"在古代的民间故事或诗歌里,具有独特的爱情内涵。在《采红菱》之类的民歌中,就把采红菱视为一种追求爱情的行为,而红菱便也成为男女之间交流情感的载体。在本词中"红藕香残",并不仅指"花谢了,秋天来了",以萧疏的秋意烘托词人离别的愁绪;同时,它还有另一番寓意,即是爱情的消逝,随着丈夫的离别,他们曾经的幸福美好也渐渐消散,更加深了她思念丈夫的愁绪。当学生理解了"红藕"的这一层含义,更能体会词人的情思和愁苦。再如周敦颐的《爱莲说》中"莲""菊""牡丹"这三个名词:

"莲",有着多层的文化意蕴。它有着素雅的清新气质;有着"出淤泥而不染,濯清涟而不妖"的洁身自好;有着不攀富贵、不慕名利的傲骨;有着面对酷夏骄阳仍独自绽放的斗争的血性。

"菊",在万物凋败的秋风中仍能綮然绽放的禀性,亦被历代文人所赞颂,引申为不畏严寒、不惧困苦的精神品质。而到了辞官归隐、躬耕田园的陶渊明笔下,菊有着不从世俗、卓然独立的高尚品格,之后演变成恬淡悠闲的田园生活的象征。到了宋代,菊多代表隐逸文化。

"牡丹",在唐代走向繁荣、走向世人的眼中。雍容华贵的花姿象征着一种无上的荣华富贵和功名利禄,有着浓厚的世俗文化的意蕴。

第二,精选有表现力的动词。文言诗文的语言运用中,动词的恰当选择和运用,有助于描绘生动的场景,刻画人物的复杂心理,表现文章丰富的意境等。例如,苏轼《念奴娇·赤壁怀古》中"乱石穿空,惊涛拍岸,卷起千堆雪",诗人选用的"穿"字,使画面化静为动;用"拍"而不用"击""打",

也使整个画面更宽，更富有气势；用"卷"不用"激""掀"，更意在突出波涛的形态美，与下文的"江山如画"相对应。这些都是锤炼动词所达到的艺术效果。

第三，精选有表现力的语气词、连词等虚词。在文言诗文中，"对于虚词的巧妙运用，既可以调整诗歌节奏，起到疏通文气、开合呼应的效果，又有利于语言逻辑性的加强，从而细微周到地表情达意，活跃情韵。"①例如语气词"也"。"生，亦我所欲也；义，亦我所欲也"（《孟子·告子上》）中，"也"起着停顿的作用，表现了当义和生不能兼得时，面临两难的抉择之时，内心难免有些迷茫和忧愁。一个"也"字，不仅舒缓了语气，使语言韵律和谐，还展现了面对生死与大义两难之境的人的犹豫不决和迷茫哀愁的状态。再如连词"而"，"吾年未四十，而视茫茫，而发苍苍，而齿牙动摇"（韩愈《祭十二郎文》）中的"而"，不仅延缓了语气，还是一种情感的抒发。它表现出一种感情的转折，一种背离自然、背离人生的痛感，把作者未老先衰的哀伤之态、苦闷之情生动地表达出来。

第四，精选有感染力的叠词。为了方便吟唱诵读，古人还常用叠词来增强文章语言的表现力。如李清照的名作《声声慢》："寻寻觅觅，冷冷清清，凄凄惨惨戚戚"，这三组叠词，极大增强了文章的表现力。"寻寻觅觅"，写出词人从睡梦中醒来便若有所失，四处寻觅，希望能找到些什么；"冷冷清清"，刻画了不但一无所获，反而看清孤身一人的处境，被一种凄清孤寂的氛围所笼罩。词人四处寻找，环顾四周，残灯只影，丈夫已逝，物是人非，不觉悲从中来。于是，"凄凄惨惨戚戚"由内而发，哀叹而出。这三组叠词在语气上也由舒缓渐为急促，意境上由哀婉渐为凄厉，一气呵成，语调凄清。这三组叠词的运用，不仅使诗句朗朗上口，更营造了一种悲怆愁惨的氛围，奠定了全词的哀伤基调。此外，叠词还有极强的抒情效果。如《诗经·小雅·采薇》中"昔我往矣，杨柳依依；今我来思，雨雪霏霏。"这一句寥寥几字就勾勒出了一幅"杨柳依依飘扬，雨雪纷纷扬扬"的寂寥冷清的画面。句中的叠词"依依""霏霏"更是饱含了一种缠绵情思，有着情思悠悠、愁绪连绵之感，把一个出门在外的旅人的心情表达得淋漓尽致。

---

① 刘非非.浅谈李白诗歌中虚词的使用.大众文艺(理论),2009,11.

除此之外，文言诗文在选词上的表现形式还有很多，但由于笔者的学习能力和篇幅所限，仅列举了以上几类。总而言之，为了使语言更加简练精美、形象生动、含蓄深刻，同时也为了增强语言的艺术感染力和表现力，古人在作诗行文中反复斟酌、考究，以富有意蕴内涵和极具表现力的语词来凸显文章语言的艺术魅力。

（三）锻造句子

锻造精警之句，锻造有高度概括力的主旨句，锻造有艺术魅力的精美句（修辞句是其中的一种），这也是扩大文言诗文表现张力的重要途径。

锻造句子，即是锤炼句子，在句中"使用夸张、想象等修辞手法，或是以少总多、婉曲坦陈等表现手法，使诗句精警动人。"[①]关于锻造句子的境界追求，欧阳修曾记载了梅尧臣所提出的一个标准："诗家虽率意，而选语亦难。若意新语工，得前人所未道者，斯为善也。必能状难写之景如在目前，含不尽之意见于外，然后为至矣。"（欧阳修《六一诗话》）可见，在打磨和推敲语句时，以"意新语工"为标准和境界追求，是让句子成为流传千古的名句、警句的必要条件。锻造句子主要有以下几种形式：

第一，锻造景句。锤炼一些描景的诗句，使其构成的句式精美、形象生动，诗味浓郁，就需要准确捕捉景物特点，能以小言大，以有限表达无限，展现出一幅极具意蕴的美好图画。例如苏轼的《记承天寺夜游》中有名的写景句："庭中如积水空明，水中藻荇交横，盖竹柏影也。"以简单的笔调，描绘了一幅如梦似幻、意蕴无穷的画面。"如水的月光使庭院笼罩在一层淡淡的银辉中，月光下，竹柏参天，倒影斑驳，隔着隐隐约约的轻纱，那竹柏影就如同水中的'藻荇'，一切是那样娴静，安谧，无声无息。这时，一阵清风徐来，树摇影动，在朦胧中影影绰绰，好似'藻荇'纵横交错。"[②]这样的景句使整个画面动静结合，虚实相生，如梦如幻，让人情不自禁陶醉其中，忘了身处何处。

第二，锻造主旨句。主旨句突出了一篇文章的主题，彰显了作者的志趣，

---

① 陈友冰.中国古典诗词的美感与表达.国学网.http://www.guoxue.com/? p = 3206
② 王麦巧.闲人独赏的月夜美——苏轼《记承天寺夜游》赏读.名作欣赏,2008,11:13 – 15.

"常出现在比较醒目的位置：或开宗明义，或卒章显志，或生发议论，或直抒情怀"[1]，因此，对主旨句的锤炼必不可少。如范仲淹《岳阳楼记》中的名句："先天下之忧而忧，后天下之乐而乐"，就是文章的主旨句。此句以简练通俗的笔调寄托了作者以天下为己任的政治抱负，彰显了作者的人格标准和理想境界；同时也鞭策着、警示着后世之人。再如李白《梦游天姥吟留别》中："安能摧眉折腰事权贵，使我不得开心颜"这一主旨句，表达了诗人对现实的不满、对权贵的蔑视，更是彰显了李白的一身骨气和狂放不羁。

第三，锻造精警句。在众多名篇经典中流传着大量脍炙人口的警句，以其凝练极致的语言、深邃独到的思想，使警句具有永存的思想光辉与恒久的审美价值，正如陆机《文赋》中所言："立片言以居要，为一章之警策。"例如文天祥《过零丁洋》中的精警句："人生自古谁无死，留取丹心照汗青！"以议论抒情的笔调，直抒胸臆，洋溢着文天祥"头可杀，志不可屈"的磅礴正气，使人看到诗人的大义凛然、慷慨激昂、视死如归的壮志情怀，也让人强烈地感受到人总有一死，但是"重于泰山"还是"轻于鸿毛"，则在于自己的选择。

巧妙锻造句子，精工细琢，取得以有限表达无限的效果。一句凝练的话，有时是一幅韵味无穷的画面；一句精妙的话，有时是一段深刻的见解；一句精警的话，有时是一条人生的哲理。在文言诗文中这样的写景句、主旨句、精警句都是文言诗文语言教学的重点。

二、品析和鉴赏语言是实现文言诗文有效教学的途径

在文言诗文教学中，如何进行语言的品析和鉴赏呢？据笔者对重庆市多所中学初中语文文言诗文的课堂教学观察，兹归纳以下几个途径：

（一）咬文嚼字法

咬文嚼字法，即是对语句中的关键字词细细琢磨、品析。古人在创作时，对文本的遣词造句往往反复考究，精雕细琢。朱光潜先生就曾提到："我们必须有一字不肯放松的谨严。"也只有如此，才能识透古人在创作时文字取舍间

---

[1] 张美芳.抓主旨句开展教学.太原大学教育学院学报,2008,S1:163-164.

的奥妙，才能充分领会文字中所传达出来的思想情感和艺术个性。因此，也只有通过咬文嚼字法，方能品出文言诗文的语言表达之美、文学之美、文化之美。

首先，咬文嚼字要抓住"文眼""诗眼"一类的关键词。例如执教陶渊明《饮酒》之五中"采菊东篱下，悠然见南山"一句，要注重对"见"的品读。陶渊明在创作此诗时，弃官隐退，归复自然。在自己的庭园中随意地采摘着菊花，偶然间抬起头来，目光恰与南山相会，山间秀丽的风景，静穆而高远，与他的闲逸自在相映成趣，所以说"悠然见南山"。"见"字就表现出一种无意之态；若改成"望"字，则变成有意去望，缺乏"悠然"的情味，破坏了诗的意境，无法体现诗人的闲适自在，亦无法显现他内心的悠然自得。一个"见"字，境界全出。

其次，极具表现力的字词是文言诗文品析和鉴赏的重点。例如重庆八中语文教师张泽勇在执教《邹忌讽齐王纳谏》时，抓住"邹忌修八尺有余，而形貌昳丽。"一句中的"修"字来设计教案，组织教学。

师："修"在句中作何解释？

生：长；高。

师：翻译一下此句。

生：邹忌身高有八尺多，样貌美丽异常。

师：好，我们现在来回忆一下以前学的一篇课文《隆中对》，在文中提到诸葛亮的身高时，用"身长八尺"来描述。而本文在描写邹忌身高时为什么要用"修"而不用"长"呢？

生：因为"长"仅仅是描述了一个人的身高，而用"修"字更加能凸显邹忌的风流体态。

师：说得非常好！能不能更详细地说说"修"的好处呢？

生：用"修"字不仅写出了邹忌的身高，同时还与他的外貌美相呼应，既然是一位美男子，他的身材应该是很好的，用现代的话说即是一位"型男"。而"修"字则更能让人联想出他的丰神俊朗。

师：是啊，一个"修"字就表现了如此丰富的内涵。不仅客观地描述了他的身高，还包含了作者对邹忌的感情，浅浅的赞美之意流露其间。

在这堂课中，经过师生间层层推进的对话和讨论，把"修"和"长"进行对比分析，最后得出结论：在后文中邹忌与"齐国美丽者"徐公比美，那么他应该是一位美男子；若用"长"字仅仅是客观描述了一个人的身高，给人的感觉此人或许是一位枯瘦如柴、形如竹竿的男子，那么他美在何处呢？而用"修"字不仅写出了他的身高，还表现了他作为一名美男子所拥有的气韵，风度翩翩、丰神俊朗，凸显了他作为一名"美男子"的身份；此外，"修"字还包含了作者的主观情感，在字里行间中洋溢着对邹忌的赞美之意。在此处通过咬文嚼字法，不仅让课堂充满趣味，充满活力，还让学生感受到了文言文语言的精妙，语言的表达之美。

另外，品读语句中的一些具有意味多重性、多向性的字词，对领略文章的意境，领悟作者的情思起着至关重要的作用。例如王君老师执教张岱《湖心亭看雪》就特别注重这类字词的解读。

（指导生朗读该段）

生：我觉得他是满心欢喜的。因为他强饮了"三大杯"。三大杯啊，老师，这是货真价实的饮酒啊！喝得多说明他心情愉快。（众笑）

师：分析得好！这个"大"咀嚼得有意思！

生：我认为他并不是满心欢喜的。他是被金陵客"拉"着饮酒的！说明他并不是很情愿啊。

师：再分析一下这个"拉"字！

生：从"拉"字中我看出张岱并不是非常愿意饮酒的。否则，他就会自己主动进入酒局了。

师：品得好品得好！

生：而且他是"强饮三大杯"，这个"强"字，我看出他多少有些勉强的。

师：哟，有意思，不管是"勉强"还是"努力"，这其中的滋味都值得咀嚼。

生：我也认为他并不欣喜。你看，他是"强饮三大白而别"，喝完就走了，如果他很高兴的话，一定不会走。

师：真聪明。如果欣喜，按照常理，应该是酒逢知己千杯少啊。

生：我也认为张岱不会很快乐，因为他和金陵客根本就是不同性格的人。

师：慢！这个发现很珍贵。刚才我们已经替金陵客自我表扬了，张岱和金陵客都是高雅脱俗之人。你怎么会认为他们性格不同呢？

生：他们看雪的方式不一样啊！张岱是一个人来的。金陵客是约了朋友来的，还带了酒，烧着火，把湖心亭搞得热气腾腾的。

师：哦，你总结一下你感觉到的他们的不同的个性。

生：金陵客比较豪爽。张岱比较忧郁。

师：好！你咬文嚼字嚼出了境界了！（众笑）

在这堂课中，学生在教师的引导下，对"大""拉""强"等意蕴丰富的字词的解读，层层推进，学生很容易看到一个特立独行、孤高自赏的张岱，领会到他那痴迷山水的闲情逸致。

咬文嚼字，是通向文章意境的桥梁，是领略语言之美的必经之路，是领悟作者情思的必要手段。因此，进行文言诗文语言教学要善于抓住关键字句，让这些文字活起来，为学生通向文章意境铺路架桥。重点字词突破了，句子含义就迎刃而解，这样既突出了重点，也避免了教师对文本语言进行繁琐的逐字逐句的串讲。

（二）诵读法

诵读法，通过引导学生吟诵、朗读文言诗文，深层挖掘作者的内心世界，品味作者所抒发的情感，达到与作者的心灵共鸣，使学生充分感受文旨文情，进入角色内心，激起情感流动。学生在对文章进行了充分理解的基础上，再次进行诵读，并且认真咀嚼，品出文章的"真味"，获取更丰富的形象美感，领会文言诗文语言的表达之美、文学之美。

首先，文言诗文独特的表现手法和艺术魅力，使文言诗文语言富有丰富的情感美、音律美、节奏美，这类语言往往适合吟诵。例如执教《花木兰》一课时，有老师是这样处理第二段首句的：

师：谁来试着说说此时花木兰是怎样的心情？

生：她在下定决心替父从军后，应该想要赶快上战场。会是一种期盼的心情。

师：那你认为应该怎样读这一句，才能体会到她的期盼呢？

生：（用稍轻快，并稍显急促的语气读）东市买骏马，西市买鞍鞯，南市买辔头，北市买长鞭。……

师：我们一起带着这种语气来读读此句，感受花木兰脚步匆匆、奔赴战场的期盼之情。

生（全班）：齐读。

在这里，文言诗文语言简练，通俗易懂，节奏感十分强烈，适合诵读。同时，其中包含的情感也只有通过诵读，通过语调的变换方能体会。

其次，在语言中塑造的人物形象，流露的思想情感等，往往需要通过诵读来领略。例如笔者在执教《孙权劝学》一课时，整个教学设计便是以诵读教学串联整个课堂。第一部分初读，读准字音；第二部分再读，读出节奏；第三部分，也是课堂的重点部分，即是品读，读出情感。这一部分笔者设计了一个环节：对比诵读，品人物。

师在多媒体上展示修改后的文句，让学生进行对比朗读。

1. 权谓吕蒙曰："卿今当涂掌事，不可不学！"改为"卿今当涂掌事，必学"

2. "但当涉猎，见往事耳。卿言多务，孰若孤？"改为"但当涉猎，见往事。卿之多务不若孤。"

3. "大惊曰：'卿今者才略，非复吴下阿蒙！'"改为"曰：'卿今者才略，非吴下阿蒙。'"

课件展示：在反复对比诵读后，小组讨论你认为每一句改前和改后有什么样的区别？

文本分类教学研究　241

生1：第一句改后读出孙权在说话时是一种命令的、肯定的语气，不如原文的委婉。

师：那你认为原文该用怎样的语气来读？

生1：要读出劝告之意，有种语重心长的意味。

师：说得很好，同时，孙权还是一位执政者，我们读的时候还应该要符合他的君王身份。第二句改后有什么不同？

生2：改后有种强硬的态度，没有原文的劝告之意；读原文的时候要用低沉、反问的腔调。

师：说得非常好，第三句呢？

生3：改后少了一种惊讶、惊喜的意味；读原文的时候就要用吃惊、惊讶的语气。

师：看来同学们读得非常认真，现在我们一起来朗读这几句，要读出每个人物不同的语气。

通过这样的对比诵读，学生容易深入文字中去感受语言的奥秘，品出每个人物不同的语气、性格特征，了解每个人物不同的形象。

除此之外，还可以在朗读教学中适当穿插合适的配乐，以更好地帮助学生深入言语之中，进入情境，领略语言所展现的人物美、情感美、意境美。

诵读法，不仅让学生掌握文言知识，培养文言语感，还深入文字中，感受语言中渗透的种种情思和意境；同时也活跃了文言诗文课堂，使学生在乐趣中获得知识和享受。

（三）联想和想象法

所谓联想和想象法，是指教师引导学生调动自身的思想、感情、知识、经验，通过对语言的品读，激发他们的联想与想象，把物化的文字转化为鲜明、生动的生活图画，以此感受文言诗文中的意境之美。叶嘉莹在《迦陵论词丛稿》中曾指出："创造者所致力的乃是如何将自己抽象之感觉、感情、思想，由联想而化成具体之意象，欣赏者所致力的乃是如何将作品中所表现的具体之意象，由联想而化成为自己抽象之感觉、感情与思想。"因此，把握文章意境的唯一途径即是语言，通过对语言文字所展现的画面的分析，激发学生的联想与想象，调动学生的形象思维。例如笔者在执教苏轼经典小品文《记承天寺夜游》，通过引导学生联想和想象"庭中月色"之景，继而领悟语言中的意蕴美、情感美。

（课件展示）

"庭下如积水空明，水中藻、荇交横，盖竹柏影也。"

师：请一位同学说说这句话描绘了怎样的画面。

生：月光照在庭院中，整个庭院像积满了水一样空明澄澈，水中的藻、荇交错纵横，原来是竹、柏的影子。

师：回答得很好，做到了准确、流畅。你从中体会到了一种怎样的意境？

生：宁静。

师：还有吗？能不能具体描述一番呢？

（生沉默）

师：那现在就请同学们仔细品读此句，你们认为哪一个字是该句的关键字？

生："如"字。

师：反复品味这一个字，你读出此时的苏轼是怎样的心情？

生：吃惊，惊喜。

师：对！就是惊喜。在看到此番景致时，一刹那的感动与惊喜油然而生。我们带着这种惊喜再来想象一下这幅美景。我们一步一步来，首先试想一下"空明"是一种怎样的感觉？

生：澄澈而空灵的感觉。

师：说得非常好！现在就跟着老师描绘的场景，闭眼想象当时的景致。皎洁的月光使庭院笼罩在一层淡淡的银辉中，仿佛澄澈的水底。周围一切都显得澄净而空灵。那么，当见到此番富有意境的景色时，苏轼会有怎样的心境呢？

生：会渐渐静下心，沉醉于此番空灵澄净的景致中。

师：接下来一句又描绘了一番怎样的画面，请同学们展开联想和想象，并把你脑海中的画面描述出来。

生：如纱的月光洒向周边参天竹柏，影影绰绰，朦朦胧胧。竹柏倒影斑驳，映在庭院的银辉上，在朦胧中，好似"藻荇"纵横交错。这时，一阵清风拂过，树枝的"沙沙"响动唤醒了沉醉的苏轼，他才惊奇地发现，原来这是竹柏的影子啊！

师：想象很丰富，描绘也非常生动，连老师似乎都沉浸其中了！（鼓掌）

在这堂课中，通过老师适时引导学生进行联想和想象，学生能形象地体会出语言所展现的画面美，意境美，也欣赏到了一幅宁静素雅、清幽脱俗的水墨画，领略了同苏轼一般透彻空灵的心境。

联想和想象法，可以调动学生的联想和想象，可以复活文言诗文语言中所呈现的画面，并可以进一步激发学生进行创造性想象，从而引导学生捕捉"象外之象""景外之景"，方能使他们更好地进入文章的意境，领略作者的情思。

（四）文化基因探究法

何谓文化基因？它指的是一个民族在精神层面上的共同认知，是一个民族共有的思维习惯和审美情趣，是一个民族独特的心理文化整体。文化基因探究法，指在教学中引导学生从民族精神文化层面品析和鉴赏文言诗文语言，探究语言中所蕴含的诗歌意象、文化意象等，从中感受中华文化的魅力与趣味，领略独特的审美情趣。也只有通过文化基因探究法，才能品出文言诗文的语言表达之美、文学之美、文化之美。如在执教周敦颐的《爱莲说》这一课文时，则可从文化角度切入来组织教学。

（课件展示）

"噫！菊之爱，陶后鲜有闻。莲之爱，同予者何人？牡丹之爱，宜乎众矣。"

师：这是作者在文章最后发出的感慨。为什么对于莲、菊、牡丹，他有着不同的态度呢？现在我们就一起来探讨一下。首先我们来看"菊之爱"一句，人们喜爱菊花，到底喜爱它的什么呢？

生1：爱菊的高洁，淡泊名利。

生2：爱菊的卓然独立的高尚品格。

生3：爱菊不从世俗的隐士风范。

……

师：既然菊有着如此多的高贵品质，为何却在陶后"鲜有闻"呢？

生：菊隐逸者，它所代表的是一种追求超脱世俗的隐逸文化。虽使士人保持着不与世俗同流合污、独善其身的高洁品质，然而不可避免的是，它所象征的隐逸文化，教会了人们逃避，会造成一定的消极避世的影响。所以周敦颐才说在陶渊明之后很少有人追捧了。

师：说得非常好！那么对于莲，士人又喜爱它的什么呢？

生1：中通外直，表里如一，个性刚直的君子品质。

生2：让人敬重不可侮辱，可远观而不可亵玩焉。

生3：出淤泥而不染的高洁品质。

……

师：现在请同学们注意，在面对身处"淤泥"境地中，"菊"和"莲"有着怎样的不同？

生："菊"选择了逃避，"莲"却选择在"淤泥"中抗争，最终"出淤泥而不染"。

师：是的，同学们，这就是周敦颐和陶渊明的不同，这也是莲独特的文化蕴含。面对淤泥，陶渊明的选择是远离，他到红尘边上去寻找一片净土。而周敦颐的选择是生长，哪怕是淤泥之中，依旧成长为高洁独立的荷花。他们虽有别于追求富贵失掉自我的芸芸众生，其人格都同样伟大。但周敦颐更欣赏的是莲，所以他才说"菊之爱，陶后鲜有闻；莲之爱，同予者何人？"

师：那么世人喜爱牡丹的什么？

生1：爱牡丹的雍容华贵。

生2：爱牡丹的艳丽多姿。

……

师：其中又代表了人们怎样的心理？

生：众人喜爱牡丹，其实更喜欢的是牡丹所象征的权力和富贵荣华。表现了世人追求富贵、名利、权位的心理特征和人生态度。

师：而众人却对此趋之若鹜。因此，作者在最后一句发出感慨，"牡丹之爱，宜乎众矣"，并用"矣"字加重情感，其实就包含着周敦颐的态度，表达出他对世人追名逐利的惋惜之情。

师：通过刚才我们的共同探讨，品出了莲、菊、牡丹的不同文化意蕴，读出了古人不同的人生价值观，而这些人生态度在当今社会同样是关注焦点。那么你更推崇哪一种呢？一起来交流交流。

……

师：再朗读一遍这篇对莲的赞歌。（生齐读）

在这堂课中，教师引导学生进行文化基因探究，不仅使语文课堂充满文化气息，让学生在课堂中掌握了关于菊、莲、牡丹的不同的文化底蕴，更让他们感受到了中华文化的博大精深，以此激发了学生对文言诗文的学习兴趣。

结　语

日本学者野生泰说过："文字鉴赏还得从透彻地了解语言文字入手。"在文言诗文语言教学中，师生通过对字、词、句的品析和鉴赏，感受和领悟语言中的表达之美、文学之美以及文化之美，不仅体现了文言诗文语言教学中落实字词的教学，同时在母语教学中渗透了文学和文化的教学，使文言诗文的课堂成为高效而又有文学和文化魅力的语文课堂。

（作者系第二届实验班学员，论文指导教师刘中黎。）

写作与口语交际教学研究

XIEZUO YU KOUYU JIAOJI JIAOXUE YANJIU

李永红"生活化"作文教学理念及实践

易春廷

摘　要：作文教学历来是中学语文教学的重要组成部分。近几年，随着新课程的不断推进，语文教学课堂发生了很大的变化，而作文教学却未能取得与阅读教学相应的成果，依然是中学语文教师心目中的难点。本文结合重庆市巴川中学李永红老师的作文教学案例，研究其"生活化"作文的教学理念及实践，以期增强学生作文兴趣，提高学生作文水平，提升自己的作文教学能力。

关键词："生活化"作文；作文教学；写作

一、中学作文教学现状

作文教学既是培养学生表达能力的重要手段，又是训练学生思维，使其树立正确的人生观和价值观的重要途径。中学语文教师普遍意识到了作文教学的重要性，却未能使学生真正学会写作。面对作文，大多数中学生无话可说，只好说大话、套话、假话，作文里生活太少，甚至没有生活，是当下中学生写作的通病。可见，作文教学不仅是语文教学的重点，更是其中的难点。当前中学作文教学的现状主要体现为以下三种情况：

（一）作文教学技巧化

任何写作都是围绕着"写什么""为什么写""怎样写"三个话题展开。李永红老师谈道："实用，是美国写作的重要价值取向……写作是为了运用……美国学生在学校必须学会八种类型文章的写作技巧。"[1]他认为美国写作教学是"写什么""为什么写""怎样写"三个话题并举,而中国的写作教学主要落脚在"怎么写",即把写作视为一门技术,片面强调对学生写作技巧的训练,如:怎样破题,怎样立意,怎样选材等等。到了高中,许多老师为了应对高考作文,更是直接提出作文框架模式。其中三段式居多,即开篇连用古诗词,形成几段排比,增强文章的气势和文采,中间用典,并结合自身浅谈,结尾再次用排比段,从内容和形式上呼应开头。

这种"技法训练舍本求末"[2]的作文教学,使得学生大都是为考试、为迎合阅卷老师的喜好而写作,所写的内容空话、套话居多,虽有文采,却华而不实,全由词藻堆砌,缺乏自身独立的思考和感情。而学生自身也对这种假大空的作文产生厌倦情绪,进而害怕写作。

(二)作文教学程式化

对于作文教学,叶圣陶先生反对"授知",主张"亲知"和"自悟",注重教学双方的写作实践。而长期以来,我们作文教学的基本程序是:教师命题——教师指导——学生写作——教师批改——教师评讲。这五个环节中,就有四个是由教师完成的,写作的主体已然变成了教师,这不仅与叶圣陶先生提倡的"亲知""自悟"相悖,更背离了新课标提出的"学生是学习的主体,教师是学习的主导"的理念。更何况这五个环节本身就有着一定的弊端。命题,大都随心所欲,缺乏每个阶段的训练重点和整体规划;指导,教师着重于作文布局和写作技巧,要求学生按照自己所给的模式来填充内容;写作,学生缺乏自主精神,往往忽视自己情感的注入;批改时,由于没有确定训练重点,教师只能根据每篇文章的内容进行批阅,不仅加大了自身的工作量,也使得学生无法通过教师的批改来认识到自己写作的不足之处;评讲也由于没有训练目标而导致泛泛而谈,没有具体的评讲重心。

这种作文教学"五步走"的模式,看似环环相扣,循序渐进,实则缺乏整体有逻辑的规划和训练重点的聚焦,徒然增加教师教学工作量,却没有起到实

---

[1] 李永红.你所不知道的美国作文——中美作文面面观.课堂内外·创新作文(初中版),2012,11:74.
[2] 彭术华,李永红.回归生活——重铸作文之魂.考试(教研版),2007,1.

质作用，"费力不讨好"；同时忽视了学生的主体性，遏制了学生写作的自主精神，使得作文教学逐步僵化。

(三) 作文教学边缘化

《全日制义务教育语文课程标准》（2011年版）要求7至9年级的学生"作文每学年一般不少于14次，其他练笔不少于1万字，45分钟能完成不少于500字的习作。"然而，在实际的教学中，真正的作文课少之又少，有的教师一个月甚至更久才给学生上一堂作文课，更别说"其他练笔"了。

借鉴香港教材"读写结合"的教学方式，李永红老师认为："'读'是学好语文的基础，'写'是学好语文的关键，两者相辅相成。只读不写，就会导致眼高手低，既学不好语文，也用不好语文。"[1]现行的语文教学虽提倡"读写结合"，却未能付诸实践，写作教学没有一套独立完善、科学有效的教材，而是依附于阅读教材，成了阅读教材的"附件"，逐渐被教师和学生忽视。仅有的一点作文教学课程，也未能发挥其应有的作用，教师普遍不知道作文课该"上什么""怎么上"，导致学生不知道作文该"写什么""怎么写"，于是有的教师盲目套用上述的"五步走"教学程式，有的教师一味地灌输作文写作技巧，有的教师则敷衍了事，直接给出一个作文命题，便让学生自由习作，生生地浪费掉宝贵的45分钟。长此以往，面对写作，学生无话可说，只能用空话、套话甚至废话来凑够作文字数；面对这种现状，教师无计可施，逐渐产生逃避心理，使得作文教学越来越不被重视，地位日趋边缘化。

二、"生活化"作文的特点

新课标明确提出作文要回归到学生的真实生活状态，为生活而写，为生活服务。围绕此要求，李永红老师鲜明地提出了自己的"生活化作文"主张："源于生活、为了生活"的生活化作文，是以"回归生活"为核心理念，以回归"自我生活"为基本内容，以"日记练笔、读写结合、班级写作文化建设"为素养提升手段，通过作文意识、内容、过程生活化等基本手段，开发生活化作

---

[1] 李永红.读写结合:香港教材"忒给力"[J]. http://cqlyh67.blog.zhyww.cn/index.html.

文案例，建构生活化作文系列，从而激发学生作文兴趣，提升学生作文水平，有效解决作文低效、促进师生主动发展的一种作文教学策略。

教师自身要做到写作"回归生活"尚且不易，更何况要引导学生呢？李永红老师认为，要唤回学生作文的生活之魂，需要教师从"作文主体回归学生""作文本源回归生活""素养提升回归实践"[①]三个方面来重建回归生活的写作理念。笔者从中受到了启发，将其"生活化"作文的主要特点归纳为以下两点：

（一）"生活化"作文源于生活

李永红老师认为："作文并非仅是语言训练和作文技巧的掌握，离开了人的发展，离开了真实的生活，作文就将是无本之木，无源之水。"[②]叶圣陶先生也说过："作文这件事离不开生活，生活充实到什么程度，才会做成什么文字，所以论到根本，除了不间断地向着求充实的路走去，更没有可靠的预备方法。"[③]这告诉我们：生活是写作的源泉和基础。然而，许多中学生表示自己的生活单调乏味，无可写之处，"其实，今天的学生不是没有生活，而是没有在看似普通的生活中发掘出它们的情趣和意义；不是生活不够丰富，而是不会在看似平淡的生活中去感悟体验它们的动人之美；也不是生活太单调，而是我们做教师的没有手把手地教会他们采撷生活浪花的本领"。[④]

因此，李永红老师提出"写作源于生活，为了生活"的作文理念，提倡作文教学回归到"为生活而作文"的状态，特别强调要让学生通过写作实践来提升写作素养。他重视学生作文与现实生活的全面接轨，让学生关注社会生活中的焦点、热点，发掘出生活的动人之美，亲自动手搜集写作素材，进行筛选、整理，完成初稿后，自行修改定稿。这一系列完整的写作实践，使学生的视野由书本知识转向了真实的社会生活，开拓了学生的眼界，锻炼了学生捕捉材料、观察思考的能力，使学生在亲历亲为的实践过程中感受到"生活化"作文的魅力，从而提高了他们的写作兴趣，增强了他们的写作信心。

---

① 彭术华,李永红.回归生活——重铸作文之魂.考试(教研版),2007,1.
② 彭术华,李永红.回归生活——重铸作文之魂.考试(教研版),2007,1.
③ 叶圣陶,刘国正.叶圣陶教育文集.北京:人民教育出版社,1994:37.
④ 黄本荣.作文,魂系何方.语文教学通讯(初中刊),2006,26:49.

（二）"生活化"作文展现自我

与一般的"生活化"作文不同的是，李永红老师的"生活化"作文不仅提倡作文来源于生活，展现生活，更鼓励学生用多种方式来表现生活，突出自我个性。从命题、写作，直至评改，李永红老师都一直坚持把学生放在主体的位置上，使得学生养成了自主命题、反复修改的习惯。在面对"生命中的重要他人"这一作文话题时，全班68名学生，作文题目竟无一重复，如《不准出声》《走过胆怯》《一个难忘的眼神》……同时，李永红老师认为"对联是最能充分展示汉语优越性和表现力的独特形式"[①]，他时常鼓励学生用对联，甚至文言文的方式来展现自我的个性。在教学人物传记《邓稼先》一文时，李永红老师曾讲解对联的相关知识，示范拟写六副对联，鼓励学生也进行创作，收获不少意外惊喜，如"一鸣惊人：列强三番宰割华夏，稼先一举震惊炎黄"，"两弹元勋：鞠躬尽瘁两弹炸响，至死不懈百年留名"……

由此，在李永红老师的学生习作中，我们看到的不仅是学生真实生活的精彩部分，更是学生自我个性与能力的凸显，可以说"生活化"作文展现自我生活，更凸显自我个性。

"源于生活，展现自我"，这便是李永红老师"生活化"作文的两大特点。"源于生活"，要求教师在作文教学中，积极地引导学生把写作与生活紧密联系，让学生通过写作实践来用心体会生活，用笔书写生活，提升自己的写作素养；"展现自我"，要求教师鼓励学生在展现现实生活的同时，凸显出自我与众不同的个性与体悟。由此可见，要唤回作文的生活之魂，不仅需要学生自己的努力，更需要教师在作文教学中时刻渗透"源于生活，展现自我"的观念，以此来更好地引导学生"以我笔，写我心"。

三、"生活化"作文教学理念

作文教学回归生活已然成了作文教学改革的一个基本方向。李永红老师提

---

① 李永红.生活化作文.重庆：重庆出版社，2012：137.

出以"作文内容生活化""作文意识生活化""作文过程生活化"①三个方面来作为回归生活的"生活化"作文教学理念。

（一）作文内容生活化

李永红老师提出的"作文内容生活化"除了指作文内容要来源于生活、要反映生活、展现自我这一基本要求外，更重要的是要求教师在作文教学时应按照生活的顺序来安排作文的框架，改变过去无序的作文教学状态。根据学生的实际生活，李永红老师认为大致可从人与自然、人与社会、人与人、人与自我四个方面来构建作文的框架，具体又可以划分为自然生活、社会生活、学校生活、家庭生活等多个系列，每个系列又可划分为更为细小的内容板块。如学校生活可以描绘学校的四季美景，可以描摹老师的各种镜头，可以实录班级的精彩瞬间，可以记载青春的心路历程等等。

（二）作文意识生活化

"作文意识生活化"就是要培养学生观察、记录、思考、表达生活的习惯和意识。李永红老师注重培养学生每天审视生活的习惯，要他们留心身边的事件，观察别人的言行，时刻记录下自己的所见、所闻、所感、所想，并用日记或随笔等多种方式进行呈现。为了更好地督促学生在生活中养成作文的意识，李永红老师还采取了以"班级纪事"为载体的作文训练模式，根据七、八、九年级不同的学情，训练学生叙述、说明、议论的作文能力。他还特别重视引导学生对自己的记录进行感悟和思考，对笔下的素材进行整理和筛选，让学生学会把生活的动人之处变为展现自我个性和思想的文章。

（三）作文过程生活化

"作文过程生活化就是要在时间和空间上给学生思考、腾挪的自由，还学生写作生活的真实状态，打破原来那种在时间上一个小时左右，在空间上固定教室里完成一篇文章的做法……"②简而言之，就是要让学生真正地经历写作

---

① 彭术华,李永红.回归生活——重铸作文之魂.考试(教研版),2007,1.
② 包建新.写作生活化教学的构想与实践.语文教学通讯(高中刊),2005,3:38.

过程，在写作实践中提升写作素养。在研究美国作文教学的过程中，李永红老师发现"美国的写作教学特别重视写作过程中给予学生多方面的支持和指导，写作实践的整个流程无不指向砥砺学生的思维能力，教给学生思维的方法"①，每次写作，都注重让学生亲自经历"写作准备——准备指导——起草——修改——编排校正——呈现发表"等一系列过程，相较之下，在我们"教师命题——教师指导——学生写作——教师批改——教师评讲"的写作教学模式中，经历写作过程的反倒主要是教师。因此，李永红老师提出要让学生在实践中经历写作过程，如要写活写好一个人，就要有意识、有步骤地对这个人进行观察，可以通过采访其父母、同学的方式，也可直接与其进行交谈等等，在充分占有所写对象的资料后，再筛选素材，精心构思，最后表达成文。

四、"生活化"作文教学实践

在李永红老师的作文教学实践中，"作文内容生活化""作文意识生活化""作文过程生活化"这三大作文教学理念无处不在，不是分割开来、各自独立，而是相辅相成、浑然一体。结合李老师所提出的教学理念和笔者自身的体悟，笔者认为其"生活化"作文教学实践主要表现在以下三个角度：

（一）全面接轨生活，鼓励展现自我

要贯彻"作文内容生活化"这一"生活化"作文教学理念，首先要求学生的作文要源于生活，反映生活，与生活全面接轨。因此，李永红提出让学生"围绕生活，广开作文之'源'"，可以让学生以读后感、日记、随笔等多种方式记录自己的生活感悟，可以在课前进行三分钟的口头作文，可以每周做一次社会热点问题的探讨……这些生活中的片段，在李永红老师眼中都是作文的源头，都可以形成作文。

其次，教师要激发学生的自主性和创造性思维，鼓励学生凸显自我的个性与能力。李永红老师从来不限制学生作文的语言表达方式，反而经常用对联甚至是文言文等多种语言风格来进行示范，比如他在 2008 年 4 月重庆 37 中赛课

---

① 李永红.你所不知道的美国作文.课堂内外·创新作文(初中版),2012,11:74.

时，模仿《五柳先生传》的风格，进行的一段自我介绍："嗜书如命，每次外出，唯购书为乐，家有藏书两千余册。好读书，不求甚解，每有会意，便欣然忘食。……尤喜研究生活化作文。我以为，作文就是思想，就是生活，就是你自己。"这种打破了传统的"我叫×××，来自××学校"的介绍方法，不仅给学生留下了深刻印象，同时活跃了课堂氛围，引发了学生的学习兴趣。在他的影响下，不少学生的语言风格渐渐有了自己独特的个性。如马艺鑫自我介绍道："你只看到我的阳光，却没瞧见我的灰暗。你只发现我的错误，却没注意我的辛苦。你可以嘲笑我的理科，但我会向你证明这是谁的时代。就算求学艰难，我也要走得漂亮。我是文科女，我为自己代言。"在大部分语文教师的眼中，马艺鑫这段"陈欧体式"的话语网络味太重，是不可取的。然而，李永红老师却十分赞赏，并评道："这正是我想传达的——写作，就是言说自己，并用自己的方式言说。"[1]

最后，李永红老师还擅长用游戏的方式来开展自己的作文教学，让学生在轻松愉悦的氛围中经历写作过程，凸显自我真实的个性，记录下每一个环节时自己的见闻，同时启发学生对游戏过程进行反思，并写出自己真实的体悟，自然而然地形成具有自我个性和思想的作文。如在新闻知识的讲解时，李永红老师抛开传统的"填鸭式"教学模式，精心设计了一堂体悟"传真"失真的作文课。他以两个游戏为基础，让学生从动作及语言两个方面体验到了"传真"的"失真"，不仅又一次体现出作文的"生活化"，同时将学生分为了参与者与观察者，让他们从不同的角度来体悟"传真"，使他们在作文中展现出了各自的想法与个性，有将事件写清楚的，写具体的，写生动的，有以新闻报导方式进行撰写的，也有用打油诗方式进行概括的。如陈思洋同学的《传真失真》重在描摹具体，张良罗同学的《传真失真》妙在表现新颖……这样别开生面的作文课，不仅让学生体会到了"生活化"作文的有趣和魅力，同时让学生在分组传递新闻的游戏中，感受和理解了新闻的六要素，加深了学生对新闻知识的体验和理解，教师更针对此次游戏做了分析报告，得出班级参与热情不高，主要源于习惯性被动和怕丢脸的主观情感体验等结论，并从个体教育和班级教育两个角度提出了相应的建议，可谓"一举多得"。

---

[1] 李永红.我写故我在——作文突破"下水".北京:现代出版社,2013.

(二)规划写作环节，加强作文指导

作文指导是作文教学的重要组成部分。长期以来，教师总是一味地告诉学生要立意深刻，要选材新颖，使得学生在写作时刻意追求新意，却缺乏自我的情感和个性，这样的作文指导显然是没有多大成效的。那么，怎样才算是有效的作文指导呢？笔者认为应从学生和教师两个方面进行考量。

对学生而言，要注重培养自身作文意识的生活化和环节化，也就是要养成观察、记录、思考、表达生活的习惯和意识。李永红老师将这种习惯和意识化为三个环节："擦亮打望生活的眼光，养成记录生活的意识，练就美现生活的习惯。"[1]除了"看""记""写"这三个作文环节，李永红老师还特别重视培养学生独立思考的能力。他很少直接给出作文题目，而是截取日常生活中的精彩部分，让学生自己思考命题。为了督促学生养成随时翻查字典、词典的习惯，他和学生做了一个给加点字注音的小游戏，却难倒了全班67位同学。看着学生或摇头顿足，或暗自庆幸，或幸灾乐祸的样子，他随即让学生围绕"注音游戏"这个话题进行习作。40分钟的时间，不少佳作产生，如陈欣夷的《100元大钞的自述》，郑岑岑的《游戏境界》……此外，李永红老师甚至把作文批改的权力也交还给了学生，让学生养成了反思作文的习惯，真正历经了"看——记——思——写——改"这五个完整的作文环节。

对教师而言，李永红老师倡导要"在时间和空间上给学生思考、腾挪的自由，还学生写作生活的真实状态，打破原来那种在时间上一个小时左右，在空间上固定教室里完成一篇文章的做法，几乎每一次写作都是一个活动系列，每一次写作都能成为学生生活的强烈的印记，成为学生生活的一个组成部分。"[2]这就要求教师要规划好作文教学过程的每一个步骤，做到循序渐进、由易到难地对学生进行写作指导，以降低学生写作的难度，增强学生写作的信心。李永红老师自身就特别注重每一堂作文课写作环节的规划，比如在《寻找生命中的重要他人》的作文课中，他就精心设计了六个环节，一步步引导学生进行习作。首先，他从2012年各地中考作文的命题中寻找出规律，引起学生

---

[1] 彭术华,李永红.回归生活——重铸作文之魂.考试(教研版),2007,1.
[2] 包建新.写作生活化教学的构想与实践.语文教学通讯(高中刊),2005,3:38.

的注意和重视；其次，结合所学的课文，领会课文所体现出的那个人对"我"的重大影响；接着，提出"重要他人"这一概念，并引导学生可从积极影响和消极影响两个方面来体现"他人"的重要性；再者，用几个简单的问题来启发学生的思维，一步步罗列出作文的要点；然后，借鉴名家的作品，引导学生多角度刻画"重要他人"；最后，学生再次整理、规范素材，进而形成具有自己个性和思考的文章，如何媛媛同学的《不准出声》，柏语含同学的《一个难忘的眼神》……这样环节明显、循序渐进的作文课，使得学生作文的形成过程展现出了明显的步骤化。学生一步一步、由浅到深地理解了"重要他人"的含义，并懂得从正、反两个方面选材，来更好地刻画人物形象，更学会寻找事物之间的相同点，用一个母题来囊括多个小题的方法，达到举一反三的效果。

（三）明确阶段重点，构建训练体系

新课标指引下的语文教材把作文教学集中于综合性活动学习中，力图使作文教学渗透于阅读教学中，做到"以读促写"，改变过去无序的作文教学状态。然而，却并未从整体上提出一个完整的训练体系，导致有的教师以文体训练为序，初一重在记叙，初二重在说明，初三重在议论；有的教师则以作文技法为序，从立意、选材、语言等方面进行训练，把作文教学变为了纯粹的技巧训练，背离了作文是要"以我笔，写我心"的原则。由此可见，一个完整的训练体系对于作文教学是极为重要的。只有建构起完整的训练体系，才能更好地指导作文教学，使作文教学由易到难、有条不紊地开展，并取得实际的成效。

借鉴美国"培养现代公民，为生活做准备，全面接轨生活，经历写作过程"[①]的写作教学理念和做法，李永红老师逐步形成了以"班级纪事"为载体的"生活化"作文教学体系，即：

"七上，想方设法激发写作兴趣；七下，设计游戏锤炼叙事能力；

八上，真实情景反复写人写己；八下，依据生活进行说明解释；

九上，解决问题说理劝说实践；九下，应对中考强化考场写作。"[②]

具体而言，就是根据七年级、八年级、九年级学生不同的认知能力水平，

---

① 李永红.你所不知道的美国作文.课堂内外·创新作文(初中版),2012,11:73-74.
② 李永红.做一个书香氤氲的语文草根.语文教学通讯(初中刊),2013,Z2:4-6.

构建起由浅入深、由易到难的"生活化"作文教学体系，培养学生的写作兴趣，提高学生的写作水平。

七年级学生写作能力较弱，因此李永红老师从最容易的叙事能力建设入手，每天安排一位同学记录班级事件，要求以对联为标题，以锻炼学生的概括能力和语言运用能力，启发学生发现生活中的美点，并用自己独特的方式，把一件事情写得清楚而又精彩。经过一年的训练，八年级的学生已能熟练且较好地完成记叙文写作，李永红老师带领学生进行"班级纪事"的转型，拓展学生的观察领域，综合运用观察体验、资料查阅、人物采访等多种方式，使作文与现实生活全面接轨，开阔学生视野的同时，培养学生的理性思维，训练学生的说明解释能力。面对中考，李永红老师将九年级学生的训练重点开始转向应考能力，搜集去年各地的中考作文试题，寻找出它们的母题，争取达到"把中考作文写个遍"的目标，同时"班级纪事"由以前的每天一名学生增至每天2~3名，在作文的基础上，学生互相修改、点评，培养学生修改作文的习惯，锻炼学生检阅作文的能力，提高学生中考作文的水平。

结　语

综上所述，李永红老师的"生活化"作文就是要学生的作文"源于生活、展现自我"。在要求学生用作文来反映自我生活和个性的同时，更要求教师在尊重并鼓励学生"用自我的方式来言说自己"的基础上，提高自身的作文教学能力，精心设计好每一堂作文课的环节，并构建起与学情相符合的整个作文教学的训练体系，以改变作文教学技巧化、程序化、边缘化的现状，激发学生的作文兴趣，提高学生的作文水平，重铸中学生的作文之魂。

（作者系第二届实验班学员，论文指导教师唐旭。）

片段写作教学的理论与实践

席 珊

摘 要：作文教学是语文教学活动中的重要内容，但在教学过程中过度强调"作文必须为文"，而忽视了"段落"才是"谋篇"的基石，这导致了作文教学的许多弊病。介于此，笔者大胆探讨了片段写作训练的具体策略，实践了一系列片段写作训练，训练内容包括按不同标准分类训练，引导学生写"活"的片段，以仿写、续写、改写为主要方式训练学生写规范的片段，以及开展构段成篇训练等，以期在作文教学中提高学生构段能力、激发写作兴趣、创新写作思维，真正做到言为心声，逐步提升作文为文能力，让作文教学更加高效。

关键词：写作教学；构段；谋篇

语文新课标指出"语文课程是一门学习语言文字运用的综合性、实践性课程。"提出要"全面提升学生的语文素养，引导学生丰富语文积累，培养语感，发展思维，初步掌握语文学习的基本方法，养成良好的学习习惯，具有适应实际生活需要的写字能力、阅读能力、写作能力、口语交际能力。"而其中的写作能力的训练与提升一直是语文教学不容忽视的重要关卡。写作是一项涵盖了观察、认知、思维、想象、创造等一系列综合性能力的智力活动。从这一点来说，它不仅体现了一个人的语文素养，更反映了一个人的综合素质。

当下，许多中小学生的作文都不同程度地存在着遣词不精准、造句不通顺、段落凌乱、文章结构松散、文体特征模糊、题材陈旧等问题，甚至"谈写作而色变"。但是面对高考的"重头戏"，许多学生不得不在学校的封闭状态中完成"假、大、空"的"作文"，而这种"作文"只是"急功近利"的结果，往往对如何真正写作没有进行深入思考，没有掌握到正确写作的规律和途径，像"无源之水,无本之木",平庸无味、缺乏创意。

其实,许多中小学生写不出像样文章,表面上看好像是"谋篇"能力差,实际上是"构段"的水平低。许多教师在提出"作文必须为文"时,却忽视了一些学生的"构段"能力比较差的现实,而"揠苗助长"地要求学生写整篇的作文,这必然让学生每次作文都要考虑整体的布局谋篇,增大了学生每次作文的难度,导致他们难以下笔,或者没有作文的兴趣和冲动也要勉强为文,这样,学生的写作能力得不到真正提高。如果从"构段"抓起,通过加强对于片段写作的认识理解与实践训练,循序渐进,让学生真正掌握写作规律,善于观察生活、敢于抒发胸臆,那么一定会对学生的为文能力大有裨益。

一、片段写作的教学现状

片段作文指的是以语段形式出现的具有相对独立性的非整篇作文。何谓"独立"?"独立"是指能单独地表述一个完整的意思;何谓"相对"?"相对"是指在一席话或一篇文章中其独立性只是相对而言。[①] 片段写作完成的一个个文字片段,是由句子过渡到篇的不可缺少的环节。无论哪种体裁的文章,其构成都离不开段,不会写段就难以成篇。我们可以通过片段写作加强对学生段落构思布局的训练,可以通过片段写作加强对学生一种或多种表达方式、表现手法、修辞手法、叙述视角等的训练,可以通过片段写作加强对学生写作思维的训练。总之,片段写作对于培养学生的语感,提升具体生动地谋篇布局、著言为文的能力有不容忽视的作用。

早在20世纪80年代,著名语言学家张志公提出了重视片段写作的观点。张志公曾说:"几乎可以断言,能够写好一段,一定能够写好一篇。反之,连一段话都说不利落,一整篇就必然夹缠不清了。"[②]片段是文章相对独立、完整的部分,有中心、有内容、有头尾、语句连贯、合乎情理、合乎逻辑,可谓麻雀虽小,五脏俱全。它是文章的基本构成单位,是由词句转向篇章的重要环节。一篇文章就是根据思想表达的大小层次连句成段,缀段成篇,最终完成全

[①] 王庆安.段落写作的基本技巧.语文教学与研究,2010,1.
[②] 张志公.段落教学序.中学语文教学,1987,5.

篇中心思想表达的任务。以段落训练为中心，上可达成谋篇布局的训练，下可统帅字词句以及语言文字运用方法、规范和技巧的训练。面对写作教学的困境，如果加强对于段落写作的关注与实践，一定会对作文教学实效的提升有重大意义。

有些语文教师已经在写作教学中尝试着片段写作教学的实践了。丁方霞在《片段练习的认识与实践》一文中指出："只有通过语文教学中不断的片断练习，在学生头脑中建立一种语感直觉、语言习惯，才能将有意识的语言知识、规则等变成无意识的感觉。"[①]并且，她经过一个学期的坚持不懈的课堂随笔片段训练，高兴地看到学生能力有了很大提高。王伯美在《以情切入，强化片段写作训练》一文中提到"江苏省中学语文特级教师蔡明在平时的作文训练中就倾向于让学生每次写两三百字"[②]，在蔡老师看来，这样做"一是可以及时批改、及时点评，二来两三百字的篇幅学生写起来也不那么头痛"。王伯美老师也采取了片段写作的方式对学生写作进行专门训练，学生开始敞开心扉、无拘无束地创作起来。"起初，学生在行文中所涉及的情感仅仅局限于亲情、友情，或者朦胧而纯真的所谓的爱情。后来，部分学生的文章中开始涉及屈原、杜甫的爱国情感，涉及徐本禹对贵州大山里的那帮孩子的关爱，开始涉及众多诗人或浓或淡的乡愁，开始涉及未能实现理想的那份失落与感伤。学生开始喜欢写作了，写作将慢慢地成为他们人生旅途中不可或缺的调色板。"由此，片段写作对中小学写作教学的积极影响可见一斑，其作用不容小觑。

而在国外，例如美国，"美国在作文教学中注重段落教学训练。教师们有计划、有重点地培养学生写好段落，要求达到中心突出、结构完整协调、条理清晰连贯的标准。训练方法非常丰富，如通过事例发展段落、填补空白、组织句序等等。还有从阅读分析范文入手，经过讨论练习后进行总结概括，最后指导写段落的方法，把阅读课和写作课密切而有机地连在一起。美国学术界对段落写作教学亦十分重视，许多学者专门著书，论述段落与句子、段落与短文的关系等问题，并设计了大量且多样的练习题供学生参考练习。"[③]在美国的写

---

① 丁方霞.片段练习的认识与实践.中国教育技术装备.2009,25.
② 王伯美.以情切入,强化片段写作训练.学语文,2007,4.
③ 赵秀明.美日作文教学的比较研究.外国中小学教育,1994,2.

作中,片段写作是一项很重要的内容。而英国的麦里斯·伊姆霍夫和赫尔曼·霍德逊合编的《从段落到短文》一书对段落和文章的一般结构形式分门类地做了系统而细致的分析,并设计了大量的练习供训练用。它的内容大致包括"通过举例展开段落;通过比较和对比来展开段落;通过分类展开类比"[①]等,展现了段落写作训练的层级性和丰富的写作内容。

二、片段写作训练的具体策略

(一)按不同标准分类,开展片段写作的分类训练

任意一篇纷繁复杂的文章,都由相互关联的段落构成。将文章解剖为一个个片段,按不同标准分类训练,包括按文本位置不同、详略程度不同、表达方式不同进行片段训练,将有助于学生对于文章结构的把握、细节与整体的把握、对不同文章体裁的把握。

1.按不同标准分类。

按照在文本中的不同位置,片段可以分为:起始段、承接段、展开段、结语段。起始段可以开门见山、设置悬念等,承接段即是对起始段的承接,又有引出下文之用意,展开段则是全文的主要组成部分,是文章主要情感与思想的铺陈、议论的核心,结语段则可以是对文章的总结升华,也可以运用留白的手法设置悬念,给读者以想象、思考的空间。

按照在文本中的详略程度不同,片段可以分为:概略性片段、细节性片段。一篇优秀的文章,其段落必定是详略有致的,有的段落写得略,有的段落写得详,段落的详略得体,会使文章中心更明确、主要情节或形象更突出,也增加了文本的形式美。那么,在写概略性片段时,应注意引导学生把握住最主要的事件情态,要抓住"形",要写得略;细节性片段可以通过动作、语言、神态、外貌、心理等方面来细节刻画人物的性格、品质、精神状态等等,写得有感染力,让文章有血有肉。

按照表达方式不同,片段可以分为:记叙类片段、描写类片段、抒情类片

---

① 参见刘中黎《中外作文教学比较》讲义稿,2013 年。

段、议论类片段、说明类片段。文章里经常运用一种或几种表达方式，有记叙、描写、抒情、议论、说明。记叙类的片段，应该以时间、地点、人物、事件为基本要素展开，可以运用顺叙、倒叙、插叙、补叙等记叙顺序；描写类片段，则要把对象的情貌、状态描写出来，多运用动作、语言、外貌、神态描写等，也可以进行一系列的多角度的细节描写、环境描写；抒情类片段主要是抒发作者的主观感情，它可以是直抒胸臆，亦可间接抒发；议论类片段则常紧扣论点，满足三大要素"论点、论据、论证"，按照引论、本论、结论或以总分、并列、对照、层进等方式来结构；说明类片段写作，要说明事物的形状、性质、特点、成因、关系、功能等，多以说明对象的逻辑分类（例如，总说和分说、重要和次要、事理发展过程、物件生产或制作过程等）来展开。

2. 开展片段写作分类训练。

笔者在课堂中，曾经以如下一个情境为例，对学生的片段写作进行了分类训练。

情境导入：

　　一个昏黄的雨夜，雨淅淅沥沥不住地下，风也肆无忌惮地凄凄地刮，大街上行人撑着花花绿绿的伞，依依稀稀，都各顾各地想尽快奔回温暖的家。突然在一棵大树下，那个垃圾桶旁，一位老人不小心跌倒了……天地间只有了这雨，这风，还有这些冷漠的行人……

（1）对起始段、承接段、展开段、结语段进行训练。

训练起始、承接、展开、结语段，主要是训练学生对于文章整体框架的把握。在以上教学情境中，教师引导学生感知情境，发挥想象。教师提问："何人、何地、发生了何事？如果要自己为文，将如何开篇？是开门见山抑或设置悬念？""又该如何把情节展开？是按时间顺序娓娓道来，还是又有插叙、倒叙等方式，把一系列事件浓缩在一个时空里呢？""人物的外在、动作、神态在此情此景中定然有不同之处，能不能抓住与众不同之处展开细节描写呢？""在老人摔倒之前、之中、之后又到底发生了什么？""最终的结局是怎样的？是摆在眼前的现实，还是想给读者留下想象的空间？"这些具有启发性的提问，可以让学生更多地去体悟、去思考，畅所欲言，激活想象。例如有一位同学在课堂中写出了一个较好的起始段:"世界上有许多东西,倒塌了可以再立起来,比如树木倒了可以再扶植起来,房屋倒了还可以再重建起来,但是有一样东西倒了却很难再树立起来,那便是人们的信仰。在一个雨夜,我目睹了信仰倾倒的那些瞬间,那是一个多么可怕的夜晚……"对于学生的起始段,教师又进行了及时点评:此段围绕"信仰"问题立意,开门见山,总括全文,为后文埋下伏笔。同样,在其他类型的片段写作中,如承接段、展开段、结尾段的写作中,很多学生都写出了不错的片段,可谓异彩纷呈。

(2)对概略性片断和细节性片断进行训练。

概略性片断的写作训练主要是训练学生掌握略写的能力,细节性片断主要训练学生详写、写得丰满的能力。在进行概略性片段写作时,要注意段的一般建构:首先引导学生写作段落的起始层次,即概括地提出本段内容或中心,以一个主题句或主题句的一个词(一组词)表现出来的,起概括全段、引领全段的作用;然后写作段落的展开层次,围绕起始部分确定的中心提供实例、细节,使段落更加充实;最后写作段落的终结层次,即由展开层次引出一个合乎逻辑的结果,重申中心意思而避免用语雷同,这样在于明确、深化中心。

在上述教学情境中,有同学就写出了这样的概略性片段:

> 爱的给予可以让人心更加接近更加温暖。(简洁的起始层次,概括了"爱心"这个主题,引领全段)一个夏季的雨夜,一位拾荒的老人不慎摔倒,忙碌的行人匆匆一瞥,哪里顾得上这位衣衫褴褛的老头子啊,还生怕那个老头子给自己带来麻烦呢。一位带着孩子的阿姨路过了,她见状立马上前小心翼翼地扶起了拾荒老人,忙问哪里摔着没有。拾荒老人连忙道谢,路边的行人也有围观赞许的。(展开层次写得有情节并且简洁)有时候爱的给予很简单,就是在人最需要帮助的时候,伸出一双温暖的手便足够。(终结层次再次明确了中心思想)。

细节性片段训练可以抓住某个细节来写作。在以上所设计的教学情境中,学生通过一个个细节的描写,逐渐能从简到繁地学习写作,进步很大。有的学生抓住了环境描写,写得细致有感染力;有的学生着重描写了拾荒老人的外貌、神态,展现了老人悲辛的生活情状;有的学生抓住了来往人群的扶与不扶的心理状态来展开片段，对人性做了细致剖析等等。

（3）对记叙类、描写类、抒情类、议论类、说明类片断进行训练。

按不同表达方式进行训练，目的在于认识和把握不同文章体裁的写作规则。训练写作这样的片段时，教师要引导学生抓住事件发生过程中最打动人心的一幕："在那样的情境里，你认为哪一幕最能打动自己？最能打动读者？""核心的情境、最能展现人物品性的核心细节在哪里？""发生了那样的情节的原因何在？经过如何？结局又是怎样？""你觉得你所写的片段的亮点，或者说最打动人的地方是哪里？"通过一步步引导学生思考、探寻最打动人心的一幕，接着去拓展那一幕发生的起因、经过、结果，再灵活运用一系列记叙、描写、抒情、议论的写作规则和技巧，如倒叙、插叙手法的运用、发挥环境描写的渲染与烘托作用、直接与间接抒情的穿插、正反例证等，让记叙的"亮点"、描写的"亮点"、抒情的"亮点"、议论的"亮点"突出，而那些亮点将成为该片段最具感染力、生命力的地方。

（二）引导学生写"活"的文字片段

一篇文章，如果没有作者的真思真情，读来必然味同嚼蜡，为什么呢？因为那是"死"的文字，唤醒不了读者内心的触动和思考。在目前的作文教学中，产生了许多"假、大、空"的文章，这些都如一汪汪死水，没有生命力。而只有那些充斥着作者真实的、鲜活而饱满的生命体验的"活"的文字片段，才能真正触动人们心底最普遍而深刻的情感，实现作者与读者的共鸣。

1. 什么是"活"的文字片段？

所谓"活"的文字片段，是指人们敏锐地捕捉住了自己在工作、学习和生活中那"一刹那"的心灵触动、独特感觉、感受、体会，或某一种顿悟、思辨和认识等，并用关键字、词、句予以定格，拓展延伸、敷衍成文，创作出的一个个具有鲜活生命体验的文字片段。这样的文字片段就是"活"的文字片段。

这样的文字片段是一个文本的精髓和灵魂，如果学生的作文中能够出现这样的文字片段，我们可以认为学生的作文是成功的。笔者认为，中小学作文教学的中心工作就是训练学生写"活"的文字片段。

2. 训练学生写"活"的文字片段。

笔者认为，要写好"活"的片段，首先要学会"捕捉"生活中最让人们心动的瞬间,那些瞬间难以忘怀,而给予了人们心灵长久的悸动与思考;然后"调动"自身所有生命体验与文化储备来充实和丰腴那"一刹那"的感受;接着,我们要"审视"这蕴含了独特生命体验的"一刹那"是否具有感染人心的价值和重要意义,做出适当取舍;最后便是"赋形",把极具个性价值的"一刹那"衍生、延展为具有审美特征的文字片段,并巧妙插入特定文本形式里,生成为文章的一部分。①

在片段写作教学中,我们该如何引导学生写作"活"的片段呢? 我们可以一方面安排课下的写作训练,如"日记""札记""读后感"等,不限文体,不限字数,让学生在仔细观察、感受、思考生活的基础,任由发挥,激发写"活"的文字片段的浓厚兴趣;另一方面,在课堂上通过展开一系列的活动,引导学生回忆和捕捉曾经发生过的印象深刻的刹那,接着让学生一步步钩沉,调动他们的生命体验,然后定格画面,还原情境,拓展延伸,丰富内涵(给最心动的"一刹那"赋形)。

如笔者在一次课堂训练中,便引导学生展开了一次"活"的片段写作训练。首先教师提问激趣:"在我们的生活中,有没有发生过让你很难忘的意想不到的事? 想一想,说一说,大家一起分享。"于是班上分为了四个小组,每个小组都纷纷讨论起来。有同学便与大家分享了自己的一段经历:"在爸爸妈妈第18个结婚纪念日那天,他们竟然从外地回到家,给我精心准备了饭菜。当中午放学回家闯进厨房的一刹那,我好意外,特别感动。"接着教师引导学生捕捉那一刹那感受:"回忆当时的情境,你的心里到底有哪些感受呢?"学生回忆了当初的情境,谈到了自己当时的感受是"惊喜""感动""感激""窃喜""幸福"等各种情感交织的。笔者要求学生只用一个关键词定格当时的心理状态,他认为最难忘的还是"感动"。接着,笔者让该生"还原"了当时情境(人、事、物、当时的情态)到底是怎样的,再引导学生回忆他产生"感动"的原因。学生告知了大家:原来,他的父母常年在外务工,很少回家,他们从来没有庆祝结婚纪念日的习惯,而这次竟然专门回家看他,还打算全家一起过结婚纪念日。这对他来说,无疑是一件惊喜的事。而且他早已给父母邮寄去了纪念礼物,他们还没有收到礼物就回家了。可以理解到,学生当时是多么

---

① 刘中黎.写作教学设计的误区——从"作文说谎"谈起.语文建设,2012,9.

感动！实际上，那份彼此都想给对方惊喜的心理，彼此都拥有的默契，其根源就是爱！之后，学生在笔者的引导下，对"感动"的瞬间展开了描写。他把故事定格在了家庭的一个小角落——厨房，通过人物的语言、动作、心理活动等描写，展现了自己情感经历的一系列变化：初见父母的"惊喜"、对父母不能常回家的"体谅"、"感动"于父母的付出、"感慨"时光的流逝、"窃喜"自己也为父母准备了礼物、在"换位思考"中感受到了父母的"欣慰"、为大家庭浓浓的爱包围的"幸福"！将他当时"一刹那"的"感动"写得丰富感人又充实具体了。而他完成的那个拥有他自己真实而鲜活生命体验的文字片段，便是"活"的片段，成功的文字片段。

训练学生写出自己的"生命体验"，构建真实的活的片段，最终写出鲜活的、全过程的文章，这符合潘新和老师的"言语生命动力学"母语写作教学理论。潘新和老师的"言语生命动力学"母语写作教学理论指出："每一个学生都是语文天才。要善于发现、顺应、养护他们的言语天性与个性、潜能与才情，让他们的言语生命得到最大发展，从而使他们找到归属感与尊严感。"[1]他还提出了"牧养言语生命的野性""养护学生的言说欲、表现欲"等观点。笔者认为，写作"活"的文字片段做到了激发学生内在的言语潜力，也顺应了他们的言语天性。只有常进行这样的写作训练，才能真正培养出具有"言语生命力"的人。

（三）以仿写、续写、改写为主要训练方式，引导学生写出规范、纯正的文字片段

1. 仿写、续写、改写的对象——经典文本。

"文学经典是指那种能经得住（纵向的）时间考验的文学作品。是指那种能够穿越具体时代的价值观念、美学观念、在价值与美学维度上呈现一定的普适性的文学文本。……是具有权威性、神圣性、根本性、典范性的文学文本。"[2]其实在中小学的语文教学过程中，已经涉及许多经典文本的学习，如《诗经》《论语》《孟子》《庄子》《三国演义》《水浒传》《红楼梦》等古代

---

[1] 潘新和.语文：表现与存在.福州：福建人民出版社，2004：703.
[2] 焦垣生.中国经典文学的品格特征.西安交通大学学报（社会科学版），2012，4.

经典文本，亦有现当代名人名家的经典之作，如鲁迅的《社戏》、老舍的《济南的春天》、朱自清的《背影》、郁达夫的《故都的秋》等等，还有许多外国名家的作品，如莫泊桑的《我的叔叔于勒》《项链》、契诃夫的《装在套子里的人》、高尔基的《海燕》、都德的《最后一课》等等。当然，经典文本不只限于课堂所学课文，课外阅读所涉及的经典文本亦可成为片段写作学习和训练的对象。通过分析与学习经典文本，不仅可以唤醒学生的情感生命体验、拓宽写作思路、丰富内在文化涵养，还可以通过仿写、续写、改写的片段训练方式，让学生掌握一系列的写作规范和技巧，提升写作有生命力同时又规范纯正的文字片段的能力。

2. 怎么进行仿写、续写、改写？

在进行仿写、续写、改写的过程中，要引导学生抓住经典文本形式和内容上的特点，来进行片段写作的教学与训练。

在仿写训练时，可以更多地侧重于文本形式上的特点来创作。如朱自清的《春》，教师引导学生概括出作者所描绘的几幅春天的图画，接着引导学生寻找每一幅美丽的春景里，最感动自己的语言，再细致到某个感动自己的字、词上，这便确定了感动的"源头"，也可以说是某个感动人的片段的"文眼"。如在"春花图"中，作者说"花里带着甜味，闭了眼，树上仿佛已经满是桃儿、杏儿、梨儿！"在这里，作者运用通感的写作方法，仅用简单的"甜味"一词，却道出了花的味道、风的味道，还有作者那份天真烂漫的情怀！试问，在满树繁花的桃树、杏树、梨树前，谁人没有向往过果子成熟后尝到的那份香甜？而且，那一份单纯的"幻想"是"一刹那"的情感体验，真实而灵动，易于与读者产生共鸣。作者让读者"闻了花香"再"闭了眼"想象，是啊，一树树"满"是诱人的果子呢！好一派春花烂漫、"甜果飘香"的图景啊！至此，文本作者的情感达到了高潮。反观作者的这一句话，相当于一个小的文字片段，却有极大的感染力，这一方面是因为这是"活"的文字片段，另一方面便是得益于作者高超的文字运用技巧。在分析了文章一系列感人之处后，教师可以让学生也学着去抓住生活中的某一处景物所给予自己的"一刹那"独特感受，使用"通感"的方式，展开仿写片段训练，强化练字、选词、锻句的技巧与能力。除此之外，文中还有许多可借鉴于提升写作技能之处，如"修辞""总分总结构""几幅图画串联的方式谋篇"等，这些都可以成为仿写训练的方向。

此外，还有许多经典文本中的片段可以用于训练学生的仿写能力，如仿写《从百草园到三味书屋》"不必说……也不必说……单是……"景物描写的那一段，体会鲁迅文章的精彩，学会如何遣词造句，连贯成篇；仿写《福楼拜家的星期天》中人物刻画的片段，学会抓特点，进行细节描写，恰当使用修辞手法，生动形象地刻画人物；仿写朱自清的《背影》中抓动词来勾勒人物的技巧等等。

在训练片段续写和改写过程中，一定要注意文本最初意旨的把握。如对于高鹗续写《红楼梦》，童庆炳先生便认为："高鹗的续作不仅在艺术上远远不如曹雪芹的原作，而且在关系到作品主题和倾向性根本方面，大大削弱了曹雪芹原作的思想性、战斗性。"[①] 由此可见，不论续写或改写，都要做到所写片段的主旨与作者所要表达的思想的统一。如训练学生续写《项链》的结局，可布置学生写作玛蒂尔德得知项链的真相后，其反应以及此后的生活，要求学生注意人物心理的前后变化和对应；在学习了《爸爸的花儿落了》之后，布置学生续写英子长大了后的生活，表现她在经过了一系列的"闯练"后的生活状态，提醒学生关注主人公长大后的性格要与儿时有所呼应；改写《关雎》《陈情表》《木兰诗》等为白话文，要符合古文本来意旨。此外，无论是仿写还是续写、改写，都要引导学生抓住文本感动的瞬间，训练写"活"的片段。

（四）开展构段成篇的训练

从段落到篇章，既是层次上由少到多、篇幅上由单薄到丰厚的过程，更是内容上逐渐丰富和完善、意旨上逐渐丰满和深刻的过程。只有段落形成了篇章，才能让片段写作训练真正展现出成效。因此，我们有必要在片段写作的基础上，注重谋段成篇训练，这也是片段训练实现谋篇的必经之路。

1. 训练学生掌握基本的文本组合框架。

所有文章都是由一个个不同类型的段落，按照"起、承、转、合"的基本叙事模式组合而成。"起"可以提出问题、话题或者引入一个观点，也可以引出一个人、一件事等，作为文章的起始部分，为后文"开路"；"承"既承接起始部分，又有对"起"的展开和丰富；"转"则是从另一个观点或者角度来

---

① 童庆炳.论高鹗续《红楼梦》的功过.北京师范大学学报(人文社会科学版)，1963，3.

记叙或者议论;"合"便是把全文的思想观点统一起来,进行文章的收束。这是一个基本的谋篇模式,要想学生为文能力提升,可以在片段写作训练时加强这一基本叙事模式的写作练习。

师:同学们,请看大屏幕,这是老师曾经训练大家写作过的一个片段,要求是写"印象深刻的一个人"。我选取了一位同学的片段,大家来想一想,这段话的"起""承""转""合"分别是什么? 我请一位同学起来大声流利地朗读一遍。大家边听边思考。

"在上学必经的小巷子,我经常看到那个可怜的婆婆。她身材圆滚滚的,满头白发,深深浅浅的皱纹在苍老的脸上雕刻着岁月的痕迹。她的眼光总是呆呆地望着她前进的方向,很少看见她的笑容,她总爱穿着很旧的脏脏的绿毛衣,外面再套着一个紫花的羽绒马褂。这么大的年纪,这么冷的天,那位老婆婆都还在忙着收废品、运废品,辛苦地挣钱,每天都会踩着一辆破旧的载满了旧书废报的三轮车,慢慢驶入巷子深处收废品的小店。每次看见她的身影,再看看自己幸福的生活,和她相比,简直是天壤之别。我也总爱猜想她的生活究竟该有多苦,她的家人呢? 怎么就不去帮帮她呀? 我也应该去帮帮她的,可是却一直没有勇气……唉,一位多么可怜的老人,真的希望有一天她不再收废品,能过上幸福的生活!"

生:"起"的部分是第一句话,引出一位可怜的婆婆这个人物;"承"是对那个收废品的老婆婆的外在描写,从"她身材圆滚滚的"到"慢慢驶入巷子深处收废品的小店";"转"是由她的生活现状想到自己的生活现状,从"每次看见她的身影"到"可是却一直没有勇气";"合"是最后一句,写了她自己的思考,首尾照应。

师:分析得很准确! 不仅每个片段可以运用到"起、承、转、合"的写作方式,而且在谋篇布局时,也是可以运用"起、承、转、合"这一基本叙事模式。希望同学们留心,在以后作文布局谋篇时灵活运用。

在进行这一训练时，正如案例所示，要引导学生思考什么是"起、承、转、合"，再引用所写片段来分析，激发学生创作热情，启发学生掌握基本的文本组合框架。

2.训练学生运用剪接、穿插等方式，将不同的片段组合为一个有机联系且摇曳多姿的浑然整体。

面对纷繁复杂的片段式写作材料，如何将所写片段恰到好处地灵活运用到文章里去呢？这一方面需要训练学生多多创作和积累片段素材，另一方面，更重要的是训练学生提升灵活处理片段的能力。比如，将同类的片段进行分类、归纳，在作文布局时，运用剪接、穿插、并列、递进等方式将片段组合起来，以实现思维的拓展和写作的创新。在此过程中，要处理好想象的丰富性与合理性的关系。

笔者在教学过程中，常采用三种片段组合的方式，来引导学生将片段组合成文：一是"主题串联法"，即在平时的片段练习过程中，有意识地引导学生把所写片段按照"主题"的异同归纳整理起来，以待在灵活运用片段时信手拈来，且这样处理可以让用来谋篇的片段间有所关联。如笔者以"幸福"为话题，让学生将曾经写过的关于"幸福"的片段整理出来，进行了谋篇训练。有一位同学将写过的片段整理成了一篇不错的文章，名为《我眼里的幸福》，他将自己曾经写过的家庭活动小片段、学校生活小片段、自己去旅游的小片段并列组合在一起，构成了一篇文章，并且达到了主要思想的内在统一，即对幸福的阐释。笔者还运用"事件连缀法"，即将所发生过的事件按照起因类、经过类、结果类整理归纳，再运用这些片段为文。为文期间，可以用剪接、穿插的方式，把生活事件经历的过程展现得更加有趣、具体、摇曳多姿。此外，笔者还运用到"零碎片段集合"法，即从每一位同学那里搜集主题、事件毫不相干的零碎片段，集合起来，再让学生任意拼凑，合理发挥想象，重构为文。这种缀段成篇的方式源于生活且高于生活，学生在创作过程中激情盎然，且所创作的文章充满新意，还让他们收获了写作的快乐感与成就感。

通过一段时间的构段成篇训练，笔者高兴地看到了同学们写作兴趣有了更大的提升，对谋篇成文越来越有信心，越来越得心应手。并且，学生创作的文章也"活"了起来。这是值得欣喜的！但同时也要注意到作文的特殊性，它需要长期坚持才能厚积薄发、逐见成效。所以，片段训练必须坚持"持久战"，而关于如何更高效地开展片段训练这一课题,也值得我们教育工作者进一步探索。

结　语

　　片段写作在作文教学中有不可忽视的重要作用,它上可贯穿成篇,下可统帅字词句的锤炼。对于字词的锤炼,通过适当的片段写作训练,将"死的词句"变成了"活的片段",有效训练了学生"有意识"地考究词语运用的能力,实现词汇库灵动化的质变;对于谋篇,由于片段写作的自身独特性,篇幅短,随意性强,便于搜集素材,组织言语,这给作文的外在形式上减少了不少阻力,学生会有更多精力去专注于自身真实情感的流露。本文探索了四个方面的片段训练实践策略,尤其是训练写作"活"的片段,学生的言语生命被激活,充分挖掘自身内在生命体验,对写作"真实"的作文是一种鼓励与肯定。当通过不断的片段训练,学生已经能够把片段写得游刃有余时,缀段成篇也就不在话下。

　　笔者也介绍了自己粗浅的教学案例和开展片段训练的方法,一定有不足之处,还有待在以后的教学实践与反思中不断改进完善。也期待在今后的写作教学中,探究出更多有利于片段写作训练的教学经验与广大同仁交流分享。

　　　　　　　　　　　　(作者系第二届实验班学员,论文指导教师刘中黎。)

以"记"促"读","读""写"共进
——初中生"读书笔记"学习习惯养成研究

何 娇

摘 要：研究初中生"读书笔记"的习惯养成，主要是在对初中生平时读书笔记进行观察的基础上，编制了"读书笔记行为——读书笔记质量——语文学习效果"观察项目，然后对学生的读书笔记行为仔细观察后做详细记录，对学生读书笔记质量进行监测，对学生语文成绩进行跟踪和记录。通过对3个被试组进行分析，结果发现初中生读书笔记行为、读书笔记质量和语文成绩之间成正相关。学生做读书笔记的习惯较差，就会导致读书笔记质量低，这样的学生的语文学习成绩也比较差。针对这些现象，提出了一些读书笔记习惯养成的教育方法和策略，以试图让学生养成良好的读书习惯，从而提高读书效率，提高学习成绩。

关键词：初中生；读书笔记；习惯养成

一、引言

读书，已经成为当代每个人追求的终身事业。养成良好的读书习惯是读书活动的质量保证，而读书笔记则是最好的读书习惯。读书笔记，是指人们在阅读书籍或文章时，遇到值得记录的东西和自己有心得体会，随时随地把它写下来的一种文体。我们这里所指的读书笔记是大多数学校教育中，语文教师对学生布置的作业之一，主要内容是学生对周末回家看书的心得体会进行的书面记录。

初中生正处在学校学习生涯的过渡期，是知识积累的重要时期，做好读书笔记显得尤为重要。做读书笔记，一方面可以为日后的作文写作提供素材，还能加强记忆,有效提高阅读效率,从而提高语文的学习能力;另一方面,做读书笔记可以培养学生优良的学习习惯,为以后的学习提供基石,从而实现终身学习的目标。①

本文主要是在对学生平时读书笔记进行观察的基础上,编制了"读书笔记行为——读书笔记质量——语文学习效果"观察项目,然后对学生的读书笔记行为仔细观察后做详细记录、对学生读书笔记质量进行监测、对学生语文成绩进行跟踪记录。通过对3个被试组进行分析,结果发现初中生读书笔记行为、读书笔记质量和语文成绩之间成正相关。学生做读书笔记的习惯较差,就会产生一些不利于学习的行为,这样的学生成绩也比较差。针对这些现象,我们分析了原因,并提出了读书笔记习惯养成的教育策略,试图让学生养成良好的读书习惯,从而提高读书效率,提高学习成绩。

二、初学生做读书笔记的现状分析

(一)被试

被试为重庆市巴川中学八年级学生,从甲、乙两个教学班130名学生中抽取30名作为样本,每个班抽15名学生,被试的八年级上期期末成绩均在110分到115分之间(总分150分),按其做读书笔记行为习惯分为:组一——按老师指导要求做读书笔记;组二——自行做读书笔记;组三——即使老师指导也不按要求做笔记。组二为参照组,组一、组三为实验组。

(二)工具

1. 与读书笔记行为习惯有关的3个观察项目:(1)按老师指导要求做读书笔记;(2)自行做读书笔记;(3)即使老师指导也不按要求做读书笔记。

2. 被试八年级下、九年级上两个学期期中与期末4次考试成绩。

3. 被试八年级下、九年级上两学期期末读书笔记质量综合等级评定记录。

表中读书笔记质量从优良到差的排序为 A + 、A、A - 、B + 、B、B - 、C;

---

① 杨俊.如何培养学生的笔记技能.教师之友,2001,8:31-32.

A代表读书笔记内容充实，思想认识深刻有深度，格式完整，字迹清晰，书面工整；B代表内容较充实，思想认识较深刻，格式较完整，字迹较清晰，书面较工整；C代表内容不全面，思想不深刻，格式不完整，字迹潦草，书面不工整；"＋""－"代表比之更好，比之稍差。

（三）步骤

根据平时教学过程中所观察到的现象，列出3个学生读书笔记行为习惯项目，按照组一、组二、组三的顺序对被试的读书笔记的行为习惯进行记录、查阅被试的读书笔记、提供四次单科成绩，形成组一、组二、组三综合记录表，分析被试读书笔记的行为习惯、读书笔记质量与语文成绩之间的关系。

（四）综合记录表

表一：综合记录（组一）

被试	读书笔记行为习惯	读书笔记质量	语文成绩
（1）	按老师指导做读书笔记	A＋／A	120／119／124／125
（2）	按老师指导做读书笔记	A／A	121／123／122／124
（3）	按老师指导做读书笔记	A＋／A	123／120／124／125
（4）	按老师指导做读书笔记	A／A	121／122／118／119
（5）	按老师指导做读书笔记	A＋／A	119／125／130／126
（6）	按老师指导做读书笔记	A＋／A	125／123／124／126
（7）	按老师指导做读书笔记	A／A	120／125／120／127
（8）	按老师指导做读书笔记	A＋／A＋	118／121／126／128
（9）	按老师指导做读书笔记	A－／A	119／121／120／122
（10）	按老师指导做读书笔记	B／A	117／118／117／120

表二：综合记录（组二）

被试	读书笔记行为习惯	读书笔记质量	语文成绩
（1）	自行做读书笔记	B／B＋	119／115／119／120
（2）	自行做读书笔记	A／A	117／121／117／120
（3）	自行做读书笔记	B＋／A	115／110／114／123
（4）	自行做读书笔记	B／B	113／122／116／119
（5）	自行做读书笔记	B＋／B＋	115／115／117／120
（6）	自行做读书笔记	B＋／A	117／113／112／122

续表

被试	读书笔记行为习惯	读书笔记质量	语文成绩
(7)	自行做读书笔记	A/B+	120/115/117/120
(8)	自行做读书笔记	B/B	118/114/116/118
(9)	自行做读书笔记	B+/B+	111/105/115/117
(10)	自行做读书笔记	B/C	100/113/112/108

表三：综合记录（组三）

被试	读书笔记行为习惯	读书笔记质量	语文成绩
(1)	即使老师指导也不按要求做读书笔记	B-/B	99/109/106/114
(2)	即使老师指导也不按要求做读书笔记	B-/C	110/103/95/98
(3)	即使老师指导也不按要求做读书笔记	C/C	110/110/104/107
(4)	即使老师指导也不按要求做读书笔记	B/B	101/112/111/108
(5)	即使老师指导也不按要求做读书笔记	B/B	111/105/112/110
(6)	即使老师指导也不按要求做读书笔记	B-/B	101/113/108/106
(7)	即使老师指导也不按要求做读书笔记	C/C	100/108/104/98
(8)	即使老师指导也不按要求做读书笔记	C/C	100/105/107/89
(9)	即使老师指导也不按要求做读书笔记	B/C	101/103/105/102
(10)	即使老师指导也不按要求做读书笔记	C/C	100/100/107/111

表四：综合记录表

	八年级下						九年级上					
	组一		组二		组三		组一		组二		组三	
	读书笔记		语文成绩		读书笔记		语文成绩		读书笔记		语文成绩		读书笔记		语文成绩		读书笔记		语文成绩		读书笔记		语文成绩	
	人数	百分比	人数	百分比	人数	百分比	人数	百分比	人数	百分比	人数	百分比	人数	百分比	人数	百分比	人数	百分比	人数	百分比	人数	百分比	人数	百分比
综合成绩：优(A+、A、A-)	9	30	9	30	2	6	2	6	0	0	0	0	10	33	9	30	3	10	3	10	0	0	0	0
综合成绩：良(B+、B、B-)	0	0	2	6	8	26	8	26	6	20	5	16	0	1	3	10	6	20	6	20	4	13	4	13
综合成绩：中(C+、C、C-)	0	0	0	0	0	0	0	0	4	13	5	16	0	0	0	0	1	3	1	20	6	20	6	20

（五）分析与结果

分析：被试的读书笔记行为习惯、读书笔记质量与学习成绩递减；从每组分析，组二的学生的学习成绩比较稳定，而组一、组三的学生学习成绩变化较大，与读书笔记行为习惯有关。组一的学生由于按照教师指导要求做读书笔记，学习成绩有很大提升，而组三即使教师指导也不按要求做读书笔记的学生成绩明显下滑。以此得出，语文学习成绩与读书笔记的行为习惯以及笔记的质量成正相关，教师指导是学生读书笔记习惯养成的关键。

（六）原因

读书笔记行为习惯不同，导致读书笔记质量不同。在学习活动中，读书笔记行为好，学生就能够按照要求完成读书笔记，且质量优秀；读书笔记行为习惯较差的学生，其读书笔记质量也处于差等水平。究其原因，学生读书笔记行为习惯的不好是由于平常做课堂笔记就不太认真或者不规范，或者没有听从教师指导和要求去完成读书笔记这项作业，或者教师没有及时有效地指导学生的读书笔记，加上教师由于没有强有力的监督机制，导致学生读书笔记行为养成不好的习惯；另一方面，是由于学生语文成绩不理想，没有学习语文的劲头，导致学生学习语文的兴趣不浓，不主动改进做读书笔记的方法，所以读书笔记质量不高。

三、初中生"读书笔记"习惯养成的教育教学策略

从初中生读书笔记现状的调查发现：被试虽然是一所学校的一个班级的一部分学生，但是这种状况普遍存在于初中教育的整个过程中。作为即将成为语文教师的大学毕业生，不得不思考这样的问题：为什么在初中生当中，语文学习成绩处于中、下等学生不主动甚至不愿意做读书笔记？学生该怎样做读书笔记？到底应该记些什么内容？语文教师该通过怎么的方式培养学生做读书笔记的习惯，从而提高学生的语文成绩？

做好读书笔记的教学规划，是培养学生做读书笔记习惯重要保证。培养一种习惯，是一个持久的工作，语文教师在培养学生做读书笔记的习惯的教学过

程中，首先要有宏观和微观的读书计划。教师应当指导学生初中三年应该有宏观规划，每学期有整体规划，每周有具体计规划。另外，在初一到初三，要求学生阅读的书籍难易程度应当由浅入深，阅读量应当由少到多。在选择书目的同时，教师不应该盲目地追求所谓经典名著，也不要完全按照新课标的建议要求学生进行阅读积累。调查发现很多学生在小学阶段已经阅读全部或者部分新课标要求书目，所以教师在选择书目之前，最好能够做大量前期工作，对学生阅读现状进行调查，再选择书目进行编排。在选择书目时既要参考新课标，又要参考青春期教育的书籍。

1. 做好读书笔记的准备是培养学生做读书笔记习惯的前提。

读书笔记应当有专门的笔记本，教师应当要求学生准备较厚的环扣式笔记本，这样有利于笔记本的保存。教师应当要求学生不轻易更换笔记本，这样有利于读书笔记的持续，学生复习时也不用找零散的读书笔记，还可以培养学生坚持不懈读书的习惯。

2. 工整的格式是培养学生做读书笔记的开始。

在指导学生做读书笔记时，教师首先应当要求学生的笔记要有好的格式。目前，被公认为最公正的格式是每一页右侧都要留出一定的空白来，不要把一页纸写得满满的。建议把笔记的一页用一条竖线分为两部分。其中左面占2/3，右面占1/3。较大的栏内记书中的内容，较小的栏内记自己的想法、问题等。两栏内容之间要有对应，即书中的和自己想的针对相同章节的内容应在相同的行上，这样便于下次查阅。

3. 知道如何选择读书笔记的方法是培养学生读书笔记习惯的关键。

经过整理，主要有以下几种读书笔记的方法：

（1）摘录梗概式。

在阅读中不论是长篇巨著还是短篇文章，不论是专门论著还是文学作品，为了领会精神，抓住要点，可以从文章中摘录优美句段或名言警句，也可以就全文的中心内容做一梗概记录。如在阅读了龙应台的《目送》，摘抄并写下了这样的句子：

"我慢慢地，慢慢地了解到，所谓父女母子一场，只不过意味着，你和他的缘分就是今生今世不断地在目送他的背影渐行渐远。他站立在小路的这一端,看着他逐渐消失在小路转弯的地方,而且,他用背影默默地告诉你:不必追。"①龙应台送自己的小儿子华安,作为一个母亲,对于亲情,她有的只不过是不舍和眷恋。儿子从未远离自己,而这一去,不知何时回来,饱含了一个母亲对儿子强烈的爱意与不舍。

(2)圈点旁注式。

读书时对那些生动贴切的词语或精彩的句子,可加圈点旁注,帮助消化理解。如读《大学》时,在读到"大学之道,在明明德,在亲民,在止于至善"②时,刚开始以为"明明德"是印刷错误,便将其圈点,后来一查阅才发现,两个"明"字并不相同,前者是"彰明"的意思,后者是"美好的"的意思,前者是作动词用,后者是作形容词用。

(3)评述议论式。

读了一篇文章或者一部书,它有哪些值得学习的地方,还有哪些不足,都可以尽自己的阅读水平,加以评述议论。如读了《中庸》中的这段:

"喜怒哀乐之未发,谓之中;发而皆中节,谓之和。中也者,天下之大本也;和也者,天下之达道也。"

我们读到这里时,不禁要去探寻它的大意,原来是说喜怒哀乐各种感情还没有向外表露的时候,就是不偏不倚的,叫作中;向外表露的时候都能合着自然道理叫作和。中,是天下人们的大根本;和,是天下人们共同要走的路。我们不禁为古人的广阔的胸怀而赞叹,从中我们还学到了要顺应自然天理,而不是按照自己的意愿胡乱散发,那样只会毁掉自己。我们不禁想到佛家的论述,佛家不讲和,而讲不二,当你看世界的思维方式都能用"不二"的眼光了,我们还有什么愤怒和怨恨呢?

(4)心得体会式。

学生把阅读后的收获和感想记下来,一般称为心得体会或者读后感,它主要是谈自己读了某本书或者某篇文章的心得体会和感想。这类读书笔记的要求是要仔细认真地读好原文,这样才能有真情实感。在写法上,既要联系实际,

---

① 龙应台.目送.北京:生活.读书.新知三联书店,2009:3-4.

② 刘彬.四书五经.呼和浩特:内蒙古人民出版社,2006:2-13.

又要实事求是地写出自己的体会。①

4.教会学生如何综合分析一部文学作品是重点。

能够综合分析一部作品,是初中生做读书笔记的最高境界。那么,怎样综合分析一部文学作品呢?

(1)要从总体赏析作品的主要思想及其表现。

主要是评析作品的思想内容和作者的观点态度,分析作品运用了哪些主要的艺术手法(如渲染、烘托、对比、想象、联想、象征、先抑后扬、托物言志、借景抒情、寓情于景等),表现一个怎样的主要思想,反映了怎样的社会现实,指出作品有何积极意义或局限性。赏析主题常用的术语有:中心突出、主题深刻、言近旨远、言简意丰、意在言外、含蓄蕴藉、深化主题等。

(2)要分析作品的形象。

文学作品的形象指的是文学作品中创造出来的生动具体的、能激发人们感情的生活图案,通常指文学作品中人物的精神面貌和性格特征。分析作品的人物形象主要应从两个方面进行:一是提示人物的典型意义;二是简要分析人物主要的性格特征。

(3)赏析作品的艺术手法。

文学作品的艺术手法是多种多样的,主要包括表达方式,如叙述、描写、议论、抒情、说明;叙述种类,如顺叙、倒叙、分叙、补叙等;表现手法,如想象、联想、象征、渲染、烘托、对比、比小见大、先抑后扬、托物言志、借景抒情、寓情于景等;描写方式,如肖像描写、心理描写、语言描写、动作描写、环境描写等;描写技法,如以动衬静、动静结合、虚实结合、点面结合、明暗结合、声色结合、简笔勾勒、白描工笔等;抒情方式,如直接抒情(直抒胸臆)、间接抒情(借景抒情、寓情于景、托物言志)等;意境的创设、修辞的运用等。

(4)谈谈作品的构思技巧。

作品的构思技巧主要包括以下几个方面:

①写作思路,如由此及彼、由表及里、由浅入深、由一个方面到几个方面等;

---

① 毛国锋.怎样记读书笔记.小学生导读,2002,Z1:26-27.

②文章线索，如以某个中心事件为线索，以人物、感情、时间、空间为线索等；

③层次结构，如总—分—总、总—分、分—总、分—分；

④结构方式，如纵式结构、横式结构、纵横交错式结构等；

⑤选材特点，如生动典型、来自生活、新鲜亲切等；

⑥行文布局，如开门见山、卒章显志、画龙点睛、以小见大、层层深入、过渡自然、前后呼应、伏笔铺垫、欲扬先抑、详略得当等。

（5）鉴赏作品的语言。

①分析作品的语言特点，如准确、简练、生动、形象、清新、绚丽、质朴；

②品味作品的语言风格，如幽默、辛辣、平实、自然、明快、简明、含蓄、深沉等；

③辨析作品所运用的修辞手法及其表达效果，如比喻、比拟、设问、反问、借代、对偶、对比、夸张、反语、双关、互文、反复等。

学生在写读书笔记时能综合考虑以上内容，不是一蹴而就的，这需要教师在初中阶段耐心指导。

5.利用切实有效的奖励机制，促进学生良好读书笔记习惯的形成和巩固。

教师在进行读书笔记评判的时候，对优秀的读书笔记要进行奖励，对质量不好的读书笔记要进行惩罚，以达到提高读书质量的目的。比如设立"读书奖"，在期末进行评比。

6.进行积极评价和多种评价方式，是培养学生良好读书笔记习惯的催化剂。

教师对学生读书笔记的评价要根据各学段的目标，综合考查学生作文水平的发展状况，应重视对写作的过程与方法、情感与态度的评价，如：是否有写作的兴趣和良好的习惯，是否表达了真情实感，对有创意的表达应予鼓励。对写作的评价还要重视对写作材料准备过程的评价，重视对作文修改的评价，采用多种评价方式。

结　语

我国古代教育家孔子说："少成若天性，习惯如自然。"学生有了认真做读书笔记的认识，掌握了做读书笔记的方法，有了养成良好读书笔记习惯的热情和信心，以"记"促"读"，"读""写"共进，持之以恒，一定能够养成良好的读书笔记习惯，也一定能取得优异的学习成绩，为将来的人生奠定良好的基础。

（作者系第二届实验班学员，论文指导教师唐旭。）

初中生口语交际能力培养现状及方法研究
——以重庆部分地区的中学为调查对象

龙宛姗

摘 要：较强的口语交际能力是现代人才必须具备的基本能力之一。初中阶段是学生心理和生理发展的重要阶段，在这个阶段加强口语交际能力的培养，可以帮助学生和他人正常地交流沟通，促进学生更快地融入社会当中。我们通过问卷调查，发现目前大多数初中生口语表达能力不太理想，为了改变这一现状，需要学生、教师、学校和家长的团结协作，多方采取改进措施。

关键词：初中生；口语交际能力；培养

为了了解目前重庆一些地区初中生的口语交际能力现状，我们以问卷调查的方式对重点中学、普通中学和农村中学这三类学校中初一到初三的学生进行了抽样调查。在做问卷调查的同时，我们还对一些同学进行了访问，对初中生在口语交际能力这方面有了更深入的了解。我们所调查的学校有万州高级中学、巴川中学、梁平一中、大足龙西中学、石柱中学，其中万州高级中学和石柱中学属于重点中学，铜梁巴川中学和梁平一中属于普通中学，大足龙西中学属于农村中学。除了铜梁巴川中学属于民办初中外，其余四所学校均属于公立中学，万州高级中学和梁平一中都在重庆的东北方，石柱中学在重庆的东部，铜梁巴川中学在重庆的西北方，大足龙西中学在重庆的西部。通过对以上学校的调查，能在一定程度上分析总结出初中生口语交际的现状。我们在做问卷调查的过程中，发放问卷200份，实际收回问卷200份。

一、初中生口语交际能力的培养现状

目前，学生对口语交际能力的重要性没有引起重视，在平时的学习和生活中不会积极主动地去提高自己的口语交际能力。语文教师在很大程度上受应试教育的影响，没有把足够的时间和精力放在口语交际课上。学校及教育管理机构对初中生的口语交际能力不够重视，没有通过一定的考查制度来监督学生和教师开展口语交际训练活动。家长没有意识到应对孩子的口语交际训练承担一定的责任，很少花时间和财力来支持和鼓励孩子努力提高自己的口语交际能力。由于以上四方面都还存在不足之处，所以大多数初中生的口语交际能力都不太理想。

（一）学生主体层面

1. 在问卷的 15 题中，67.5% 的初中生都选了 B 选项，对口语交际能力持无所谓的态度，因为在很多考试中都没有得到体现，学生没有要提高自己口语交际能力的意识。只有少部分学校中的小班教学才开设有类似于口语交际课的课程，所以 77% 的学生都不知道还有口语交际课这门课程，更不要说参与其中。

2. 学生在上初中以后思维能力快速增长，但根据问卷第 17 题的调查来看，79% 的学生口语表达能力跟不上思维表达的需要。有时有想法说不出来，有时说出来的话又不是自己想要表达的，遇到不熟悉的环境、不认识的人，更加紧张，表达得语无伦次、颠三倒四，毫无逻辑性可言。

3. 初中生在心理上自我意识会越来越强，会更多注意自己的形象，在问卷 12 题中，46% 的学生都选 A 选项，怕讲不好丢面子、挨批评，宁愿选择用其他"不讲话的方式"表达意见，例如网络和短信，也不愿大声把自己的想法说出来。

4. 问卷 13 题中，86% 的初中生选 B 选项，没有接受过系统的口语交际训练。根据学生们在调查中的回答，我们可以得知他们一般是要参加演讲比赛、经典诵读比赛、国旗下讲话等活动时，才会临时到老师那里让老师辅导一下，获得的都是一些比较零碎的知识，不能构成一个完整的训练体系。

5. 现在大多数初中生很少经历挫折，因此缺乏毅力、耐心。在老师开展课前 3 分钟讲解成语、讲述神话故事或美文欣赏这类活动时，76% 的学生都很难坚持下去，看不到事情发展的长远利益，认为在短期内对自己的学习没有帮助，总是开展一段时间后就不再愿意上台与其他同学分享。

6. 在问卷第 5 题中，36.3% 的学生学习口语交际的态度还不够端正，总是要遇到自己感兴趣的话题，才会参与到老师安排的口语训练当中，否则就以消极态度对之，很少会从学习价值和自身能力这些层面上来考虑，遇到需要克服困难才能获得的能力总是喜欢退缩。

7. 更多的学生在老师组织的口语交际训练活动中只愿意当"看客"，在问卷 11 题中，52.5% 的初中生选了 B 选项，他们不愿积极主动地加入其中，觉得这种训练对自己没有多大的意义，整个班发言的同学总是只有那么固定的几位。但如果老师以小组合作的方式来进行口语交际训练时，91.3% 的同学都还是愿意加入进来，他们觉得多人合作时自己才没那么紧张。

（二）教师引导层面

1. 在问卷第 3 题中，60% 的语文教师都没有专门上过口语交际课，有 22.5% 的语文教师会偶尔上一次口语交际课。在 2011 版的语文课程标准中，将口语交际教学与阅读教学和作文教学放到同等重要的位置，但很多老师都受应试教育的影响，把口语交际教学忽略掉，将大量的时间花在阅读教学和写作教学上。

2. 在问卷第 7 题中，73.8% 的语文教师在口语交际课前都会很认真地备课，但更多老师重视的是教学内容的熟练和充实，只有 13.8% 的老师会构思新颖的教学方法来吸引学生，提高学生的学习兴趣。教师在教学上一味地遵循传统的教学方法，没有自己的创新点，不能激发学生学习口语交际能力的兴趣，就很难让学生"愿说"。

3. 教师在口语训练活动中的执行力度不够，和学生一样容易产生倦怠情绪，看见学生们训练不积极，准备不充分，就会觉得没有达到预想的效果，还不如把这点时间利用起来干其他的，最终口语训练活动又不了了之。

4. 从问卷 13 题中，我们可以看出 86% 以上的语文教师都没有设计系统的口语交际训练，或者说对学生的口语交际训练进行有梯度的指导。一般都是哪篇文章中的语句写得优美就让同学们读一读，文中存在有异议的地方让学生辩一辩，让同学们在写作文前先口述一下自己的想法或思路等。总的来说，在目前的语文教学中，很多教师都是将口语交际教学穿插在阅读教学和写作教学中的。

(三)学校及教育管理机构重视层面

1.每个学校虽然都会不定时地开展一些演讲比赛、辩论赛、经典诵读等活动,但其主要目的是为了丰富同学们的课余生活,让他们展示自己的风采。学校举办这类活动的立足点没有放在提高初中生口语交际能力上,所以一般都不会在举办活动前对学生进行口语交际方面的相关训练,学生在比赛时展示出来的口语交际能力,更多是自己的摸索或老师的临时指导。

2.学校没有开设专门的口语交际课,无法确保口语交际训练的时间,仅凭老师偶尔上的几次口语交际课,无法形成系统的口语交际训练,不能从根本上提高初中生的口语交际能力。而且学校对口语交际的不重视,也导致老师不会在日常教学中花过多的时间用于口语交际教学。

3.教育管理机构在中考命题和平时抽考命题中,很少会涉及对初中生口语交际能力的考查,即使部分试卷中出现相关的题型,所占分值也比较小,一般在 2~5 分左右,所占比例偏小就不能够引起老师和学生对口语交际训练的重视。教育管理机构虽然在每次的中学语文课改中,都在不断提高口语交际教学的地位,但监督力度不够,无法让口语交际教学落到实处。

(四)家长及社会协作层面

1.培养孩子不只是学校和老师的事情,家长也是其中必不可少的一员。在问卷第 2 题中,我们发现 68% 的初中生与家长交流都存在一定的困难。他们有时更愿意跟老师和学校领导交流,反而不愿把自己的真实想法告诉父母,一回到家就沉默寡言,或者是和父母说不上两句话就会吵吵闹闹。让孩子在家中变得不爱说话的原因大概有以下两种:(1)很多家长为了让自己的孩子能拥有一个更美好的生活,每天忙于工作,认为给孩子提供富裕的物质生活就可以了,很少有时间能静下心来和孩子好好地交流一下,关心孩子最近在学校的生活和学习,时间一长,孩子就变得"不想说";(2)还有就是一些家长不能平等地看待孩子,不善于倾听孩子的心声,不接受孩子的意见,总是以命令的口吻让孩子做这做那,久而久之,孩子就变得"不敢说"。

2.社会是学生进行口语交际训练的大舞台,但一些社会团体很少会关注初中生的口语交际能力,很少会利用一小部分的人力和财力来举办相关方面的活动或是宣传，没有为学生提供一个良好的口语训练氛围，没有在精神上支持和鼓励学生积极提高口语交际能力。

3.信息时代的到来，网络的便利和快捷让人与人之间的言语交流更多地转变为无情感的网络交流或是短信交流，这样也间接减少了初中生进行口语交际训练的机会，学生会主观地认为口语表达能力已不再那么重要。

二、提高初中生口语交际能力的措施

要想改变初中生口语交际能力普遍较差这一现状，必须多方采取措施：需要学生对口语交际能力的重要性有一个正确的认识，改变学习态度，积极主动地去提高自己的口语交际能力；需要语文教师在口语交际这方面对学生有正确的引导，充分利用一切教学资源，调动学生学习口语交际的积极性；需要学校及教育管理机构强调口语交际能力的重要性，并通过一定的考查手段让学生和老师都引起重视；需要家长及社会的热情协作，多为孩子提供展示其口语交际能力的机会。若以上四方面采取的措施都落到实处，初中生的口语交际能力必然会有很大的提高。

（一）从学生主体层面入手，主动采取措施提高口语交际能力

1.初中生要转变对口语交际训练的态度，要有培养自己的口语交际能力的意识，这是自己今后成才的重要因素之一，要从小抓起。目前在很多地方的中考语文试卷中涉及对初中生口语交际能力的考查所占分值都比较小，很多学生认为只要我能写就可以了，会不会说似乎没有那么重要，但在生活中我们与他人交往，更多的时候是通过言语交流来完成的，会不会说直接影响到别人对你的第一印象和你的办事效率。

2.在平时的说话当中，要严格要求自己，要注意自己语言的逻辑性、严密性和准确性。其实生活是训练学生口语交际能力的最大平台，会遇到各种各样的人，会遇到各种无法预设的问题。我们可以和身边的同学、朋友合作起来，一起提高自己的口语表达能力。比如在平时与同学交谈当中，发现对方语无伦次、用语错误时，一定要及时指出来，让对方改正，把这种良好的行为习惯坚持下去，双方的口语能力肯定会有所提高。很多老师都喜欢用课前3分钟让同

学们进行演讲或是讲其他故事，如果同学们觉得自己临场发挥会出现吞吞吐吐、用词错误、紧张忘词等现象，可以事先找老师了解题目，以演讲稿的方式把自己要说的话整理好，这样到时上台讲话就能做到有理有序了，坚持一段时间，再尝试着让自己临场发挥。经过这样多次训练，学生应达到初中学段口语交际目标之一："讨论问题，能积极发表自己的看法，有中心、有根据、有条理。能听出讨论的焦点，并能有针对性地发表意见。"

3.初中生要摒弃那种讲不好就会丢面子、就会受到嘲笑和批评的错误观念。教室本来就是一个让学生犯错的地方，同学们不会因为你没有讲好而瞧不起你，反而会钦佩你明知讲不好却依然敢大胆尝试的勇气；老师也不会因为你没有讲好而严厉批评你，反而会鼓励你、帮助你，让你在口语训练当中一点一点地进步。越是觉得自己没有说好，就越是要给自己争取更多发言的机会，练习的机会多了，犯错的机会也就减少了，渐渐地你也能变成一个能言善道的人。

4.做任何事情都贵在坚持，提高口语交际能力也是如此。让自己变得敢说、想说、能说、会说，这是一个漫长的过程，想要一蹴而就是不太现实的。老师组织的口语交际训练活动，例如课前3分钟演讲、早读5分钟的经典名篇朗读展示、自习课上的辩论赛等活动，同学们一定要持之以恒地开展下去，哪怕中间一段时间会觉得极其枯燥乏味，也不能轻言放弃，坚持下去就会有一份意想不到的收获。只要同学们积极地参加，多说多练，口语交际能力的提高就是水到渠成的事情。

5.要想提高自己的口语交际能力，同学们就要敢于面对任何形式和任何话题的训练，而不是选择性训练。不管是有趣的口语交际训练话题还是无趣的口语交际训练话题，不管是小组合作的训练方式还是个人展示训练的方式，同学们都应该积极主动地加入其中，只有经过严格的口语交际训练，同学们才不会在需要展示自己时感到手足无措。

（二）从教师引导层面入手，有计划地训练学生的口语交际能力

1.初中语文教师要想提高学生的口语交际能力，不仅要在方法上给学生一定的引导，还要确保学生口语交际训练的时间。初中语文新教材按阅读、写作、口语交际三条线索编排，将口语交际与阅读、写作放到同等重要的位置，

目的是想真正全面提高初中生的语文素质。语文老师们仅仅在阅读教学和写作教学中训练一下学生的口语交际能力，这样是不够的。老师们可以每周都安排一节口语交际课，先在方法上给学生一定的指导，然后再安排一个固定的时间，让学生每天进行训练。有的老师用早读前10分钟，有的老师用正课前5分钟，有的老师用其他语文自习时间，这个需要老师视具体情况而定，但必须在时间上要有保障。

2.语文教师也要不断地学习关于口语交际方面新的知识，在口语交际的教学内容和训练方法上要有所创新，这样才能激发学生学习口语交际的兴趣。如果每天都是一样的训练内容和训练方法，不但学生会觉得无聊，老师也会觉得索然无趣，难以坚持。如在口语交际训练话题的选择上：（1）从学生自身命题。《那一刻触动了我》《我的一次成功》《我最难忘的一件事情》等，这样的题目让学生围绕自己的成长过程、性格、爱好来谈，学生就会想说、能说。（2）结合电视报刊中学生感兴趣的内容命题。如电视中播放过的电视主持大赛中富有挑战性的即兴演讲题目，可以锻炼学生的形象思维、培养学生的想象力和创造意识。"实话实说""焦点访谈"等栏目的具体内容都十分贴近生活，学生们都会产生共鸣而有话可说。

在口语交际训练的方法上，语文老师可多指导一些方法，灵活多样、交错进行，学生训练时才不会觉得枯燥。如：

（1）举办经典诵读和演讲比赛，激发学生的参与热情，训练学生的口头表达能力。

（2）开展小记者活动，让学生先设计好问题，然后去采访同学、老师、学校领导等。

（3）课前3分钟说话。或向别人推荐一本好书、一篇优美的文章，或叙述一个故事，或表达自己对某些社会现象的感受。

（4）自编自演课本剧。让学生演课本中现成的戏剧选段，或将故事性强的课文改编成戏剧，让学生们自编自演。

（5）开展辩论赛活动，围绕学生关心的一些热点问题进行辩论。如"成绩排名公开好不好""初中生上网是利大于弊还是弊大于利""家长应不应该看学生的日记"等，培养学生的听说能力。

3.语文教师在班上开展口语交际训练活动时，一定要有较强的执行力度，不能因为学生产生倦怠情绪、不愿上台，或者认为短期内没有效果，怕耽搁教学进度而中途放弃。老师必须天天督促学生开展训练，时间长了学生也就自觉了、习惯了，长此以往，学生的口语能力一定会有所提高。而且在开展口语交际训练时，要有严格的训练纪律，训练实行大轮次。全班完后为一个轮次，每一轮次中，教师密切注意，不符合要求的必须重来，教师认真了，学生也就不采取应付了事的态度了。

4.训练学生的口语交际能力，一定要进行有梯度的指导，循序渐进才能取得更好的效果。建议老师们可以按照"敢说""想说""能说""会说"这四个训练步骤来提高初中生的口语交际能力。训练过程大体如下：

第一步：锻炼胆量，让学生"敢说"。

活动话题：介绍自己、亲人、朋友、家乡的美食或是风景名胜。

对同学的要求：说的同学要做到内容有个人特色，能给人留下深刻的印象，说普通话，字正腔圆，声音响亮。听的同学要"耐心专注地倾听，能根据对方的话语、表情、手势等，理解对方的观点和意图"。

对老师的要求：积极励学生上台发言，学生出现错误不能随意指责呵斥，要给学生上台的勇气和信心，当场对学生的表现(内容、语言、姿态、表情等)作简要的评述。把学生的话题稿和上台表现记录成册。

第二步：激发兴趣，让学生"想说"。

活动话题：(1)讲述身边的奇闻轶事。

(2)有趣的成语故事。

(3)给词讲故事(给出三个毫不相关的词，如石头、科学、柜子，要求学生通过想象编写一个故事)。

对学生的要求：从以上三个选项中任选一题，可以提前准备，讲话时要做到发音正确、语言流利、姿态视线自然。

对老师的要求："给词讲故事"预先给学生五六组毫不相关的词语。当场对学生的表现作简要评述：内容是否完整合理、仪态是否大方得体、语言是否正确等。把发言稿集结成册。

第三步：激活思维，让学生"能说"。

活动话题：说说自己对生活的感受、思考。如谈谈自己的理想、向往的大学，说说自己的好朋友，对自己影响最深的人等等。

对学生的要求：有自己对生活的理解认识，有话可说，语言流畅，语速适当。

对老师的要求：与学生共同出题，了解学生感兴趣的话题。当学生感觉说不下的时候，老师可作适当的引导，帮助学生打开思维。说话稿集结成册。

第四步：学习技巧，让学生"会说"。

活动话题：（1）介绍班上的一位同学或任课老师，让同学能够根据描述的特点猜出他是谁。

（2）编故事，要求讲出事情的波澜：可给出故事的梗概，学生进行想象，加以充实，使之合乎情理；可给出一个开头，让学生编出合乎情理的发展及结局；可补出一个出乎意料的故事结局。

（3）描述一处让你难忘的景色。

（4）介绍一件你认为很特别的物品等。

对学生的要求：讲述要有一定的逻辑性，"注意表情和语气，根据需要调整自己的表达内容和方式，不断提高应对能力，增强感染力和说服力"。

对老师的要求：说前从写作的角度指导学生如何写人、事、景、物，懂得不同的话题如何说才能恰到好处。并根据学生说话时的具体情况进行个人指导，将说话稿集结成册。

第五步：有准备的演讲，口语表达综合能力的第一次检测。

活动话题：青春、细节决定成败等等。

对参赛者的要求：熟悉一般演讲比赛的具体要求和评分标准。

对老师的要求：挑选几名学生组成评分小组，将参赛者划分小组，按组竞争，给学生讲解演讲比赛的具体要求和评分标准，将演讲稿集结成册。

第六步：辩论赛，口语综合表达能力的第二次检测。

活动话题：伯乐与千里马谁更重要、中学生上网是弊大于利还是利大于弊、个人先锋能动性与团结协作谁更重要、克隆技术是否有利于人类发展等等。

对学生的要求：熟悉辩论赛的基本流程和比赛中的注意事项，积极参加比赛。

对老师的要求：讲解辩论赛的基本流程和比赛中的注意事项，帮助学生准备辩论稿。和学生组成评分小组，明确评分标准，学生在比赛中出现的错误要及时进行纠正，赛后将辩论稿集结成册。

（三）从学校及教育管理机构重视层面入手，强调口语交际能力的重要性

1.学校在开展演讲比赛、辩论赛、经典诵读比赛等活动之前，应先安排有经验的语文教师在全校或是分班给学生进行相关知识的培训，让学生能在不同的口语交际场所运用不同的口语交际技巧，展示不同的口语表达能力。

2.学校把口语交际课设置成一门选修课，确保口语交际训练的时间，期末也要像其他学科一样进行考试。可采用百分制，平时上课情况评定和期末考试成绩各占总成绩的50%，期末考试可组织学生听一段广播，记下所听内容的要点，然后即席发言，对所听内容进行评价，或谈谈自己的想法、感受。

3.教育管理机构在中考命题和抽考命题中，可以适当增加口语交际相关题型的分值，教育管理机构也可以规定在中考和抽考时，将初中生每学期的口语交际课的成绩作为学生升学的重要参考凭证，或是以一定的分值比例纳入语文总成绩中，这样才能引起老师和学生的重视，花在提高学生口语交际能力上的时间也会相应增多。

（四）从家长及社会协作层面入手，为孩子提供更多口语交际训练的机会

1.无论家长在工作上有多忙，每周都应规划出一定的时间来陪陪孩子，与孩子交流一下最近的学习和生活情况，让孩子感觉到自己存在的价值，让他有说话的欲望，愿意将自己的快乐和烦恼与父母分享。当孩子进入初中阶段后，很多事情都有了自己的主见和看法，如果在这个阶段却少了父母的疼爱，孩子会认为没有人关心他，很容易产生孤僻的性格，不喜欢与他人交流，严重阻碍了初中生口语交际能力的提高。

2.家长应有开放的教育思想，要多和孩子做朋友，在让孩子做事情前要多听听孩子内心真实的想法，多给孩子讲话的机会。如果让孩子感受到父母的民主教育方式，当孩子遇到开心或不开心的事情时会想到和父母进行交流，这不但会让家庭和睦，也在无形之中提高了孩子的口语表达能力。

3.社会团体应该加强对口语交际能力重要性的宣传，让中学生意识到在这

个充满竞争的社会当中，拥有较强的口语表达能力是非常有必要的，主动改变对口语交际能力持无所谓的态度。社会团体也可以利用一小部分资金来多多举办关于口语交际方面的活动，给予积极参加的同学和表现优秀的同学不同程度的奖励，激发学生提高口语交际能力的兴趣。

4.家长及社会都应积极鼓励学生通过面对面的口语交流方式来与他人交流，表达自己的见解和看法，在生活中监督学生少使用网络交流和短信交流这种无感情、无生命的交流方式，让孩子多进行口头表达。

结　语

提高初中生的口语交际能力是学情的要求，是社会的要求，更是时代的要求。中学语文新课标指出："具有日常口语交际能力，在各种交际互动中学会倾听、表达与交流。"要想达到这一目标，必将会经历一个较长的过程，学生、教师、学校和家长应该齐心协力，根据不同学生的特点，培养学生的口语交际能力，将学生培养成适应社会、适应时代的复合型人才。

（作者系第二届实验班学员，论文指导教师唐旭。）

识字写字教学研究

SHIZI XIEZI JIAOXUE YANJIU

古诗词默写错别字产生的原因及对策研究
——以八年级学生古诗词默写情况为例

肖小义

摘 要：汉字教学贯穿了义务教育的始终，2011年版《全日制义务教育语文课程标准》对各学段学生的汉字学习提出了不同要求。其中，字音字义辨析和书写是重要内容。把古诗词教学与汉字教学相结合，一方面可以深化古诗词教学，让学生加深对中国传统文化的理解，另一方面也为学生扫除古诗文阅读的文字障碍打下基础。这里主要以人教版八年级古诗词中的汉字教学为研究对象，对古诗词默写中错别字产生的原因进行分析，并提出相应的策略。

关键词：古诗词默写；错别字；原因；对策

引 言

语言文字是人类最重要的交际工具和信息载体，是人类文化的重要组成部分。语言文字的运用，包括生活、工作和学习中的听说读写活动以及文学活动，存在于人类生活的各个领域。当今世界，经济全球化趋势日渐增强，现代科学和信息技术迅猛发展，新的交流媒介不断出现，不但给社会生活带来了巨大变化，也给民族优秀传统文化的继承和语言文字运用的规范带来新的挑战。语言文字是传承文化的基础，正确书写汉字是基础的基础。因此，2011年版《全日制义务教育语文课程标准》几乎在每一个学段都提出了规范汉字书写的要求。

能够正确默写古诗文是正确运用古诗文的基础。因为正确默写关乎正确的记忆，正确的记忆关乎正确的理解。

从一线经验来看，中学语文教师在教学中发现，在古诗文默写中许多学生可能会错同样的字，也可能错不同的字。老师们把学生写错的字都称为"错别字"，实际上错字和别字是有很大区别的。在字的笔画、笔形或结构上写似字而非字的"字"归为错字，如在写"染"字时在"九"这一构件写作"丸"；而本来该用某个字却写成了另一个字叫作别字，如"按部就班"错写为"按部就搬"。特别是在听写或默写的时候，学生错得千奇百怪，有时候叫人忍俊不禁，但笑过之余也得反思学生为什么会犯这样的错误。语文教师是否可以系统归纳出这种错误的原因，再探究一些讲解方法，让学生更容易理解和记忆，以避免犯这些错误呢？下面笔者将结合问卷调查与平时教学经验对古诗词默写中错别字产生的原因进行归纳。

一、古诗词默写中的错别字归因

（一）音同字别

　　世界上很多民族的语言都有音同义不同、音同而字别的现象，汉字是世界上使用人数最多的文字，有悠久的历史。人教版初中语文教科书八年级古诗词中的很多字都有同音字，比如：《望岳》中的"曾"，学生易错写为"层"；《春望》中的"烽"学生易错写为"峰"，"浑"学生易错写为"混"，"溅"易错写为"渐"，"搔"易错写为"骚"；《长歌行》中"华"易错写为"花"；《早春呈水部张十八员外》中"皇"易错写为"黄"。由于八年级的学生有一定的识字量，但是正因为积累了一些同音字，所以在听写或默写古诗词的过程中会受到干扰而易于写错字。

（二）形近字

　　区别形近字是教学的一个难点。学生在写古诗中的一些字时很容易犯错，主要在于古代汉语和现代汉语有一定区别，学生对古代诗歌语言的把握要难于对现代诗歌语言的把握。学生易写错的字有：《石壕吏》中的"已"易错写为"己"，"戍"易错写为"戊"和"戌"；《望洞庭湖赠张丞相》中的"撼"易错写为"憾"；《黄鹤楼》中"汉"易错写为"汗"，"萋萋"易错写为"凄凄";《登幽州台歌》中"怆"易错写为"创"和"抢";《苏幕遮》中"黯"易错写为"暗"。

(三)望文生义

许多学生在记忆时能够记住古诗词中字的正确写法,但是让他写下来就犯难,为什么背得滚瓜烂熟的字一写下来就走样了呢? 这是因为学生没有真正领会到古诗的意思,在书写时便结合古诗词的上下句来揣摩意思,从而犯错。比如:《早寒江上游怀》中的"我家襄水曲"一句的"襄"字,很多学生看到前句"木落雁南渡,北风江上寒"、后句"乡泪客中尽,孤帆天际看",一看"江上""孤帆"就知道这首诗跟水有着莫大的关系,于是在书写时经过一番激烈的矛盾斗争后写下了"湘",或者是在"襄"字前加上三点水。

(四)奋笔错书

写得快,不一定写得对。学生有的时候为了追求效率,会把字写错,比如,有学生为了腾出时间看电视,快速抄写古诗时把"病树前头万木春"写作"病树前头春不春",这就导致了低效率。

这种情况是出于写得快而粗心大意,还有一种情况则被称作"画虎不成反类犬",一些学生想模仿教师及家长的书写方式,脱离正儿八经的楷书,去写行云流水的行书。他们没有掌握行书的笔法,结果弄巧成拙,写出了只有自己才认识的错字,别人都看不懂,这种字和这些诗句就成了他个人的创作了。

(五)记忆模糊

学生毕竟是学生,他们所处的年龄特点决定他们有着很好的记忆力,但是根据艾宾浩斯遗忘曲线来看,如果没有及时地复习,遗忘的速度会很快。[1] 很多学生对于新接触的字,由于没有及时复习或没有正确地理解记忆,都会导致记忆模糊。 例如:学生在书写时不知道"日暮乡关何处是"一句中的"暮"字下面是"日"还是"目";不清楚"岂不罹凝寒"中的"罹"是左右结构还是

---

[1] 黄希庭.心理学基础.上海:华东师范大学出版社,2008:71-76.

上下结构，甚至可能将《秋词》中的"自古逢秋悲寂寥"写作"自古悲秋多寂寥"；把"抽刀断水水更流"写作"抽刀断水水长流"。

据调查分析，以上五大原因是中学生在古诗词默写中常写错别字的主要根源。针对以上原因，笔者提出了一些相应的教学策略。

二、古诗词默写中错别字现象的应对策略

汉字教学并不像我们想象的那样枯燥乏味，只要在教学过程中站在学生的角度去准备、去考虑，用心投入，把文字的教学变得有趣，教学就会有效。因为我们坚信：方法总比问题多。

（一）讲解字源

教师常常教导学生"我们不但要知其然，还要知其所以然"，但是在讲解字形、字义时却常常忽略。如果能选择性地把字源讲出来，不仅能增加学生对汉字的理解，还可以加深学生对民族文化、民族思维方式的理解。例如，学生常常把《石壕吏》中"三男邺城戍"的"戍"写错，有语文教师就这样讲解并配以图示：

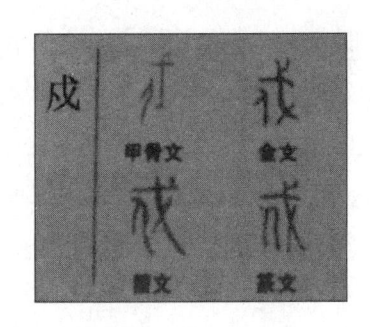

"戍"是会意字，从人持戈。字形是手拿着武器的意思。

"戍"的本义是防守边疆。在司马迁的《史记·陈涉世家》里："发闾左谪戍渔阳"，这个义项保留在"戍边"一词中。

"戍"后又被用来泛指军队驻守。这是从本义直接引申出来的，因为需要军队防守的不一定都是边疆，也可能是其他地方，如杜甫《石壕吏》："三男邺城戍"（三儿子在邺城驻守）。这个义项后世仍在用。常用语"戍守、卫戍区、

卫戍部队、卫戍司令部"等，用的就是这个义项。①

这样的讲法需要教师有较深厚的专业基础，充分的课堂准备，把有关的资料整合后以PPT或者更直接快捷的方式呈现出来。这样既可以节约课堂的时间，又可以丰富课堂内容，增加课堂趣味性，还能加深学生对古诗词中的汉字的理解，有效达成了教学目标。

（二）讲个故事

没有谁能估量到故事的深刻度，也没有人能拒绝故事的趣味性。讲一点有关诗人创作的背景及诗人创作历程的故事，能让学生更好地记住某个字。如"晴川历历汉阳树"中的"汉"字，为什么是这个"汉"而不是那个"汗"？这在我们的教学中似乎不能成为问题。但在这里，要理解诗歌，要弄清用字，要避免学生犯错，它就是一个问题。在介绍这首诗的内容时，可以讲如下创作背景：作者崔颢，唐开元年间进士，官至太仆寺丞，天宝中为司勋员外郎。崔颢以才名著称，好饮酒和赌博。早年为诗，情志浮艳。后来游览山川，经历边塞，精神视野大开，风格一变而为雄浑自然。而汉阳历史悠久，在武汉三镇城邑建制中名位最早，自汉末以来就是历代风景胜地。对于这样有名的城市，诗人当然不愿错过。汉阳有许多名胜古迹，如古琴台、归元禅寺、钟子期墓、祢衡墓、"琴断口""升官渡"。东汉末年在鲁山（今龟山）北筑却月城。三国吴于鲁山西南筑鲁山城，为江夏郡治。隋初为汉津县地，后为汉阳县地。唐代在凤栖山南筑汉阳城。五代周为汉阳军治，元、明、清为汉阳府治。1912年汉阳县治。1926年汉阳城区属汉口市。1929年属武昌市。1930年仍入汉阳县，后几经变动。1949年汉阳县城区与武昌市、汉口市合置武汉市。1952年改今名。②

小小的一个"汉"字，有着如此丰厚的内涵，给学生讲完了这些，学生就不会把"汉"字错写为"汗"了。这就是汉字和汉文化的巨大魅力。

---

① 施正宇.原原本本说汉字.北京:北京大学出版社,2009:111-113.

② 施正宇.原原本本说汉字.北京:北京大学出版社,2009:164-167.

（三）深析文本

有的诗句我们是无论如何都不会写错的，比如"红杏枝头春意闹""僧推月下门"，因为"闹"和"推"写得实在精妙，我们在读的过程中为之进行了较深入的品味与赏析。诗词写作，始于意格，成于字句。于是，前贤们从修辞学的角度，推崇诗词字句的工巧，把字工句警当作毕生追求的目标，为之殚精竭虑。诗圣杜甫的"为人性僻耽佳句，语不惊人死不休"就是不同时代的诗人都追求的一种艺术创作境界。"语不惊人死不休"的含意是丰富的，"炼字"与"炼意"即其中之一。我国古代诗人为了炼字，有的"新诗改罢自长吟"（杜甫）；有的"夜学晓不休，苦吟鬼神愁（孟郊）"；有的自诩为"江湖苦吟士，天地最穷人"（杜荀）；有的则感叹"吟安一个字，捻断数茎须"（卢延让）。既然炼字在诗词创作中如此重要，那么对古人炼字这一手法的了解在一些情况下可以成为我们学习诗歌的钥匙或敲门砖。在初中八年级古诗词教学中会接触到古人对这一手法的运用，语文教师带领学生品鉴赏析这些用字，可以增强学生对文本的掌握和对字的理解。比如，"感时花溅泪"的"溅"字，常有学生把它写作"渐"字，犯错的原因可以归结到对文本理解的不正确。

有的教师认为，古代的诗词读到能背，就可以"读书百遍，其义自见"，字也就不会写错了。例如：杜甫《春望》第三四句"感时花溅泪，恨别鸟惊心。""溅"和"惊"都是炼字。它们都是使动词：花使泪溅，鸟使心惊。春来了，鸟语花香，本来应该欢笑愉快；现在由于国家遭逢丧乱，一家流离分散，花香鸟语只能使诗人溅泪惊心罢了。教师必须带领学生深入分析文本，才可避免学生将"溅"错写为"渐"。

（四）区别联系

对于音同字不同及形近的一些字，可以稍作梳理，把一些字词的辨别工作在课堂上完成。让学生做好笔记。如：

同音：céng：曾　层

　　　hún：混　浑

　　　wéi：维　惟

"乱花渐欲迷人眼""感时花溅泪":"渐"与"溅"

形近：戌　戊　戍

徒　徙　陡

锤　垂　陲

（五）巧抓重点

在讲完一首古诗词后，教师要对诗词中的字词意思、句式类型、特殊用法等重要知识点进行归纳和总结，以理清学生思路，也是为了强化学生对文字的记忆。在讲完一首诗词后，提醒学生哪些字易错，可能会错写成什么样，为什么会犯错，梳理出这些字，再次强调这些字的正确写法，让学生引起高度重视。这是一种取巧，更是一种高效，也是教学中的画龙点睛之笔。这个小小的习惯，可以说是诗歌教学的最后一步，也是最容易被忽视的一步。例如，在讲完《黄鹤楼》后，归纳易错字："昔"（非"夕"）、悠（非"忧"）、汉（非"汗"）、暮（下面不是一个"目"字）的写法。让学生做好笔记，重点记忆。在学期结束之前，结合学生书写情况，把初中八年级古诗词中的所有易错字罗列出来，这项工作应根据学生具体情况来做。

（六）教一些行书的笔法

八年级学生的心里充满了叛逆，他们不愿意再像小学生那样，一笔一画工工整整地书写，他们喜欢对老师及家长的行书进行模仿。由于初学行书，可能会写得有些潦草，这情有可原。八年级的古诗词篇幅一般不长，可以把这些诗歌作为学生练习行书的书写内容。2011年版《全日制义务教育语文课程标准》中说："第四学段的学生在使用硬笔熟练地书写正楷字的基础上，学写规范、通行的行楷字，提高书写的速度。临摹名家书法，体会书法的审美价值。"在课堂上，教师可以向学生出示这些诗词的书法作品，并动手在黑板上书写诗词中一些字的行书笔画走势，让课堂充满浓浓的文化味，也使学生陶冶了情操，增强了学习写汉字的兴趣，还能够给学生的汉字书写以正确规范的引领。

结　语

只有规范书写才能正常交流，古诗词中汉字书写的教学不容忽视：一方面不能浪费了古诗词作为汉字教学的最好材料，另一方面，这也是在传承汉字文化。古诗词中汉字书写的教学不能只根据考试而定，也不能不讲方法，只让学生死记硬背，而应该以提高学生的文化素养为出发点和落脚点，兼顾古诗词的文学价值与汉字书写的审美功能，做到语文教学的工具性与人文性相结合。

（作者系首届实验班学员，论文指导教师刘中黎。）

初中生错别字纠正策略研究
——趣味教学让学生在兴趣中"打假纠错"

胡 利

摘 要：初中生的错别字现象非常严重，除了汉字自身数量多、结构复杂、社会大环境的影响、教师的教学方法不当等原因外，根本原因在于学生对汉字音、义、形三者之间尚未建立牢固的联系。要解决这一问题，激发学生兴趣、增加他们的参与度是关键。可根据汉字自身的特点，抓住不同部分、巧编口诀、趣味联想、区分偏旁等方法来纠正错别字。另外，在教学中注重联系生活、幽默解析错别字也是重要举措。

关键词：初中生；错别字；趣味教学

随着现代科技的不断发展，电脑、手机等电子产品的普遍使用，用笔书写汉字的传统已渐渐被人们所忽略，人们普遍认为用电子产品打字方便于用笔书写。因此，用笔书写的次数越来越少了，对汉字渐渐有了一种陌生感。在现实生活中经常用到的字词，人们往往只会说不会写。在社会的各种不良影响下，不知从什么时候开始，在我们的世界里到处都充满了错别字的痕迹：默默无"蚊"、"衣衣"不舍、收费写成"收弗"等等。这不得不引起我们的警醒和深思。"汉字是记录汉语的书写符号系统。它是汉族人的祖先在长期社会实践中逐渐创造出来"的[①]，是我们中华民族几千年来优秀的文化结晶。在中国日益发达的今天，难道要舍弃我们的这种文化，舍弃我们的根吗？

而作为祖国未来栋梁的初中生，他们的错别字问题也堪忧。初中生正处于身心发展的黄金时期，这是教育阶段的最基本、最关键时期。在这个阶段，他们还未形成一个完备的识记字词的方法系统。如果他们不能很好地纠正自己的

---

① 黄伯荣.现代汉语.北京:高等教育出版社,2007:134.

错别字,势必会对他们今后的学习发展产生不利影响,且大量的错别字也极大地打击了他们的自信心和积极性。初中生的错别字问题是亟待解决的,我们不仅需要讲授式的教学方法,更加需要注重影响学生学习发展的因素。要找到方法解决这些问题,为学生今后的学习做好铺垫。

一、初中生错别字问题惊人

初中生正处于义务教育阶段中的第四学段,2011 年版语文课程标准中对初中生在识字方面的要求是:"能熟练地使用字典、词典独立识字,会用多种检字方法,累计认识常用汉字 3500 个左右。"[①]识字教学与写字教学本来应该是小学阶段的重要任务,然而错别字现象却在初中阶段十分泛滥。1980 年,人民教育出版社中学语文编辑室调查组对中学生语文水平进行了初步调查,结果发现中学生书写混乱,错别字惊人[②];在随后的 1981 年,张永林、田小琳等人又调查了福建、四川两省六所学校,在 300 篇抽样调查的作文中,"错别字的总数达到了 2641 个。其中,四个初中班级的错别字共 1952 个,分别为 345、455、513 和 639,相当于每篇作文平均有 9 个错别字。"[③]2009 年,唐春红对学生错别字成因进行了分析,认为中学生"文字基本功差,错别字多"已经成了普遍现象。《南京日报》曾报道,中小学生作业中的错别字数量令人十分震惊,"一篇 600 字的作文中竟然有 20 多个错字。"[④]

笔者发现,初中生无论是在默写、听写,还是答题、作文中都时常出现错别字。有时,一个词、一首诗哪怕只写错一个字,意思也是会大相径庭的,比如,"报酬"误写为"报仇"。《现代汉语词典》上"报酬"意思为:"由于使用别人的劳动、物件等而付给别人的钱或实物。"[⑤]而"报仇"则为"采取行

---

① 薛晓嫘.语文课程与教学论.重庆:重庆大学出版社,2011:174.
② 张彬福,张蕾.语文之道——中学语文教学 30 年（1979—2009）文萃.北京:首都师范大学出版社,2009:614 - 615.
③ 张定远,田小琳,周正逵,张永林,唐金科.中学生语文状况调查报告（一）——从三百篇作文看当前中学生的语文水平和存在问题.课程·教材·教法,1981,3:27 - 31.
④ 张刃.学生错别字不仅是个教育问题.成才之路,2007,11.
⑤ 中国社会科学院语言研究所词典编辑室.现代汉语词典.北京:商务印书馆,2005:50.

动来打击冤仇"①之意。有些同学喜欢在作文中引用诗句来提高自己作文的内涵，但却因为写了错别字，反而使其文章大打折扣。一首诗，诗人所用的词都是经过反复推敲的，而学生将字写错了，就会完全失去原有的韵味。这就表明学生根本就没有理解到诗句本身的意思。

二、错别字分类

错别字，指的是错字和别字。

（一）错字分类

"错字是指结构上不合于标准的字，是不按社会上公认的写法去写，因而写得不成字的字"，②"规范字典查不到的字"。③ 主要表现为：

1.笔画错误，多写或少写笔画、笔画写错。多写笔画，如："晓"的右上角多加一点，将"夕"的里面部分多写一点；少写笔画，如："真"的里面部分少写一横，"慕"的下面部分右边少写一点，写为"小"；笔画写错，如：将"泰"的下面部分写成"水"，将"出"分作两个"山"来写，而没有将中间部分写为"丨"。

2.再者就是偏旁错误，比如将"犭"误写为"扌"，"衤"旁和"礻"旁混用，"忄"与"十"旁学生也经常分不清楚，不知道什么时候该用什么偏旁；有的时候学生为了省事，常把四点底直接"浓缩"为一横；还有的时候，学生会把字的偏旁移位，比如，"落"字，本应是上下结构，学生却常常误写成左右结构，变成"氵"旁；或者因为受词组中另一字影响或其他原因多加偏旁部首，如"缅甸"的"甸"左边多加一个"纟"旁；还有搞不清偏旁到底是在左还是右的，如"陈""邻""都"等字，学生常将它们的左右部分写反。

3.错字里也有因音近而致误的，比如"匍匐"的"匐"，由于学生受读音影响的惯性，就会把半包围里面的部分误写成"伏"，这样写也就不成字了。

---

① 中国社会科学院语言研究所词典编辑室.现代汉语词典.北京：商务印书馆，2005：50.
② 王凤阳.汉字学.长春：吉林文史出版社，1989：879.
③ 黄伯荣.现代汉语.北京：高等教育出版社，2007：171.

（二）别字分类

"别字，又叫白字"，①"是在使用上不合于社会上约定俗成的习惯的字，是把甲字当作乙字用，从而破坏了字和词之间的规定关系的字。"②

1. 笔画致误。

多写或少写笔画，如：刀——刃、竟——竞、戎——戒、乒——兵；

笔画长短不一致误，如：末——未、天——夫；

还有如：人——入、仓——仑等。

2. 偏旁致误。

主要表现为给字乱加偏旁或省略字原有的偏旁，比如："喝彩"写为"喝采"；"想象"误写为"想像"，这也可归为音近致误一类。

3. 音近致误。

如："圣诞"写为"圣旦"或"剩诞"，"脉脉含情"写为"默默含情"。

4. 形近致误。

比如常把"已"和"己"混用，"崇高"的"崇"与"鬼鬼祟祟"的"祟"分不清楚，这属形近致误。

5. 音形相近致误。

"驰"与"弛"既是音近字，又是形近字，二者很容易混淆。

6. 音义相近致误。

如："场"和"厂"。尤其是"的"和"地"两个字的用法，常常令初中生非常头痛，不知什么时候该用哪一个；还有"一旦"常写成"一但"。学生们所要表达的是"一旦怎样就会怎样"意思，这里解释为"不确定的时间，表示有一天；用于已然，表示忽然有一天"③，而"但"一般表转折，而且根本没有"一但"这个词。再如，"寻人启事"常被误写为"寻人启示"。"启事"是名词，意为"公开声明某事而刊登在报刊上或张贴在墙壁上的文字"④。而"启

---

① 黄伯荣.现代汉语.北京：高等教育出版社,2007：171.
② 王凤阳.汉字学.长春：吉林文史出版社,1989：879.
③ 中国社会科学院语言研究所词典编辑室.现代汉语词典.北京：商务印书馆,2005：1594.
④ 中国社会科学院语言研究所词典编辑室.现代汉语词典.北京：商务印书馆,2005：1075.

示"既可为名词，又可为动词，作为名词时意为"通过启发提示领悟的道理"[1]，意思完全大相径庭。究其原因，是因为常常听到这个词，却不知究竟如何写。

7. 形音义相近致误。

形、音、义都非常相近的字，更是让人头晕眼花，如"燥"和"躁"，"脏"与"赃"，"辨"和"辩"。

三、初中生错别字主要原因分析

多年来，致力于解决中学生错别字的研究从未间断，但初中生的错别字依旧泛滥。方法不能学以致用，是汉字教学的一大硬伤。根据八个月的观察与实践，在初一、初二、初三的几个班中，笔者发现，从大的方面来说，主要有客观原因和初中生的主观原因。

（一）客观原因

1. 汉字数量多，结构复杂。

汉字数量繁多，形状结构纷繁复杂，有些部分比较难认、难记、难写，稍不留意就会写错。"汉字是语素文字，字数繁多，结构复杂，缺少完备的表音系统，学习这样的文字自然比较困难"[2]，特别是那些"一音多字"和"一字多音"的汉字。

2. 社会大环境影响下，学生对错别字问题不够重视。

社会大环境下，电脑等电子产品的普遍使用，使学生对错别字问题不够重视；科技飞速发展时代，不少人错误地认为汉字已经过时，存不存在已经无关紧要。在这种观念下的驱使下，他们不再重视字的正误，多数人认为把字打对"纯属浪费时间"，"只要看得懂就行"。尤其是在学生们的网络交流中，充斥着无数的错别字。也许在开始时他们还知道字的正确写法，久而久之，习惯

---

[1] 中国社会科学院语言研究所词典编辑室.现代汉语词典.北京:商务印书馆,2005:1075.
[2] 苏培成.语言文字应用探索.北京:商务印书馆,2004.

成自然，最后渐渐将错别字当作正确的使用了。

3. 教师未能引起重视或教学方法不当导致学生错别字严重。

教师未能引起重视，要批阅的作业太多太杂，不能及时有效或彻底地将学生作业中的错别字指出；教师的教学方法过于呆板，导致汉字教学课堂过于抽象，学生不能很好地将字区分开等等。

（二）主观原因

1. 初中生出现错别字的根本原因是对汉字音、形、义三者之间尚未建立牢固的联系。"在选择性再认时，把音近字、形近字或义近字混作某一要求挑选的正字，书写时不是误写为同音或音近字，就是写成形近字或义近字。"①

2. 初中生在小学的时候形成了一套固定的识习字规律，难以扭转错误的写法。

3. 从小学升上初中，语文词汇量突然变大，学生所接触到的生难字词日益增多，加上初中生还未适应突如其来的大量记忆，玩性比较大，对识记生字词没有太大的兴趣，粗心大意，学字或者识字时没有用心，导致错别字产生。

4. 学生未养成良好的学习习惯，遇到不会读写的生字不查字典，凭空猜测意义或读音等而致误。

5. 在紧张环境下，写字时过于匆忙而写错；还有的学生因为不会写正确的字，所以自己胡编乱造等等。

找到了原因，才能对症下药，寻求行之有效的方法。

四、纠正策略：趣味教学让学生在兴趣中"打假纠错"

（一）根据汉字自身规律制订相应的举措，趣味教学

"汉字教学一个很重要的任务就是要帮助学生形成正确的汉字观念，初步了解汉字的性质、特点与规律。"②要让学生树立正确的汉字观念，学生才会

---

① 陈寿义.初中生易写错别字的心理成因及解决方法.云南教育:中学教师,2010,1.
② 冯丽萍.汉字认知规律研究综述.世界汉语教学,1998,3.

有兴趣学习汉字，才会认真学习汉字，从而正确对待自己的错别字问题。从汉字的自身特点出发，增加汉字学习的趣味性。

1. 根据字形特点，联系生活实际教学。

比如说："纸"，学生易把它右边的"氏"下多写一点，可以采取这种方法，告诉学生，"纸"多一点就有污点了，所以它是没有那一点的。再如，"幽"，学生不知"山"里究竟为何物，我们可以告诉学生，"两个幼儿在山中"便是幽。这个口诀实际上是让学生记住"幼"的偏旁便是幽的里面部分。

2. 区分偏旁，巧析汉字结构。

偏旁错误，如把反犬旁与提手旁混为一谈，但只要意思理解了就能区别开来。"凯"字的右边部分"几"常被误写为反文旁，这种字可以根据它易写错的部分来制订相应的对策。我们常用"凯旋归来"这个成语，也知道著名的凯旋门，"凯"字的"几"部不正像一道门吗？这样记就容易多了。还有"落"字，学生将它写成了左右结构，这样偏旁就变成了"氵"。如果学生了解它的源头，或者说我们用一种更简单易懂的方式让学生来记，比如说，东西都是从上面向下面落，因此我们的"落"是上下结构，偏旁应该是"艹"。这样，学生理解记忆起来也不会觉得吃力。

3. 趣味口诀，抓住汉字不同之处。

"戌、戍、戊"这几个字由于只有中间部分的微小差别，学生们常常混淆。此类字，教师可以制订口诀加以区分："戌 xū"横，"戍 shù"点，"戊 wù"中空。这个口诀简单易记，抓住它们中间部分的不同，很容易就将它们区分开。再比如，"己(jǐ)"、"已(yǐ)"、"巳(sì)"可编成口诀来区分："封巳(sì)不封己(jǐ)，半封是个已(yǐ)。"[①]

4. 根据字形进行联想。

比如前面说到的"自己"的"己"和"已经"的"已"，学生并非不能将它们区分开，而常常是由于粗心而混淆两字。"已经"做了的事，就要冒出一点，这样记，简单方便。因此，对于形近字，要善于抓住它们之间的不同部分。

---

① 殷寄明,汪如东.现代汉语文字学.上海:复旦大学出版社,2007:169.

5. 追根溯源，以义辨形。

音形义都相近的字比如说"赃"与"脏"，学生常把"赃物"误写为"脏物"，错误地认为偷盗的钱或物是不干净的，自然就是"脏物"。究其根本，还是未能真正理解到字词的意思。追根溯源，社会初期，以贝壳作为交易的货币，因此，一般贝字旁的都跟钱有关，而"脏"一般跟钱财没什么瓜葛。只要理清了这些，学生自然就不会写错了。

（二）激发学生兴趣——"自然教学法"[①]

"汉字识字教学的核心就在于形成关于字词的音、形、义统一的心理结构，建立有关字词的心理词典。"[②]汉字是音、形、义三者相结合的表意文字，要让学生有效地纠正错别字，根本就在于要让学生从心理上建立汉字形音义三者的牢固联系。死记硬背固然是一个不可或缺的方法，但如何能让学生在心理上自然地接受教师所教授的内容呢？

现代语文教育家吴研因在其《文字的自然教学法》中提到："教字的教学，要把语言做基础，和儿童的社会环境，也很有关系；也决不可空空洞洞、呆呆板板，不顾他的语言程度，不问他的社会环境，而专把文字符号灌输给学生。"[③]最好的方法莫过于增强教学的趣味性，在教学中联系生活，让学生处于一个"打假纠错"的教学氛围里面，自然而然地纠正自己的错别字。

在课前，要求学生一定要做好字词预习。课前几分钟，让几位学生将自己认为易错的字词写在黑板上，其他同学检测他们是否写错或者再补充易错字词。此方法可以让学生充分参与到课堂中来，让错别字及时得到纠正。

在教学中，在教授某个生字词时，可以联系一下生活中事物的名称。比如稍微提一下班上某个同学的名字跟这个字有关，这样学生想到字词之时同学名字立马浮现在脑海中，字很容易就记住了。或者说教学时联系学校附近的建筑物、设施等，都可以加强学生对字词的印象。

另一方面，在教学中也不要拘泥于教材上的字词。比如我们在课堂上或者

---

① 顾黄初,李杏保.二十世纪前期中国语文教育论集.成都：四川教育出版社,1991:9.
② 张大成,伍新春.语言文字应用的一个重要领域——汉字识字教学的心理实质及其规律.语言文字应用,1999,4.
③ 顾黄初,李杏保.二十世纪前期中国语文教育论集.成都：四川教育出版社,1991:226.

生活中常用到的字词，就可以通过课堂语言来强化。如课堂语言："同学们，现在我们来检查一下预习情况，要注意，我们可不是警察，千万不要以为检查的查是警察的察哟。"

当学生出现错别字后，不要一味给学生施加心理压力，这种情况下，学生不但会对老师和家长产生逆反心理，有的甚至会对自己的能力产生质疑，严重影响他们的学习积极性。不妨试着笑着面对它。《过故人庄》中原句本是"开轩面场圃，把酒话桑麻"，然而，学生却将此句误写为"开轩面场圃，把酒话桑拿"。有教师却利用这学生古诗词默写中的错别字进行幽默的讲解：孟浩然原来如此有远见，在一千多年前就已经知道桑拿了，边喝酒边谈论着要做一个桑拿生意，实在是很有生意头脑啊。此话一出，全班哄堂大笑。当然，"犯错误"的同学也意识到了自己的错别字，并且，相信他乃至全班都不会再犯这个错误。还可以利用古诗词或作文中的错别字写文章。就比如这个"桑拿"事件，如果写成作文，绝对是富有新意的一个材料。对于错别字的问题，一味地严惩也是不可行的，换种思考角度，换种方式，让学生更容易接受，从而彻底地纠正错别字，才是最关键的。

在学生的作业中，由于作业量常与错别字的个数成正比，教师无法完全对学生的错别字一一指出。这就需要教师在平常的教学中多下功夫了。对于多数人都会出现的错别字一定要及时明确地指出，并且对于学生的各项作业、答题、古诗词默写等等，都要严格要求。对于教师所指出的错字，学生一定要及时改正，不会的生字词要及时查字典，搞清音形义，将三者结合起来。针对学生积极改正和"屡教不改"的行为，可以实施相应的奖惩制度。

从其他方面来说，对于中学生的错别字问题，首先，教师本身要重视，发现问题及时解决；其次，要让学生引起重视，有错别字要及时改正，并准备错字本，请老师和家长监督自己改错；第三，家长也应对孩子的错别字重视起来，积极监督；最后，整个学校乃至社会这个大环境都必须重视。一篇作文如果错字连篇，还能算得上是好作文吗？老师和学校都应将错别字纳入作文评分标准当中去。在古诗词默写以及答题中自然也是如此。只有社会及个人的配合，学生才能向社会交出更令人满意的"答卷"。

当然，我们的汉字千千万万，学生们也各具特色。因此，在习字中的错误那真是千奇百怪，各式各样。每个教师所遇到的具体问题都是不同的。具体问题要具体分析，关键还是以学生为主，适应学生的学习发展要求来制订合理有效的应对措施。因此，教师必须要细心观察，与时俱进。汉字教学与纠正错别字要一点一滴渗透进学生心中，让学生在写字习作中更加无后顾之忧，学习起来更加轻松愉快。

（作者系首届实验班学员，论文指导教师唐旭。）

"汉字流失"的现状、根源及对策

王 珍

摘 要：汉字正遭受着"流失"的困境。"汉字流失"的现象包括：书写时出现提笔忘字、书写中出现错别字、汉字中的文化"被消失"、汉字书写艺术的流失。导致"汉字流失"的原因有：社会重视程度不够，网络、街头广告等造成社会用字环境混乱等客观原因；对汉字的重要意义缺乏认识导致写字的原动力不足等主观原因。解决该现象的对策有：提高社会的重视程度、营造良好的社会用字环境、改进大学课程设置、中小学语文中加强汉字教学。

关键词：汉字流失；现状；根源；对策

引 言

汉字是世界上最古老、最具有生命力的文字，是记录汉语的符号，是人类文化的重要组成部分。从远古时期起，汉字经历了甲骨文、金文、篆书、隶书、楷书、草书等形体演变，始终作为中华五千年文明的核心载体和文化代码。但令人担忧的是，目前以汉字为基础建构起来的汉语处于"内忧外患"的境地，正遭到"英语入侵""网络迷惑"的冲击，汉字遭受着"流失"的困境。

1958 年国家公布了汉语拼音方案，它的作用是作为推广普通话的工具，同时给汉字注音。但目前拼音方案的应用范围有所扩大。如小学生在写作文时，遇到不会写的汉字，可以用拼音代替这个字；书刊中的难字僻字可以加上拼音；在引用外国的人名、地名时，有人主张用拼音方案拼译等。可以预测，这套方案将同汉字一样长期生存下去。汉字是中华民族创造的优秀文化之一，它不但是中国几千年来的文化载体，而且是国人的共同交际工具。随着拼音的普及，越来越多的人对汉字这种古老文字的起源、发展变化、形体结构等近乎无知，导致越发多的人"能说不会写"，或者"看到就明了"。

此外，随着科技文化的发展，电子设备的普及，"键盘书写"替代"手写汉字"，使更多的年轻人写不出一手好字，甚至不会写字，对汉字产生"健忘"心理。不可否认的是，"汉字流失"的现象已经在大多数年轻人身上普遍呈现。

一、"汉字流失"的现象归类

（一）书写时出现提笔忘字

提笔忘字，指准备好了要写字的时候，提起笔来却忘了怎么写。日前，美国《洛杉矶时报》刊登了一篇题为《中国担忧忘掉汉字——越来越多中国人发现自己常常忘记如何正确书写某个汉字》的文章。"握紧笔的手在纸上要写字时，突然出现了尴尬的停顿，而这些字在孩提时代不知道学习、重复默写过多少次。""喷嚏、饕餮、鳏寡、羸弱、逶迤、针砭时弊、沆瀣一气……"[①]对这些常用词，很多人可能会读，但怎么想也不能正确书写。

生活中，我们常常遇到这样的情况：明知那个字怎么写，可是提起笔便完全想不起来，当拿到手机或者其他电子产品，输入汉语拼音，却又恍然大悟。2013年河南卫视推出的《汉字英雄》和近日央视播出的《中国成语大会》节目，在全国中小学中刮起了学习汉字的热潮，一定程度上引起了人们对汉字书写的重视，这对改变"提笔忘字"的现象应该会有所帮助。

（二）书写中出现错别字

现在出版的《现代汉语词典》中收录了"错别字"词条，对其解释为"错字和别字"。"别字"之意为"把甲字错作乙字，错用、错读的字就是别

---

① 芭芭拉·德米克（BarbaraDemick）.中国担忧忘掉汉字——越来越多中国人发现自己常常忘记如何正确书写某个汉字.洛杉矶时报，2010－7－13.

字"，譬如把"刚愎"写成"刚腹"，把"恬不知耻"写成"括不知耻"；"错字"释义为"笔画写错的字"，譬如"锻炼"的"炼"的右半部分写成"东"，"步"下半部分写成"少"，"展"下面加一撇等。学生的作文乃至日常书写中经常出现该现象，这虽然对日常交往不会造成危害，却严重影响了学生识记汉字。

下面是笔者对重庆市巴川小班实验中学 2015 级 3 班、7 班，重庆市巴川中学 2015 级 3 班、7 班的 180 篇作文错别字情况统计。

班级	2015 级小 3 班	2015 级小 7 班	2015 级 3 班	2015 级 7 班	合计	百分比
总篇数	30	30	60	60	180	100%
无错别字篇数	14	18	22	17	71	39%

由上表可见，初中生在作文中出现错别字的比例相当大，在学生的错别字中。通过分析，可以分为五种类型：一是因音同或音近而产生的错别字，如喇巴(叭)、以(已)经、因(应)该、至(自)从等；二是形近而产生的错别字，如勿勿(匆匆)、令(今)天、锻练(炼)，包括多笔少画而生造的已经不是汉字的错字，如"栋梁"的"栋"右半部分写成"练"的右半部分，"冲"写成三点水、"玩"的"元"写成"无"、"冷"的右边写成"今"、"琴"的下半部分写成"令"等；三是因音同或音近而且形近产生的错别字，如马到成工(功)、崔(催)促、呺(号)啕大哭、报达(答)等；四是因对汉字正字的理解不同而且使用的语境理解有所偏差，特别是音、形、义都相近的情况下而产生的错别字，如"时隔"写成"年隔"、"天各一方"写作"天各两方"、"狡辩"的"狡"写成言字旁、峻(竣)工、急燥(躁)等；五是因学生本身受语境影响而粗心或者受常用词语固定搭配的影响而产生的错别字，如"关怀备至"写作"关怀至至"、"说到"写作"话到"等。

(三)书写中用字不规范

目前来看，用字不规范主要表现在以下两个方面：一是使用不规范的简化字，主要出现在手写的、临时使用的具有告示性、提示性的用字和街头小店的手写商品名称上，如把"烧饼"写成"烧幷"等；二是随意使用繁体字，主要出现在商标、牌匾、单位名称牌、广告以及商品名称、包装和说明(包括一些音像制品的字幕)上,如把"宾馆"写成"賓馆"、"美容美发厅"写成"美容美發(髮)厅"等。

此外,互联网的出现,使人类真正步入了信息时代。然而,在全球信息相互交流的网络之中,我们的汉字不可避免地受到了冲击。网络日益盛行的今天,网民们愈发疯狂,各尽其能,让他们自己的语言产生了一种游离于汉语规范之外的"网络语言"。如某报的一篇中学生的作文摘录如下:"昨晚,我的 JJ 带着她的青蛙 BF 到我家来吃饭。饭桌上,JJ 的 BF 一个劲地对我妈妈 PMP,说她年轻的时候一定是个 PLMM。真是好 BT 啊,7456……"(JJ 指姐姐,青蛙指丑陋的,BF 指男朋友,7456 指"气死我了",PMP 指拍马屁,PLMM 指漂亮妹妹,BT 指变态)。这些句子,有的是数字与标点的苟合,有的是汉语与英语的杂交,有的是标点与数字的拥抱,就算是经常泡在网上的人看到这样的作文,理解起来也有很大障碍。

(四)汉字中的文化"被消失"

最早的传统汉字学理论是指"六书"。"六书"一词最早见于《周礼》,作为造字方法解释则是始见于班固《汉书·艺文志》,但到许慎的《说文解字》才对"六书"做出具体明确的解释。"周礼八岁入小学,保氏教国子,先以六书。一曰指事,指事者,视而可识,察而见意,'上'、'下'是也。二曰象形,象形者,画成其物,随体诘诎,'日'、'月'是也。三曰形声,形声者,以事为名,取譬相成,'江'、'河'是也。四曰会意,会意者,比类合谊,以见指㧑,'武'、'信'是也。五曰转注,转注者,建类一首,同意相受,'考'、'老'是也。六曰假借,假借者,本无其字,依声托事,'令'、'长'是也。"[①]

一种普遍的现象是,当今很多人以学习传统文化为耻辱,追求标新立异,甚至与传统文化背道而驰。汉语一度被认为是世界上最美的语言,汉字包含了中国人刚正不阿的坚毅,清白做人的追求,无穷尽的想象力……正是这些最美的汉字个体,才产生了我国最独特的对联艺术、才构成了起承转合的古诗、才造就了或哀婉或豪放的宋词。不可否认的是,现代文化的冲击让这些传统文化

---

① 郭锡良.古代汉语(上).天津:天津教育出版社,1996:73.

逐渐消失。现在,已经很少有人愿意去了解中华汉字上下五千年的来龙去脉,去了解那些书写在斑驳龟甲上的古老笔画。

  在人教版高中语文教科书《过秦论》一课中有"追亡逐北"一句,其中的"北",一般义项是"北方",但在古汉语中用得最多的其词类活用义,即"向北"或"在北方"。在本句中,却与"亡"同义,即"逃跑的士兵"。为何如此呢? 笔者为此向学生提出疑问,他们面面相觑,不能回答。可见,对于不了解造字法的人来说,要想让他们洞悉一个个汉字中的丰富含义是比较困难的。所以,当笔者在黑板上画出"北"的甲骨文字时,学生对于很多东西就自然明了了:从"北"的字形来看,是两个人背道而驰,双方打仗本应面对,可是却背对了,因而引申为"败兵"。教师这样的讲解不仅能够帮助学生爱上中国文字,也能激发他们去探究和洞悉汉字中的传统文化。

(五)汉字书写艺术的流失

  汉字是中华文明的标志,是传承中华文化的工具。汉字书法不仅是人类所创造的最为独特的艺术,而且是人类文明中最为发达、最富有想象力的一门艺术,一种文化现象。数千年来,汉字被视作艺术品,更被看作人格的标记,"横平竖直写汉字"与"堂堂正正做真人"被放在了同等重要的位置。从广义上来讲,书法是按照文字特点及其含义,以书体笔法、结构和章法写字,使之成为富有美感的艺术作品。汉字书法为汉民族独创的表现艺术,被誉为"无言的诗、无行的舞、无图的画、无声的乐"。

  曾几何时,写一手好字是人们参与竞争的资本,是一件值得骄傲与自豪的事情。无论时代怎样嬗变,无论技术怎么革新,汉字所承载的文化内涵不会改变,而作为后来者理当致力于文化的接续和弘扬,不能在各种冲击面前丧失汉字文化的自尊、自重与自觉。

  但不可否认的是,越来越多的青年人写不好一手汉字,对书法更是不屑一顾,即使是大学中文系的学生,能对硬笔软笔信手拈来的亦占极少数。前不久,笔者到一家文化传媒公司参观,发现书法等传统文化已成为"高品质生活"的标志,成为有钱人的游戏,可这本是任何人都应该拥有的,这难道不值得我们反思吗? 古有岳飞、吴承恩沙上写字,但在物资丰富的今天,却罕有人如吴承恩、岳飞那般痴迷于汉字书法。

二、造成"汉字流失"现象的原因

(一)客观原因

1. 社会重视程度不够。

第一,没有形成规范汉字书写水平的考核评价标准和考核评价的功用机制。汉字书写水平的考核评价标准和考核功用机制,应是促使人们自觉练字的重要动力源泉。到目前为止,我国还没有形成汉字书写水平的考核评价标准,也没有形成汉字书写水平考核评价的功用机制。

第二,社会没能为国人练好字提供科学的练字方法。从汉字诞生开始,就存在如何书写好汉字的问题。几千年来,汉字书写已经形成了堪称东方艺术之魂的书法艺术,研究书法的论著可谓汗牛充栋。但是,由于对汉字构造的复杂性、汉字书写心理的复杂性等问题还缺乏深刻的认识,到目前为止还没能形成一种能够对练好字有技术保证的科学练字方法。

2. 网络、街头广告等造成社会用字环境混乱。

新媒体正逐渐演变成为公共媒体,其中用字不规范现象比比皆是,简、繁、日、韩等字搅在一起,"网言网语"让人看不懂。如今人们的社会压力大,追求娱乐化,拿汉字、民族语言开玩笑,对民族语言文字缺乏敬畏,如"食全食美"、"随心所浴""无胃(微)不治"、"钙(盖)世无双"、"别无锁(所)求"等调侃式用词随处可见。中国传统文化讲究"敬惜字纸",试问现在还有几人能这样做? 社会用字环境的混乱混淆了视听,影响日常生活,也对中学生准确书写带来冲击,更不利于培养学生对汉字、对民族语言的热爱与尊敬。

3. 键盘打字时使用的拼音输入法取代了手写,给汉字书写带来冲击。

电子时代的到来,电脑使用非常普遍。电脑的广泛使用又使拼音输入法逐渐取代了汉字书写。人们常用拼音输入法,从打出来的多个词组中选择自己所需要的那个,可是这样的拼音输入带来的结果是:大多数人在没有看到可供选择的词组之前,脑海里对那个字的印象是模糊的,隐隐约约记不真切。不可否认的是，在电子产品越发普及的今天，拼音这种线性文字给形象构造的汉字带来了令人担忧的冲击，人们用拼音代替手写，拼音是线性文字，而与汉字构词法、形象构造等特点形成矛盾。

4.汉字简化造成了人们对传统造字法的遗忘

学中文的都知道，繁体字是传统造字法的一个缩影，我们可以从一个字里面去探究这个字的起源，探究它是象形、假借、形声、会意、指事或是转注，可是简化后的汉字将其大部分的笔画隐去，剩下的简单笔画让大多数人知其然不知其所以然，这就导致人们在读古籍时很容易将形体相近的繁体字混淆或错读。

某年央视元宵晚会，主持人董卿把一句古诗词"去年元月时，花市灯如昼"，读成了"灯如书"。有些人可能会奇怪，"昼"和"书"这两个字相差甚远，董卿怎么会读错呢？想来董卿或节目的编导，应该是从繁体字书籍上抄下来此句，因为繁体的"晝"和"書"非常近似，可能就将"晝"误当作"書"字了。在简化字中，"昼"、"书"、"画"这三个字毫无共同之处，可是它们的繁体字形"晝"、"書"、"畫"却是非常接近。"晝，日之出入，与夜为界。从畫省，从日。"①"書，箸也。从聿，者声。"②"畫，界也。象田四界。聿，所以画之。凡畫之属皆从畫。"③汉字字型近似者，其意义也必然有所关联，这在训诂学上称之为形训。由此来看，汉字这么一简化，几乎完全割断了这三个字本来一目了然的关联。早已经习惯了简化字的今日之国人，根本不会想到这三个字之间居然还会有联系。

反思以上现象，这能全怪笔者或怪董卿吗？归根结底，是因为繁体字被打入冷宫，简化字大行其道，从而造成人们对汉字本义的陌生。

5.书写汉字的机会更少了。

日常生活中，随身不带笔和纸的人占大多数，而不带手机（或其他电子产品）的人却少有。电脑和手机的使用减少了很多人手写汉字的机会。很多学生在上了大学之后就很少手写汉字，在他们看来，电子工具的输入要方便快捷很

---

① 汤可敬.说文解字今释(上).长沙:岳麓书社,1997:422.
② 汤可敬.说文解字今释(上).长沙:岳麓书社,1997:422.
③ 汤可敬.说文解字今释(上).长沙:岳麓书社,1997:422.

多,同时还能自动检查文档的错误。很多汉字在拼音输入时是自动出现的,当人们手写时就不一定能反应过来,自然就会忘记一些字该怎么写,或者经常写成错别字;大多数学生在学习中很少手写汉字,比如一些同学下课之后就把老师的课件从电脑拷回去打印出来复习;平时交作业时,大多数老师要求交打印稿。可见,手写汉字的机会减少或经常不用手写汉字,这容易造成大脑短路、提笔忘字。

6.语文考试与评价不重视汉字书写的正确性和艺术性。

写好规范汉字是国人应该具备的一项基本技能,培养这项技能的主要责任在于学校。汉字构造具有复杂性,规范汉字书写是融科学性、技术性和艺术性为一体的活动,学校需专门开设写字课来培养学生的汉字书写技能。并且要由专业写字老师来任教,特别是在基础教育阶段。但目前,除了师范教育之外,绝大多数的学校都没有专业的书法教师授课,写字训练附属于语文课。不单独开设写字课,就不存在研究培养汉字书写技能的师资队伍,写字技能的培养便没有人才保证。这是目前学校教育至少是基础教育在机制上存在的缺陷,也是学生写不好汉字的重要原因。此外,当前在语文考试与评价中不重视汉字书写的正确性与艺术性,缺乏专门的评价方式。分析其原因,笔者认为主要有如下几个方面:一是对该部分的检测不像阅读与作文那样容易操作;二是对汉字书写的测试和评价需要较大的资金投入;三是汉字书法水平的考试测评可能会给教育部门现行的考试与评价制度提出新挑战。

(二)主观原因

1.对汉字书写的意义缺乏认识,导致写字的原动力不足。

由于人们对汉字书写的重要意义缺乏认识,导致写字的原动力不足。如果能够认识到字是一个人的脸面,一手好字能够赢得更多人的青睐,使自己的身价倍增。这种认识尽管不够崇高但也可能激发人们练字的动力。在写文章的时候,如果能够体会到一手好字不仅可以提高自己的审美能力,还能给阅读者创造一个别致的审美意境。同时,练字的过程也是一个提高书写者的身心修养、磨炼其意志品质的过程,很多人对于这一点是缺乏认识的。

2.阅读量的减少带来识字量的下降及提笔忘字概率的增加。

近年来,人们追求高质量的物质生活,却忽略了阅读经典作品,国人普遍对经典文化产生淡漠感，在地铁、轻轨上随处可见的是青年人埋头玩手机游戏，而不是阅读经典作品。这样的现象未免让人担忧，读经典作品的人越来越少，从一定程度上说人们的识字量会大幅度下降，这也就增加了提笔忘字的概率。

三、应对"汉字流失"现象的对策

（一）提高社会的重视程度

1. 提倡经典阅读，增加汉字阅读量。

当前大多数国人很少有阅读的习惯，阅读经典的人更是寥寥可数。阅读量的减少是导致"汉字流失"现象的重要原因。因而，提高社会的重视程度，重读经典文学作品，增加汉字阅读量，成为目前应对提笔忘字现象的主要对策。

2. 提高人们对汉字文化的重视程度。

时至今日，国家虽已颁布了语言文字法，要求公民说普通话、写规范字，但对汉字书写水平应该达到什么程度，却没有形成明确的考核评价标准，同时也没形成评价考核结果的功用机制。汉字书写规范与否对毕业升学和就业升职没有多大影响。要想继承和弘扬中华民族的优秀文化，提高国人的汉字书写水平，我们就应该像英语考级那样对汉字书写进行考核评价，并且对毕业升学和社会供职提出相应的汉字书写水平要求。有了对汉字书写水平的考核评价的功用机制，即使没有文件三令五申地要求，人们也会自觉地弘扬中华汉字文化，高度重视汉字书写问题。

（二）营造良好的社会用字环境

当前社会上的用字不规范现象非常突出，这需要各部门通力合作，齐抓共管来解决。

1. 政府需大力提倡规范用字，对街头广告滥用词语、滥用成语、篡改俗语等严加整改，保证社会用字环境的纯洁；建立健全相关语言文字的法律举措，严厉打击社会不良用字现象。

2. 以学校为基础，充分发挥教育主阵地作用。从全面提高全民素质、实施科教兴国战略的角度来认识学校在规范语言文字方面的主阵地作用,采取有效措施尽快消除在当前教学中仍存在着的使用不规范汉字的现象。

3. 以新闻出版、广播、影视作品为样板,充分发挥媒体的示范效应。时下歌坛流行让人"听不懂的歌词",粗俗、猎奇、怪诞的精神垃圾也充斥图书出版市场,至于夹杂在各类出版物中的错别字更是不胜枚举,甚至连中小学教材中也频频出错,真是误人不浅。至于影视上的错误字幕、播音员读别字现象更是屡见不鲜。因而汉字书写也应从媒体做起,带动全社会对写规范汉字的重视。

(三)改进大学课程设置,重视传统汉字文化,为大学母语教育力争一席之地

1. 对非中文专业强制性开设中文课程。

在大学中,语文成了一门选修课,而英语反成必修,这样的规定未免有些不合理。要把正确使用祖国语言文字列入高校普通本科教育培养目标、课程体系和技能训练之中,纳入学校教育质量管理考核范围,让语言文字工作成为学校本科教学工作中的一个组成部分。同时,将正确使用语言文字渗透到德育、智育、体育、美育和社会实践等教育活动中,引导学生亲近和热爱汉字,以尽快提高学生的传统文学素养和语言文字应用能力。

2. 对全体大学生开设汉字书法课。

要把汉字书法作为专门课程,渗透到大学教育中。汉字书法作为中华民族的优秀传统文化,不应该被抛弃、被遗忘。而当前,在我国大学课程里,除师范院校的师范生涉及书法课程外,其他专业对书法的要求还是一片空白。因而,在全国高等院校开设汉字书法课,有助于引起大学生对传统文化的重视,传承经典汉字文化。

3. 师范院校加强对未来语文教师的培养。

语文教师在传统文化的传承上起着举足轻重的作用,因而,在各师范院校应加强对未来语文教师的培养,从专业素养和文化修养上对中文系学生作严格要求。同时,强制性开设汉字学课程,对《说文解字》等专业书目进行逐个过关。

4. 建立专门的汉语言文字工作站。

利用网络优势,建立学校专门的汉语言文字工作网站,以确保随时与学生

沟通信息，交流经验，并进行培训和辅导。同时，加强监督和评估检查，真正使语言文字工作成为一项上下重视的事业，最终在校园营造热爱汉字、亲近汉字、重视汉字、自觉学习和规范使用汉字的良好氛围。

（四）中小学语文中加强汉字教学

要应对"汉字流失"的现象，除了在高校对大学生采取相应措施，还要在中小学加强汉字教学改革，引导中小学生重视汉字书写及汉字文化。笔者认为，当前中小学可以从以下四个方面加强汉字教学。

1. 重视中小学生汉字书写的正确性。

汉字是表意性的文字，东汉许慎的《说文解字》对汉字的形体结构进行了归纳总结，形成了解释说明汉字造字方法的"六书"。那么，在现代对汉字的学习中就可以充分利用"六书"的造字法和用字法来学习和阐释每个汉字。在教学中，教师利用因形释义、因义辨形的方法，让学生掌握部分高频汉字的字形结构和字义起源；结合仓颉造字与许慎的《说文解字》，讲高频汉字的起源与流变，让学生了解汉字形成的过程。这样做，有利于学生掌握汉字的一音多字、一字多义、形近义殊等现象，增强学生遣词造句的能力，培养学生良好的语言感受力。

此外，教师在教学中还要注意总结汉字规律。如"忐忑"一词望字便知与心有关，"上下"表示"心"起伏不定，字典意为"心神不安"；《爱莲说》中的"可远观而不可亵玩焉"中"亵"笔画多、难记，就可以让学生知道这是个会意字，它是用手拉开衣服，举止不文明的意思；"戍、戌、戊、戎"四字形体极为相似，教师可以找出这四个字的不同点，并编成"点戍横戌戊中空、十字交叉就认戎"的歌谣教给学生。以后学生遇到这几个字，脑中就条件反射出这首歌谣，也便可认、可写了。

在汉字教学中，利用汉字本身的规律教学，学生便能学一知十，举一反三。这样既可帮助学生识字，又可纠正他们书写中的错别字，提高学生书写汉字的正确率。

2. 将汉字教学渗透到日常教学中，有意识地引导学生感受传统汉字文化。

中小学汉字教学并不独立于日常教学之外，相反，它要与阅读教学和写作教学等日常教学互为补充、相互促进。进行汉字教学，并不只是要开设独立的识字、写字课，还要把对汉字形与义的剖析作为一种有意识的、经常性的行为贯穿于语文教学的全过程。如某教师教授《关雎》一文时，将文中的"窈""窕""淑"三个字作重点讲解，"窈，深远也，从穴，幼声。"①"窕，深肆极也。从穴，兆声。"②"淑，清湛也，从水，叔声。"③这样的讲解，不仅能够讲清字音字形，更能讲透字义。在此基础上，学生通过理解"窈窕淑女"的形象，便使得问题迎刃而解。此外，采用单篇选点的方法加强汉字教学，即教师从所教课文中尽可能地只挖掘一个字，并将对这个字的揣摩与全文的理解联系起来，起到"牵一发动全身"的作用。如笔者在试教人教版七年级下册第28课《马》一文中，将"马"字的各类书法字形书写在黑板上，进而对文本进行讲解（参见所附字表）。这些都是将汉字教学与日常教学有机结合的有效做法。

金文	篆文	隶书	楷书	行书	草书	繁体标宋	简体标宋
𦊰	𦊰	馬	馬	马	馬	马	馬	马
虢季子白盘	籀文	说文解字	古地图	颜真卿	颜真卿	张旭	武则天	印刷字库	印刷字库

3. 丰富学生的汉字文化理论。

首先，可以尝试每周开设1~2节书法课，对我国从古至今的著名书法艺术家进行讲解，欣赏艺术家们优秀的书法作品，让学生了解到我国的书法艺术是世界难得的文化瑰宝，丰富学生的书法艺术理论知识。同时，该课程还应兼顾学生的书法训练，每节课半讲半练，从理论到实践，从欣赏到实际动手，让学生体会到书法真正的魅力。其次，对造字法理论进行讲解，让学生从学习造字法开始对我国传统汉字文化产生兴趣，从而提高学生汉字书写的正确率。

4. 开展以汉字为中心的专项活动。

学校可以组织开展以汉字为中心的专项活动，在丰富的实践活动中渗透对语言文字的教学。如笔者在教育实习中，曾组织过班级汉字书写大赛，并达到较好的效果。通过此类比赛，笔者希望以有趣的实践活动为契机，将汉字教学渗透于实践活动中，让学生在游戏中学习汉字。另外，还可以组织学生观看

---

① 汤可敬.说文解字今释(上).长沙:岳麓书社,1997:1011.

② 汤可敬.说文解字今释(上).长沙:岳麓书社,1997:1010.

③ 汤可敬.说文解字今释(上).长沙:岳麓书社,1997:1546.

《中国汉字探秘》《三字经》《解开汉字之谜》《汉字五千年》等视频，让学生了解汉字的起源与流变、丰富学生的文化底蕴；也可以开展错别字的收集整理活动：布置学生收集街头巷尾、电视荧屏、同学作业中出现的错别字，并加以整理，从中辨别汉字的字形与字义，以提高学生正确用字的能力。

（作者系第二届实验班学员，论文指导教师刘中黎。）

后　记

　　《中学语文教学微型课题研究》（第一卷）是从第一届、第二届重庆师范大学"中学语文卓越教师人才培养模式创新实验班"六十名学生的优秀小论文中精选而来的。看到这部即将付梓的书稿，想到它从拟议中到酝酿成熟、再到瓜熟蒂落，并经自己的手一步一步变成现实，心中感概良多。

　　看到案头的这部书稿，我坚定了道路自信。2010年10月，我跟从重庆师范大学文学院李文平教授开始做中学语文卓越教师人才培养模式创新的教育实验和理论研究。通过调研和分析，我们认为中学语文卓越教师应该具备"2+3"特质，即两大核心特征：一是能创新地解决中学语文教学一线所存在的问题与困难，二是语文教学成效卓著出色；三种基本素养，首先应该是研究型教师，其次是学者与专家型教师，其三是语文特质鲜明突出的魅力型教师。总之，中学语文卓越教师是能够创新而卓著地开展中学语文教学的新型优秀教师，在深层背景上具备了研究型教师、学者与专家型教师、语文特质鲜明突出的魅力型教师等基本素养。那么，该如何培养出这样的教师呢？我们认为：引导优秀师范生做一些有关语文教育问题的微型课题研究是行之有效的途径之一。通过做语文教育领域的微型课题研究，可以带动优秀师范生对语文教科书、中学一线的特色课程开发、语文教学的理念和方法、文本的分类解读、母语写作教学、口语交际教学、识字和写字教学、当代语文教育家、国内的语文教学名师等不同范畴内存在的问题、困难或成就和经验等，都进行一番梳理、探究、总结和提炼，这可以让师范生了解我国母语教育的基本状况、发展他们的研究能力、熟悉中学教学一线、把握母语教育的前沿和潮流，不但可以让他们更高效地吸收原有知识，还可以带动他们对知识进行去粗取精、去伪存真的纯化处理，甚至可以带动他们创造出新知识。可以说，"学习通过科研"是当代应该提倡的新型学习方式。当然，引导优秀师范生做微型课题研究也是我们培养"2+3"特质之新型优秀教师的必然途径，案头这部书稿让我坚定了对人才培养道路的自信。

　　看到案头的这部书稿，我觉得特别内疚。这部书稿的大多数小论文，都是实验班学生在我近乎严苛的要求下反复打磨形成的。师范专业的本科生写好一篇教育教学研究的论文很难，难在他们没有中学一线的教学体验，难在他们欠缺教育理论思维的素养，难在他们对全球母语教育前沿的隔膜，但我们这部书稿中却有不少堪称优秀的论文作品。在重庆师范大学文学院李文平教授的策划和带领下，我们努力为实验班学生创造了对接中学一线经验和全球母语教育前沿的机会，引导这些师范生扎根中学一线选择微型研究的课题，使课题研究能够贴近一线、服务一线，并尽可能引领基础教育。在微型课题研究的选题、开题、答辩等各个环节，我们都严格执行了学术研究的高标准，以求收获一批语文教育研究的优秀成果。为了达到这个目的，我对实验班每位师范生的小论文（微型课题研究成果）采取了"人人过关"制度：在提交小论文的时候，要求他们读自己的论文给我听，如果出现观点提炼、论据材料上的瑕疵，或一个错别字乃至一个标点符号的错误或格式上的不规范等，就将他们的小论文退回要求其重新修改，很多实验班学生被这种近乎严苛的做法弄哭了。望着手头的这部手稿，想起一些师范生被我的做法弄得狼狈不堪的模样，我不由得心生愧疚，但丝毫不觉得有后悔之意！

　　看到案头的这部书稿，我又感到非常欣慰。在第二届实验班的论文最终定稿前的一个晚上，我的手机收到了一条短信息："刘老师，我已经将本组同学的论文定稿都收好了，明天统一交给学院教务办的老师。刘老师，谢谢您，跟您做课题研究尽管痛苦，但确实学到了很多东西，感觉比在大学四年学的东西还多。王婷。"王婷是论文小组的组长，当时已签约重庆市奉节中学，即将成为这所省市级重点中学的语文教师。王婷的短信让我感动，也很欣慰，这样让我感动与欣慰的事还有很多，比如第二届实验班的张勇同学在签约陕西省安康市高新区实验中学后的半年，抽时间回重庆看我，我曾经赞赏张勇的语文教育研究水平。第一届、第二届重庆师范大学"中学语文卓越教师人才培养模式创新实验班"的六十名师范生都找到了让他们满意的工作，做出了不错的微型课题研究成果，也写出了优秀的语文教育研究论文，我为他们的成长感到欣慰。

刘中黎
二〇一六年五月